サイコセラピー臨床言語論

言語研究の方法論と
臨床家の言語トレーニングのために

加藤 澄
Sumi Kato

明石書店

本書をDr. Harry Stack Sullivan, そして中井久夫先生に捧げたい

本書によせて

平木　典子

　本書の「まえがき」で著者の加藤さんは、「サイコセラピーの面接テクストの言語学的分析研究は進んでいるとは言えない」と述べて、本書の先駆的位置づけを強調している。確かに日本のサイコセラピストも言語学者もこのような研究にも研究方法の開発にも関心が薄いと言える。多くの心理臨床家は、心理臨床とは言語のみならず、文脈や関係性、文化や時代といった非言語的、継時的要素を含んだやり取りであり、それらを数値化し、科学的に解明することは不可能に近いと考えてきたきらいがある。

　ところが、加藤さんは本書で、言語学の言語機能分析という方法論を援用したサイコセラピーの言語行動の効果／プロセスの科学的、実証的研究が可能なこと、とりわけ加藤さんが活用する選択体系的機能言語理論（Systemic Functional Linguistics = SFL）は、多様で、多重な要素を含んだ臨床の多元的応答行動のみならず、あらゆる言語活動における意味交換の様相を探る有効な理論であるとことを理論構成と理論を適用した研究成果により論証している。つまり、SFLは、言語活動を社会的コンテクスト（社会制度、文化、慣習など）とのつながりの中で音韻層、語彙－文法層、意味層といった層に精緻化して分析できる唯一の言語理論体系（語彙－文法資源）であり、その活用によって言語という現象がつくり出す言語資源の解明・解析が可能になることを順々に説いていく。

　また、それらの概説と研究を紹介する本書のねらいを「サイコセラピー・リサーチの方法論とセラピストのトレーニング」に置く。臨床言語論による臨床言語機能の研究がサイコセラピー・リサーチの方法論としても、またセラピストのトレーニングにも有効であることを示すことが本書のねらいであり、本書を読み終えると、言語機能分析という方法は、サイ

コセラピー研究者にとってエビデンスと科学性に基づいた新たな方法論の一つとなり得ることがわかり、同時に、この方法論による研究成果はサイコセラピストの臨床訓練、とりわけ言語行動訓練に援用され得ることもわかる。

　かく言う私は、実は言語学の全くの素人である。サイコセラピーの実践とサイコセラピストの訓練には40年以上関わってきたし、臨床実践を開始したころからクライエントとセラピストの言語活動と応答の相互作用には深い関心をもってきた。また、臨床家の訓練を開始して以来、セラピストの言語活動を取り上げて検討することは多かった。しかし、それらを体系的、科学的に分析し、数量化して訓練に活用することはなく、もちろん言語学からの応答分析や訓練をした体験は皆無である。

　以下の文章は、「感想」の域を出ないものであるが、そんな言語学の素人であるサイコセラピストが書いたものとして読んでいただきたい。

　セラピストの応答の緻密な言語機能分析の方法とその成果に触れた私の最初の反応は、言語学の研究法の面白さと魅力であった。それは以下に感想として述べたい。一方、言語学の専門用語、特に英語と日本語訳の意味の理解は難しい。それは、理解の不十分さと内容への興味のジレンマをもたらした。おそらく多くの同じ立場にいるサイコセラピストたちも似たような感じを持つかもしれない。ただ、ぜひ途中であきらめず、第3章以降は自分の関心のあるテーマを選び、読み進んでいただきたい。そこから、言語学とサイコセラピーの橋渡しをした学際的研究に進む人々が出てくることを期待したい。また、このような視点からサイコセラピストの訓練の道を開く人も出てくるだろう。

　さて、私の「感想」に戻ろう。先にも述べたように、加藤さんはサイコセラピーの面接における言語相互作用の分析に有効な方法として、選択体系的機能理論（Systemic Functional Linguistics = SFL）を活用することを提唱している。そのメリットは、以下の2点にある。

　第1に、言語学という記号論は意味の研究として最もわかりやすいという特徴を持つこと。SFLの手法は、社会的な状況と文化という文脈の中で

の発話を一定の意味交換のために選択された言語資源として受け取り、類型化して分析する方法を構築しているので、それに沿って分析することで、話者の言語活動の意図を読み取ることができる。つまり、記号論の研究では、クライエントの変化を認知的変化としてとらえるのではなく、面接の場で使われる言語の変化の観察という客観的データを用い、エビデンスを積み上げて、変化の軌跡を実証的、科学的にとらえ、解明することができる。この手法は、異なる学派間のセラピーの効果も共通言語としての分析方法によって客観的、包括的に検討することを可能にし、アプローチ間の橋渡しをして共通点と相違点を明確にし、より効果的でアカウンタビリティの高いサイコセラピーの開発を可能にすることになる。「なるほど」と納得して、言語学の方法論の特色を知ろうと、以下の各論に興味をもつ。

第3章から第8章では、客観的データとしての発話文を言語資源の機能という視点から分析する方法が詳しく述べられていく。各章は、テーマに沿ったやり取りを例示しながら分析されていくので、言語学の専門用語に馴染みのない者にも、興味深く理解を進めることができる。

例えば第3章「交渉」では、サイコセラピーはクライエントと臨床家がクライエントの現実解釈をめぐってその意味の交渉を行うプロセスとしてとりあげ、例えば「問うこと」や「あいづち」の機能が分析される。また、第5章では、対人言語の中の評価言語がセラピーの中で果たす機能が例示されて検討され、第7章では評価言語を応用した感情体験と認知的内省のコンピューターによる分析が紹介される。また、英語と日本語、男性と女性の言語活動の違いを視野に入れた言語学の視点からの言語機能の分析などの紹介もあり、セラピーで話題になるテーマと重ねて、興味深く読んだ。

SFLの活用の第2のメリットは、クライエントとセラピストの相互作用は言語選択によって具現された意味生成の単位であり、とりわけ両者のやり取りの中で、セラピストの言語行動がクライエントの経験世界と問題についての話し方に変化をもたらしたことが観察できれば、それはクライエントが新しい意味を獲得していると仮定することができるということである。そのような記号上の変化（semiotic change）を観察し、それらが面接の中で発達し、更にクライエント自身における記号上の発達をうながしたこ

とが分析されれば、クライエントの変化を見届けることができることになる。これも、臨床にとって力強い変化の確認となる。

　本書は、サイコセラピストが加藤さんの願っている目的に向かって舵を取るための羅針盤となっている概説書である。わかりやすい訓練言語と方法が必要だが、セラピストがこのような言語学の記号論の特徴を活用した言語分析に慣れてくると、セラピーに必要な情報をクライエントの言語行動からよりよく読み取ることができるようになるだろう。その結果、セラピストがクライエントに変化をもたらす情報を引き出す言語行動をとる可能性が高まるだろう。また、この方法は、セラピーにおける言語活動に関心を持つ研究者にとって新たな研究を始めるきっかけになるだろう。

（ひらき・のりこ●統合的心理療法研究所顧問、元・日本女子大学教授）

まえがき

　サイコセラピーの面接テクストの言語学的研究は、日本における臨床心理学・言語学両分野においてあまり進んでいるとは言えない状況である。従来、サイコセラピーの研究者・臨床家は、面接の場で使われる言語を、直感を前提とした捉え方をして、1つの科学的に探究すべき分野とは考えてこなかった。しかし記号モード（semiotic mode）の一形態であるこの言語こそ、リサーチに科学的立脚点を打ち出す媒体となるものである。

　なぜ、科学的なのか。先ず第1に、面接における言語的やりとりを忠実に記録したものを第1次データとすることは、研究素材の客観性を担保することであるからである。しかしこの折角の客観的素材も扱い方によって、科学的論拠をたちまち失ってしまう。従来、言語的相互作用に対する洞察は、面接者の直観として、あるいは感性に基づく印象として、主観的に語られることが常であった。それは言語学的分析の方法論が確立されていなかったからである。よって、言語研究を真に科学的なものとするためには、体系化された言語理論の網にかけて、言語現象をメカニックにマッピングし、それを観察・分析することが必要である。

　それではどのようにして、どのような網にかけるのがよいのであろうか。それを概説するのが本書の目的である。

　網にかける前に、先ず、言語機能に通じておくことが必要である。本書ではセラピーの言語学的研究で注意を払うべき語彙－文法資源をとりあげ、その言語機能について述べている。著者がリサーチにおいて援用するSFL（Systemic Functional Linguistics）の強みは、他多くの言語理論と違って体系化されている分、その網目が細かく、ほとんどの言語現象をすくい上げられることである。本書では、このSFLの理論的枠組みによって切り取られる臨床上、注目すべき語彙－文法資源を示し、その機能について概説している。また、各語彙－文法資源の機能に通じることは、臨床家がセラ

ピーでどのように言葉を使用するかという点について洞察する手掛かりを与えることであろうし、セラピストの言葉遣いのトレーニングにも役立つ。

さて、ここからリサーチへどのように歩を進めていけばよいであろうか。SFLがその理論の中核とするのは、言語行動が、語彙－文法資源の選択網から話者が瞬時瞬時選択することで成り立つという点である。SFLはその選択網を精緻に組み立てている。その選択網から、話者がどの語彙－文法資源を選択するかをマッピングすることで、次の点が明らかになる。

1. 話者の言語行動上のストラテジーがわかる。

ストラテジーは、それぞれの語彙－文法資源が持つ言語機能と照合させることで明らかになる。セラピー設定では、臨床家がセラピーを進めていく上で、どのようなストラテジーを基本としているかが特定され、またクライエントにも、もし意図するストラテジーがあれば特定される。その過程で、臨床家が拠って立つアプローチが裏付けられるかもしれないし、臨床家の癖・個性などが表出するかもしれない。

2. クライエントの語彙－文法資源の偏向が特定できる。

この偏向とは、クライエントの現実世界の切り取り方の特徴を示すもので、そこからクライエントの内界を読み取ることも可能である。この際の分析も、各語彙－文法資源が持つ言語機能との照合が前提となる。

マッピングした項目を計量すれは、セラピーのプロセスを俯瞰することが可能となる。そこで特異な現象を特定し、臨床概念と照合させ、言語現象を臨床的視点から定義付けることで、プロセス研究につながる。クライエントの変化を示す現象を可視化して、プロセス研究として確立されたのがMergenthalerのTCM（Therapeutic Cycles Model）である。7章に例として示しておいた。一方、計量分析で得られたプロセスの俯瞰から、さらにミクロの分析として、SFLの理論を援用しながら、精緻な質的分析が可能となる。ここにおいて科学的根拠に基づいた言語学的分析の方法論が確立される。

まえがき

　ここで誤解のなきよう明確にしておきたいことがある。これらの観察はあくまでサイコセラピーの中で用いられる語彙−文法資源の機能解析に基づいてなされるもので、語られる内容には、踏み込まないという点である。内容に踏み込むと、そこに恣意的解釈が生じ、途端に科学性が失われる。あくまでそこで用いられる語彙−文法資源のメカニックな観察に基づくものであるからこそ科学たりうるのである。

　サイコセラピーにおける言語行動を科学的に解明するために、本書を手にとられたなら、暫しお付き合い願いたい。そして、ページをめくり終えた時に、臨床言語の研究に関心を抱かれる臨床家・研究者の前に新たな地平が開けることを期待するものである。

目　　次

本書によせて（平木 典子）.. 3

まえがき.. 7

第 1 章　臨床言語分析がもたらすもの

1　はじめに... 16
2　日本におけるサイコセラピー・リサーチの動向と
　　言語研究の立ち位置... 17
3　言語現象を捉える視座... 19
　　3.1　経験世界の組み立てと言い換え　　19
　　3.2　レトリックとしてのセラピー　　24
4　本書が拠って立つ言語理論... 26
5　本書の構成... 26
　　本書で例文として用いるセッション　　28

第 2 章　選択体系機能言語学とサイコセラピー

1　はじめに... 32
2　社会的コンテクストと言語システム..................................... 32
3　選択するということ... 36
4　メタ機能に基づく選択肢... 39
5　サイコセラピーを俯瞰する... 43
6　会話分析との対照... 45
7　まとめ... 46

第 3 章　交　渉

はじめに.. 48

1　ムード構造

1. ムード構造俯瞰 49
2. プロトタイプ論から見たムード構造 51
3. 言いさし文をどう考えるか 53
4. 共話とサイコセラピー 56
5. ムードタイプ各論 59
   説明ムード　59
   「からだ」　64
   「わけだ」　64
   「ものだ」と「ことだ」　65
6. 行為要求のムードタイプ 66
7. 問うこと 68
   7.1　日本語の疑問文　69
   7.2　ストラテジーとしてのyes/no疑問文の機能　71

2　交渉詞

1. 交渉詞「ね」 89
2. 文末以外につく「ね」 92
3. 「ね」と「よ」の違い 94
4. ポライトネスの観点から見る「ね」 96
5. その他の交渉詞 98

3　発話機能

1. 基本的発話機能 100
2. 発話機能 102
3. 節と節境界 104
4. 発話機能マッピング 105

4　あいづち

1. あいづちの文化社会的背景 109
2. あいづちのヴァリエーション 112
3. フィラー 117

まとめ 120

第4章　対人的距離の操作

はじめに 124

1　ポライトネス

1　セラピーとポライトネス、ある普遍的言語行動現象 125
2　積極的ポライトネス 128
3　消極的ポライトネス 131
4　オフレコード 133
5　文化とポライトネス 136
6　言語形式としてのFTA軽減措置 138

2　対人的距離と情報のなわ張り

1　情報のなわ張りの理論の理論的枠組み 139
2　心理文 143
3　なわ張りと私的領域 145
4　主語の問題 147
5　クライエント中心療法の「オウム返し」の意義 153
6　親密性と距離を置くこと 155

3　モダリティと対人的距離

1　SFLの定義による日本語モダリティ 159
　1.1　モーダル付加詞　161
　1.2　文法的メタファー　161
　1.3　指向表現　163
2　テクスト分析の中でモダリティを考える 164
　2.1　フェイス補償としてのモダリティ　164
　2.2　セラピー設定で注目すべきモダリティ表現　166
3　指向表現 170
　3.1　ゲームとしての主観的／客観的指向表現　170
　3.2　主客指向表現と対人的距離　171
　3.3　明／暗示的表現と交渉性　175

4　待遇表現とサイコセラピー

1　待遇表現とは何か 178

- 2　敬語 181
- 3　丁寧体と普通体 182
- 4　硬い表現とやわらかい表現 186
- 5　語形式以外の考慮要素 188
- 6　配慮表現 189

まとめ 192

第5章　評価資源から捉えるセラピー

- 1　はじめに 196
- 2　アプレイザル理論の理論的枠組み 197
- 3　面接テクストへの応用 203
  - 3.1　セッションを俯瞰する　203
  - 3.2　評価語彙数の多寡が意味するもの　210
  - 3.3　交渉の焦点 – 感情　215
  - 3.4　明示的評価と喚起的評価の別からわかること　219
  - 3.5　判決的評価　221
- 4　まとめ 225

第6章　名詞化表現のマジック

- 1　はじめに 228
- 2　文法的メタファーとしての名詞化 228
- 3　臨床家に求められる言語的コンピタンス 238
- 4　まとめ 240

第7章　TCM

- 1　はじめに 242
- 2　TCMの理論的枠組み 242
- 3　日本語版TCMの開発 248
- 4　日本語面接テクストへの応用 251
- 5　まとめ 254

第8章　過程構成または経験世界の切り取り

1　はじめに 256
2　過程構成の理論的枠組み 257
　　2.1　過程構成　257
　　2.2　現実世界解釈の視点──図地反転　260
3　「なる」的経験世界観 262
　　3.1　「なる」表現　263
　　3.2　「なる」的強化がなされたクライエントの経験世界　265
　　3.3　主観を反映する補助動詞「てしまう」と「なる」　271
4　受動文の経験世界観 273
5　過程型の測定可能性と物質過程 275
6　経験世界の捉え方の視点モデルと日本語文化の特徴 278
7　放棄された行為としての言語行動から行為言語への移行 282
8　過程構成と表象構造 285
9　まとめ 286

第9章　セラピーで注目すべきその他の要素

1　位相による違い──ジェンダーを中心に 290
　　1.1　女性語の特徴　290
　　1.2　ジェンダーを表出させる日本語の表現　292
　　1.3　女性を囲む社会的背景とセラピー設定　295
　　1.4　今後の研究の視点　298
　　1.5　その他の位相　298
2　力の不均衡性と力の行使──最も根本的な問題 301
3　教育と言語発達としてのサイコセラピー 302

おわりに

参照文献 311
索　引 324

あとがき 329

第1章

臨床言語分析がもたらすもの

1　はじめに

　サイコセラピーの面接テクストの言語学的研究は、日本における臨床心理学・言語学両分野においてほとんど未開拓に等しい状況である。従来、サイコセラピーの研究者・臨床家は、面接の場で使われる言語上の変化については、あまり注意を払ってこなかった。しかし記号モード（semiotic mode）の一形態である言語行動を観察することで得られるものは実証的データとして、サイコセラピーのプロセスの解析、効果研究に寄与する可能性を潜在させるものである。

　本書は、サイコセラピーで用いられる言語に着目して、(1) プロセス/効果研究の方法論としての可能性と、(2) 臨床家の言語トレーニングに有用な情報を提起することを目的としている。

　先ず、目的の第1として、流派に共通するプロセス/効果研究の1つの手法につながるようにするには、言語機能を明確・精緻にマッピングすることが必要である。言語機能のマッピングによって、サイコセラピー面接テクストに精緻な分析を施すことが可能になる。セラピーは基本的に言語を媒介にして成り立つもので、流派を問わず言語は共通素材となる。現在の日本の臨床心理学では、学派間に共通する分析方法、あるいはプロセス比較のための共通した尺度を見出すことは難しい。しかし言語という流派に共通した客観的データを用いた分析の有効性を示すことで、流派に共通する効果/プロセス研究の1つの手法として成り立つのではないかと考える。本書はその可能性を具体的に提示することを目的とする

　第2の目的として、言語機能を解明することは、言葉の使い方に関しての臨床家のトレーニングにおいて、有用な示唆・情報を提示することになることをあげたい。これはサイコセラピーのレトリック的操作につながる視点である。レトリックとしてのセラピーについては後述するが、本書は臨床家の言語行動をレトリックとしてのそれと見なす。臨床家がサイコセラピーの面接の中で、どのような場面でどのような言語資源の選択を行うのがより高い効果につながるのかについて通じておくことは、セラピーの費用対効果（cost-effectiveness）を考える上でも重要である。

2　日本におけるサイコセラピー・リサーチの動向と言語研究の立ち位置

　サイコセラピーの実証的リサーチの形態として、大きく効果研究とプロセス研究の2つがあげられる。前者の純粋な形態としては、セラピーの最後に、自己報告などの様々な方法を用いて、セラピーの開始前の状況と比較する研究で、効果測定や異なる理論アプローチで効果に違いがあるかなどをテーマとするものである。後者は、セラピーの前後の結果に関係なく、セラピーのプロセスの中で何が起こっているか、またクライエントの変化を生み出す要因などに関する研究で、臨床家の介入やクライエントの変容プロセスを理解するために有用である。これら二者は明確に区別できるものではないが、それぞれ独自の発展の経緯を辿ってきている。サイコセラピーの研究は、欧米で80年近い歴史を持つが、この間、大きな発展を遂げ、近年は、両者からの要素を組み合わせた研究が行われている。

　岩壁（2008:16）は、サイコセラピーの研究に社会政治的側面があることを指摘する。効果研究による知見が、臨床家のみならず、その知見を基に医療・教育・福祉など社会的政策に関わる諸分野で用立てようとする政策者にも関わることから、サイコセラピーの効果を社会的に示し、その有用性を強調することに研究の重点が置かれてきたとする。一方、プロセス研究は、あくまで臨床実践に役立つ知見を生み出すことに力を入れるため、その知見は臨床家向けの狭い範囲での用立てとなるとする。岩壁（2008:16-17）は、両者を比較して以下のように述べている。

　　効果研究は、サイコセラピーの有効性とコストについて、サイコセラピーの担い手である臨床家だけでなく、政策者や精神医学をはじめとした隣接領域の専門家に対しても示してきた。その中で、科学的な厳密さが求められ、介入マニュアルをはじめ、実験的統制を高める研究方法が発展してきた。プロセス研究でもアカデミックな心理学における客観性を重視した研究方法に影響を受けて、面接プロセスの現象を量的に捉える試みが行われた。しかし、このようなアプローチは臨

床家にとって有用な知見をもたらさなかった。そのため、臨床実践と密着した研究課題を取り上げ、臨床的関連性を高める出来事アプローチによる研究が起こった。

さて、欧米はこの2つのタイプの研究を軸にサイコセラピー・リサーチを発展させてきたわけであるが、翻って、日本の状況を見てみると、日本におけるサイコセラピー・リサーチは、事例研究が主体である。事例研究は、それはそれで臨床訓練において重要な役割を果たしてきてはいるが、そのデータ収集に、科学的見地から問題が指摘できる。先ず、観察が、治療の流れ、特定の理論モデルに関して特定の視野を持つ臨床家によってなされること、またその記録が臨床家の面接の記憶を頼りにしたプロセスノートに基づいていて、臨床家の記憶の正確さに対する保証がないことである。主観による歪み、その時々の気分による記憶喚起への影響、追認偏向（confirmation bias）などが生じることで、客観性が担保されにくく、科学たりうるためには問題が残る（岩壁, 2008:5）。

岩壁（2008:6）は、効果とプロセスは独立した別の研究分野ではなく相補的な関係にあるとし、事例研究が主体の日本では、「臨床家が客観的に自身の介入の効果やプロセスについて検討する必要性を強く感じていない」し、また「臨床家にアカウンタビリティーを求める社会的風潮も薄い」としている（岩壁, 2008:17）。近年、こうした危機感が叫ばれた結果、事例研究中心のかつての動向に、より科学たろうとする動きが見られることは喜ばしいことである。

こうした背景・動向の中で、本書が言語研究の方法論を提示する意義は、言語という客観的データを用い、それに言語理論に基づいた分析を施すことで、客観性と厳密さを確保し、臨床的妥当性が高い「エビデンス」を積み上げる科学的手法たりうるものとなることである。

現在、日本の臨床心理学では、学派間に共通する分析方法、あるいはプロセス比較のための共通した尺度がない。学派間で臨床家が交流するための共通言語となる分析方法や概念がなく、異なるサイコセラピーのプロセスを比較するための共通の尺度がない状況である。ために、異なるアプ

ローチによるサイコセラピーの効果を、客観的かつ包括的に検討する手立てがなかった。しかし理論アプローチに中立的な言語分析を用いて様々な面接データを分析することで、流派・アプローチ間の橋渡しとなるような方法論と分析ツールが確立されることが期待できる。そこから、異なるアプローチに関して、その共通点と相違点を明らかにできることで、統合的で効果的なサイコセラピーの開発と説明責任に寄与することが可能となろう。

3 言語現象を捉える視座
3.1 経験世界の組み立てと言い換え

　本書が視座とするのは、先ず第1に、クライエントの発話を理解するための指標を明らかにすること、そして第2に、クライエントに意味の変容をもたらすために、臨床家がどのような言語行動を展開すればよいのか、レトリックを視座に据えて表現行為を考えることである。前者は記号解釈に関わることで、後者はそれをどう使うかということである。セラピーの相互作用において、臨床家はこれら2つの行為に同時に携わることを余儀なくされる。

　フランク（2007:341）は、クライエントの臨床上の生活史は、テクストと類似するものであり、サイコセラピーは、クライエントと臨床家が共同でそのテクストの意味を見定めようと努めることであるとしている。言語学のテクスト分析と類似する見方で、臨床家とクライエント間の相互作用は、テクストを具現するということである。Halliday（1985）は、テクストは意味生成上の単位（semantic unit）であるとし、それは言語選択によって具現され、その場合のテクストは結果（product）と過程（process）として概念化されうるとする。結果としてのテクストは、体系的な構造体を持ち、言語選択の特定の選択の結果として見なせ、意味生成が記録され、分析に当てがわれることのできる出力である。一方、過程としてのテクストは、意味生成を行う際の経過を捉えるものである。よってサイコセラピーの言語学的分析は、臨床家とクライエントの相互作用を結果と過程という視点

から捉えるテクスト分析と見なすことになる。

　流派を超えて、サイコセラピーの基本目的は、クライエントが現在直面している問題状況を改善すべく、クライエントの現実解釈に変化をもたらすことである。本書で、変化の軌跡を実証的に捉え解明するための視座とするのが、「言い換え（reformulation）」である。この場合の「言い換え」とは、Halliday（1994）が敷衍（elaboration）とする文法機能の１つで、先行発話の語彙－文法資源構成を敷衍して、言い換えることである。セラピーでは臨床家はクライエントの発話における特定の局面を選んで言い換えるが、Systemic Functional Linguistics（SFL）ではこの種の「言い換え（rewording）」を「reformulation」（Martin, 1992:208）としている。Watzlawick et al.（1974）の言う「リフレーム（reframe）」との違いは、SFLのそれが言語という記号上のレベルでの言及であるのに対し、「リフレーム」は認知上のレベルであることである。「言い換え」の目的は、クライエントの経験世界の解釈を変えることにある。従って、単に同じ意味を別の表現で言い直すことではなく、言い換える（reformulate）ことで、臨床家はクライエントの元の意味を変えるのである。問題について違う語り方をすることは、違う言語資源が使われることを意味するが、違う言語資源が使われるということは、そこに異なる意味生成プロセスが生じることになる。変化の可能性は、この「言い換え」によって、クライエントがセラピーの中で言語上の意味の可能性を拡げたり変えたりするかどうかにかかる。

　なぜ、このようなことが可能になるのか、理論的根拠を基本的言語現象から見てみたい。

　Halliday（2001:391）はあるものが意味として投射される場合、それは言語体系においてすでに「処理」されたものであるとする。図1-1はこの処理過程を図示したものである。例えば、「空から水が落ちてくる」という現象を考えた場合、この現象は認識を示す心理過程節（心理状態を表す動詞を伴う文節）によって、「（彼は思った）雨が降っている」とされ、認識する主体によって、「雨が降っている」という意味としてコード化される。つまりそこではなまの現象が、認識する主体が持つ言語体系というフィルターを通して一度処理されている。さらにこの認識が、「（彼は言った）雨が

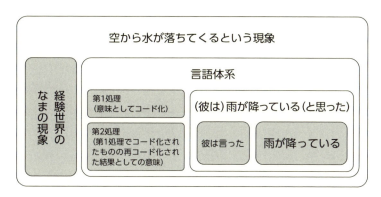

図1-1　経験世界の現象の言語処理図1

降っている」と発話されることによって提示される場合は、一度処理されたなまの現象が再コード化されて表現された意味になり、その時点で、現実解釈は2度、処理を経ていることになる。

　ここで人称を「彼」から「私」に変えてみたい。クライエントが、「雨が降っている」と言った場合、図1-1のように言語体系を通して2度処理されているわけである。第1処理の段階で認識されたものは、あくまでクライエントの認識というフィルターを通してコード化されたもので、現実ではない。従って、本来であれば、第2処理の発話の段階で、クライエントは「(私は) 思う」を付与して、「(私は) 雨が降っていると思う」と発話すべきところである。その場合、「(私は) 思う」は、語られる現実があくまでクライエント自身の認識の産物であることを明示する文法資源となる。つまり話し手が、経験世界の事象に対する認識が単に意味上の解釈にすぎないことを意識にのぼらせていること、そしてそれが現実とは異なるものかもしれないということを認識していることを表示する資源なのである。しかし、通常、発話では「(私は) 思う」が脱落する。われわれは通常、経験事象をそのまま現実として解釈してしまいがちで、それがこのように言語使用に反映されるのである。そこで、クライエントが現実そのものとして見なす経験世界の認識に対して、「あなたは雨が降っていると思ったんですね」と臨床家が介入を行う。ここにサイコセラピーのプロセスの本質

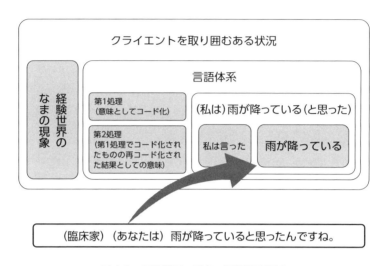

図 1-2　経験世界の現象の言語処理図 2

を見ることができる。

　図 1-2 で、臨床家はクライエントの経験世界の描写に、2 人称主語の投射節を持つ心理過程節「(あなたは) 思う」を織り込むことにより言い換えを行っている。こうすることによって、クライエントの経験世界についての認識が、思考の産物であるかもしれないという意味解釈を促すのである。

　現実は実際にわれわれが認知する通りに存在するものと通常、われわれは考えがちで、実際の事象について話す時、あるがままの現実について描写していると信じ込んでいる。しかしわれわれが描写するものは、実はわれわれが対象事象に対して抱くメンタル・イメージに基づいて認知したものにすぎず、現実そのものではない。Halliday 理論における心理過程節の意味の投射としての捉え方は、この認識に基づいている。

　サイコセラピーは基本的に、クライエントが述べたことを臨床家が言い換えていくことによって、クライエントの経験世界の認識を変えていく過程である。その過程でクライエントがそれまで問題を 1 つの固定された観点からしか捉えることができず、問題にがんじがらめになっていた状況に対し、臨床家が言語によって別の視点を提示することで、クライエントが

新たな角度から問題解決に取り組んでいくことができるようにする過程である。このようなことを可能にするためには、上述のように、経験世界の解釈が多面性を持つものであることを、セラピーを通して臨床家はクライエントに認識させなければならない。つまり、真実というものはなくて、自分が真実だと思うものが、実は多面的解釈の１つにすぎないことを学ばせるのである。この点は、弁護士の法廷での言語行動に端的に例えられよう。弁護士は真実には関心がなく、自分の活動目的に沿った経験世界の解釈にいかに説得力を持たせて法廷でディスプレイするかに終始するのである。それが弁護という言語行動のエッセンスである。同様にセラピーにおいても、臨床家はクライエントの経験世界の「解釈」を「言い換える」わけであるが、弁護的言語行動との違いは、セラピーの場合、弁護士のように対決的言語行動の枠組みで行う言語行動ではなく、共感的な状況設定の中で実施され、その目的はクライエント個人が生きやすくなるための経験世界の再構築である点である。

　ワクテル（2004:227）は、「解釈」と「言い換え（reframing）」の違いは、単に言葉上の好み、また流派の呼び方の相違にすぎないとしている。Spence（1982, 1987）も両者を区別するのは難しいとしている。以下、ワクテル（2004:229）からである。

　　患者に自らの人生の真実は直面し難いものだと思わせてきたのは、まさにその真実の主観的な構成のされ方であることが多い。リフレームされることによって現実はしばしばより容易に接近されうるものとなり、（心理療法における治療の標的となる）否認と歪曲をそれほど必要としない生き方が可能となる。

　ワクテル（2004:311）は、「言い換え（reframing）」の基本は、どこを強調するか、つまり図地反転の問題であるとする。Schafer（1983）もまた、治療者の役割を、患者の「語り」を解釈により「語り直すこと（retelling）」、または「語ることによる見直し（narrative revision）」であるとする。具体的には、(1)「述べ直すこと（redescribing）」、(2)「解釈し直すこと（reinterpreting）」、(3)「別の流れに置くこと（recontextualizing）」「還元すること（reducing）」としている。つまり、解釈をしながら、異なった視点を患者に提供していくことである。

そこで、クライエントの側の変化というのは、経験世界の解釈のために異なる言語資源を使う能力が生じるかどうかによって測られる。新しい話し方をすることで、個人の意味作りの可能性は成長する。この能力は、臨床家の「言い換え」の影響から生み出されるものである。こうしてクライエントの解釈は新しい相互作用の文脈に置かれ、相互作用者にとって新しい意味を獲得することになる。もしセラピーがうまく進んでいれば、クライエントは自身の経験世界と問題について異なる話し方ができるようになっていると仮定される。従って、「言い換え」のプロセスを観察することで、クライエントと臨床家の意味作りの変化の段階を辿っていける。端的に言えば、言語分析の主軸は、意味生成上の言語資源の選択を観察することにあると言える。その場合、観察の対象となるのは、クライエントの記号上の変化（semiotic change）のみならず、セッションそのものの展開の過程で見られる記号上の変化でもある。つまり、(1) セラピー面接が、セッション内、あるいはセッション間で、記号上、発展していくかどうか、(2) セラピー面接の記号上の発達が、クライエント自身の記号上の発達をもたらすかどうかという点である。

3.2 レトリックとしてのセラピー

フランク（2007）は、サイコセラピーはレトリックであるとしている。レトリックとは、修辞技法である。レトリックに対する一般的なイメージは、舌先三寸的なうわべだけのうまい言葉遣いといった決してポジティブなものとは言えないが、本来、レトリックそのものは、善悪とは関係のない存在である。要は使い方の問題で、使う主体が正しく使用すれば、ポジティブなものとなり、誤った使い方をすれば、ネガティブなものとなる。従って、サイコセラピーがレトリックであるとしても、否定的なイメージを抱くのは誤りである。そもそもレトリックは、説得のための言語使用戦略上のテクニックである。サイコセラピーでは、クライエントの意味の変

容を促すことは、ある意味、説得のプロセスと言える。Abroms (1968) は、説得とセラピーの関係を最初に認めたのはフロイトではないかとしている。

　Glaser (1980) もまた、臨床家の言語行動をレトリックであるとし、そのレトリックとしての言語行動がセラピーの基本であるとしている。そしてそのレトリックとしての要素を分析することで、セラピーがなぜ、そしてどのようにして成功あるいは失敗するのかを明らかにできるとする。このことはまた、人が「修辞家 (rhetorician：修辞を弄する人という意味で)」にどのようにして説得されるのかも明らかにするであろうとしている。セラピーにおけるレトリック的操作 (rhetorical maneuvers) は、まだ詳細な解明がなされていないが、実証的なアプローチの中でそれが可能になるであろう (Glaser, 1980)。

　レトリックは、操作的言語活動である。加藤 (2009) は、Sullivanの面接テクストの分析を通して、テクストが特定の社会的目的をどう実現しているかを明らかにすることで、そこに底流する言語の「操作的」使用 (manipulative use) の視点を明確にしている。「操作 (manipulation)」という語彙は、英語では通常、否定的な意味合いを持つ言葉であるため、臨床家によっては抵抗がある向きが多い。著者は欧米の臨床家から、「manipulative」「manipulate」という言葉の否定的な意味合いには賛同できないので、せめて「dance」という言葉に置き換えたらどうかという忠告を受けたことがある。恐らくクライエントと臨床家は協同して言葉のdanceを繰り広げるのであるという意味合いであろう。それはそれで言いえているかもしれないが、訳語にすると「舞踏」となりしっくりこない。やはり素直に「操作」とするのがよい。幸い、日本語の「操作」に否定的な意味合いは希薄である。臨床家以外だと、この言葉に対して抵抗がないようで、著者がとる見解にあっさり賛同を示す臨床言語学の分野の研究者もいる (加藤, 2009)。

　言葉で人の心を直すということは、どういうことなのかという原点に立ち戻って考えると、人の心を直すという意図がそこに働く以上、言語使用が一定の方向・ゴールに向かって操作的になされなければならないのは自

明である。

4 本書が拠って立つ言語理論

　本書が拠って立つ言語理論は、Halliday提唱によるSystemic Functional Linguistics（選択体系機能言語学、以後SFL）である。SFLは社会的脈絡の中で発話されるあらゆるテクストを対象に、記号体系の１つとしての言語を媒体として、どのような意味交換がなされているかを探ることを目的として構築された言語理論である。SFLは言語活動を社会的コンテクストとのつながりの中で層化されたシステムとして捉える。この場合の社会的コンテクストとは、社会制度、文化、慣習などといった社会を構成するあらゆる要素が総体化されたもので、「文化のコンテクスト」と「状況のコンテクスト」の２つを包含している。前者は、それぞれの社会が持つ価値観、イデオロギーの集合で、後者は、直接言語選択に関わる言語使用域のことをさす。あらゆる対人的相互作用は意味の選択によってなされるが、これら状況のコンテクストと文化のコンテクストがその意味の選択を限定する。
　SFLでは言語とは何より意味の体系であり、形式は意味をどう伝えるかによって選択されると考え、言語をコンテクスト・語用論的状況の中で、機能面から捉える実際的な言語理論を構築している。特にSFLにおける強みは、その精緻に体系化された理論構造であり、言語理論については諸派あるが、あらゆる言語現象の解明・解析を網羅できる言語理論は他に見出せない。
　SFLについては、第２章で通覧する。

5 本書の構成

　この第１章では、日本におけるサイコセラピー・リサーチの動向と本書が目的とする点について述べる。また、本書がサイコセラピーにおける言語行動を捉える視点を明示する。
　第２章では、本書が主に拠って立つ言語理論であるSFLの構成概念に

ついて概説する。各章における言語理論の部分の理解がスムーズにはかられるように、SFLが扱う体系を通観する。語彙－文法資源としてとりあげられる項目の詳細については、各章ごとに、「理論的枠組み」として説明が設けられているので、ここでは細かなことには言及せずに、セラピー研究に関連付けた全体的な理論体系の概略に留める。

第3章では、テクスト分析を行う際の基本的な単位となるムード構造（節類型）、交渉詞（終助詞）、発話機能、あいづちなどの機能を述べ、これらの資源がサイコセラピーにおいて、どのような談話上のストラテジーとなりうるかについて概説する。

第4章では、対人的距離の操作に関わる普遍的言語行動であるポライトネスについて述べ、その対人的距離の考え方の基盤となる情報のなわ張りについて概観する。また具体的な操作言語資源であるモダリティ（発話の命題に対する心的態度を表す表現）を観察することで得られるセラピー上の有用な情報について触れる。最後に日本語文化で要求される待遇表現について触れる。

第5章では、同じく対人的言語資源より、評価言語をとりあげ、それを実際のセラピーに適用した時にどのような情報が得られるかについて考え、方法論として具体的な例示を展開する。

第6章では、名詞化された語彙の観察がクライエントの変容を示す指標となりうることを見ていく。また臨床家に求められる言語的コンピタンスを、社会言語学の視点から述べる。

第7章では、5章で扱った評価言語を応用して、加藤により開発された日本語版TCM（Therapeutic Cycles Model）について紹介する。TCMは、Mergenthaler (1996) によって開発されたコンピュータによるテクスト分析手法で、サイコセラピー面接においてクライエントと臨床家との言語的相互作用に表出する感情と認知プロセスを示す語彙を統計的に計量し、グラフィックに描出する手法である。感情体験と認知的内省の統合を経て、クライエントは1つの感情処理を成し、それがクライエントの変化を示すものであるという臨床上の知見に基づいている。確立された分析手法として、TCMは治療アプローチの違いを問わず、様々な実証的な研究に応用

されている。加藤はこの手法を日本語臨床に導入すべく、日本語用改訂版、JTCM（Japanese Version of Therapeutic Cycles Model）の開発途上にあるが、本研究では試験的に実際のセッションに適用し、セラピーへの応用性とプロセス研究の手法としての可能性について考える。

第8章では、クライエントが自己の経験世界をどのような節構造で構築しているかを見る。そこからクライエントが経験世界を構築する視点が特定できるが、その視点を辿ることによりセラピーの段階が推し量れることを見ていく。またクライエントの変容を促すために、クライエントが構築する文の節構造を変えるのだが、その際にどのような手法が持ち込まれるべきかについても触れる。

第9章では、セラピーにおける周辺的な考察素材として、文化・位相の違いがもたらすセラピーへの影響、臨床家とクライエントという社会的見地から見た権力関係、言語発達という観点から見たセラピーにおける相互作用の変容、などをとりあげる。

第10章は、本書のまとめである。

本書で例文として用いるセッション

なお、本書で使用されるセッションについては、読者が実際に確かめることができるように、主に市販されているセッションを例として用いている。以下の3点である。

> DVD『解き明かし・私の家族面接』日本家族研究・家族療法学会, 2010
> 佐治守夫. 1985.『治療的面接の実際／ゆう子のケース』日本・精神技術研究所.
> 佐治守夫. 1992.『治療的面接の実際――Ｔさんとの面接』日本・精神技術研究所.

その他、英語によるセッションでは、Sullivanによって残された面接ト

ランスクリプト[1]から、そしてマンチェスター大学で開発されたPsycho-dynamic Interpersonal Therapyのモデルに基づいて行われたブリーフ・サイコダイナミック・セラピーから、必要に応じて参照している。

---

[1] 1926〜27年にシェパード・アンド・イノック・プラット病院で、速記者にとらせた面接トランスクリプトで、中井（1985b）が一級の資料とするものであるが、著者がシェパード・アンド・イノック・プラット病院理事会にはかってゆずり受けたものである。経緯は、加藤（2009）に詳しい。

第 2 章
選択体系機能言語学とサイコセラピー

1 はじめに

　本書における主たる分析手法は、Hallidayによって提唱されたSFL（Systemic Functional Linguistics）に拠っている。SFLは社会的脈絡の中で発話されるあらゆるテクストを対象に、記号体系の1つとしての言語を媒体として、どのような意味交換がなされているかを探ることを目的として構築された言語理論である。SFLでは、言語とは何より意味の体系であり、形式は意味をどう伝えるかによって選択される。この章では、なぜSFLなのかを含め、続く章でとられる言語分析手法の理解を促すために、SFLを通覧するが、分析手法の各論については、各章で詳述することとして、ここでは、理論体系の骨子、SFLの基本概念に触れるに留める。

2　社会的コンテクストと言語システム

　トロブリアンド諸島の漁村における人類学の研究で、Malinowskiは、「状況のコンテクスト」と「文化のコンテクスト」という概念を導入した。トロブリアンド諸島で用いられている言語であるキリウィナ語による話し手のメッセージを解釈するのに、状況、あるいは環境上の理解が必要であることが状況のコンテクスト理解に該当する。例えば、漁で、人々が発する言葉を理解するには、人々が舟の上で、あるいは陸でどう相互作用を行っているかを理解しなければならないということである。一方、社会的行動を説明しようとする場合、その時何が起こっているかという状況のコンテクストを超えた全体の文化的背景も考慮しなければならないと考え、これを「文化のコンテクスト」としている。つまりMalinowskiにおいては、「コンテクスト」とは、con-text、つまりテクストと共にあるものという意味で、「言語環境だけでなく、テクストが発話された状況を含む全環境」（Halliday and Hasan, 1991:10）を示すものとなる。

　こうしたMalinowskiの概念は言語学者のFirthに引き継がれた。Firth (1950) は、このコンテクストの概念を基に、より抽象化した状況のコンテクストの記述のための枠組みを作り上げた。これがHallidayに引き継がれ、

「人は社会的コンテクストをどう言語システムへ関連付けるのか」、そして「実際の意味の交換において、人は意味の可能性をどう展開させるのか」という問いかけが、Hallidayを導く指標概念となる（Halliday, 1978:108）。Hallidayはリアリティー、つまり現実的・実在的な存在、有様を、言語を包む「社会的コンテクスト」とするが、社会的コンテクストとして、「状況のコンテクスト」と「文化のコンテクスト」の2つを設定した[1]。

　図2-1を見てみたい。SFLは言語活動を社会的コンテクストとのつながりの中で層化されたシステムとして捉える。この場合の社会的コンテクストとは、社会制度、文化、慣習などといった社会を構成するあらゆる構成素を総体化したものをさし、「状況のコンテクスト」と「文化のコンテクスト」の2つを設定している。あらゆる対人的相互作用は意味の選択によってなされるが、状況のコンテクストと文化のコンテクストによって、その意味の選択は特定範囲に限定される。先ず文化のコンテクストだが、これはそれぞれの社会が持つ価値観、イデオロギーの集合で、言語活動は、先ずこの「文化のコンテクスト」による規制を受けて、言語資源の選択がなされる。

　対人的相互作用は特定の目的を達成するために一定の段階を経てなされる意味活動で、達成すべき目的に応じて様々な段階の組み合わせが存在する。この段階の組み合わせの類型を、SFLではジャンル（genre）と呼んでいる。このジャンルが文化のコンテクストに関わるもので、所定の文化の方式に従って、その中で認められた社会的目的を達成するために、われわれが段階を踏んで行う言語行動のパターンのことである。例えば、大学で学生の書くレポートの書き方を例としてあげれば、分野を超えて、書き方をめぐって共通した段階が踏まれる。主題の提示、証拠の提示、反証の棄却、結論、そして主題の反復で終わるといったようにである（Eggins, 1994）。この場合、何についてのレポートなのかという点が異なるだけで、レポートの書き方という範疇で捉えれば、1つのジャンル構造として成り立つ。

---

[1] このコンテクストという語は、通常の訳語とされる「文脈」と同義に解釈されるべきではなく、Hallidayの場合、用語として用いられていることに注意したい。

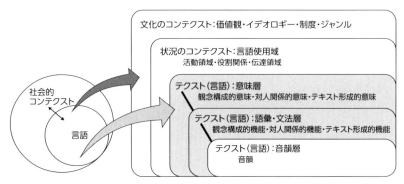

図 2-1　社会的コンテクストと言語との双方向的関係と言語の階層化
（Martin, 1999:36 を参考に著者作成）

これは一例で、その他、例えば電話での応対、サービス対応における店員と客の応答、物語、料理の作り方など、ある一定の社会的目的を持って遂行される言語行動はジャンルとしてそれぞれ類型化される。サイコセラピーもまた流派による違いはあるものの、一定のパターン化された段階設定が可能であると考えられる。この場合、流派ごとの段階設定も可能である。言語分析では、この段階設定が常に枠組みとなっていく。

　文化のコンテクストの実体化が状況のコンテクストで、言語使用域（register）がこの層に関わり、直接的に言語選択に関与するものとして、3つの変数が言語活動を捉える。どのような場面、領域で（活動領域（field））、誰が誰に対して（役割関係（tenor））、どのような方法を使って、どのような媒体を通して何をするか（伝達様式（mode））という関わりを通して生み出される意味状況を扱う部分である。例えば、言語使用域がサイコセラピーの面接であれば、流派によっても異なるが、一般的に、言語活動領域が問題の構築と解決・意味の明確化と再取り組み、役割関係が専門家である臨床家と指導を受ける者としてのクライエント、伝達様式が口語による構築的相互作用となる。こうして特定の言語使用域は、その下位層である語彙－文法層に反映され、特定の語彙－文法資源が選択されることになる。ここでは言語は、話し手が言語資源の中から選択して意味を作り出すシステムとして捉えられるのである（加藤, 2010a；2010b）。

図 2-1 の左図は右図を簡略化したものであるが、社会的コンテクストのありようが言語のシステムを決定付け、一方、コンテクストは言語システムによって解釈構築されているという見方もでき、コンテクストと言語の関係は双方向的なものと捉えられている。右図は左図をさらに層化したもので、「実際の意味の交換において、人は意味の可能性をどう展開させるのか」(Halliday, 1978:108) を示している。図より、語彙 – 文法層は音韻層によって具現され、意味層は語彙 – 文法層によって具現される。意味層は、人間の意志・感情の総体である (堀, 2006:10)。さらに意味層の外側に文化・状況のコンテクストという 2 つのコンテクスト層を想定し、言語選択のパターンはこのコンテクストのタイプによって形成される。そして言語は、話し手が言語資源の中から選択して行う意味を作り出すシステムとして捉えられるのである (加藤, 2010a ; 2010b)。このことから、サイコセラピーでは、臨床家とクライエント間の相互作用が、文化のコンテクストと状況のコンテクストによって方向付けられたテクストを具現するということになる。

　こうした SFL の観点は、Sullivan が面接を社会的相互作用として捉えたことと一致する。Freud 精神医学が、生物学的側面を重視し、そこでは社会的相互作用の側面に対する視点が欠落しているのに対し、Sullivan はクライエントの現在の生活状況を重視し、その自己実現を促すことを目的として、クライエントの過去の対人関係における相互作用、ひいてはクライエントを取り囲む文化、社会的要因を探る。この Sullivan のアプローチは、Halliday が文化・状況のコンテクストによって、話し手の言語選択がなされるとした視点、つまりコンテクスト依存の言語理論を構築したことと共通する (加藤, 2010b)。

　Sullivan は幼少期からの他者からの評価の総体が自己であるとし、「対人関係の数だけ人格が存在する」(Perry, 1988:6) と主張して、対人関係を抜きにした個の独立性を否定している。これを SFL の視点から解釈すれば、対人関係という状況のコンテクストに応じて、相互作用に関わる個の人格に差異が生じるということになる。つまり個は、状況のコンテクストに応じて人格を選択するが、その場合、文化のコンテクストに相当するの

が、個を形成する幼少期・青春期における重要な人物、家族、特に母親との対人関係で、この過去の対人関係のパターンの範疇内で、人格が現出するという解釈となろう。これはちょうど、文化、状況のコンテクストに応じて、言語選択がなされるというSFLの言語行動の捉え方に擬して捉えられる（加藤, 2010b）。

Sullivanは社会心理学と文化人類学からの影響を重要なものとして語り、Mead、Malinowski、Sapia、Benedictらの名前をあげているが、Hallidayの言語理論もまた、言語学をMalinowskiなどによる文化人類学、または社会学の一分野として位置付けられていることからも、二者に通底する共通した視点が窺えるのである（加藤, 2010b）。

なおSullivan（1986）の音声面重視の姿勢は、「精神医学的面接とは、すぐれて音声的なコミュニケーションの場である」（Sullivan, 1986）と述べていることからもわかるが、同様に身振り、顔の表情、緘黙などの非言語的な側面も重要であるとしている。そしてしばしばこれらは言語的なものよりも多く患者の内界を語るとしているが、資料的な制約から、本書で扱うのは、図2-1のグレーの部分に限られる。しかしリズムと音調に関しても、SFLによるマッピングが可能であることを言い添えておきたい。

3 選択するということ

SFLは言語を意味あるいは意味の可能性のシステムとして捉える（Halliday, 1978）。機能的見地からすると、意味のシステム（すなわち言語）は、話し手がことを行う資源である。SFLでは言語を話し手が言語資源の中から選択して行う意味を作り出すシステムとして捉えているところに、従来の形式文法との違いが見られる。

図2-1の状況のコンテクストの下位層である3つの意味を作り出すシステム、意味層、語彙－文法層、音韻層の部分に注目したい。3者の関係は、語彙文法層は音韻層によって具現され、意味層は語彙文法層によって具現されるということである。このうち語彙文法層は節に焦点を置き、意味層はテクストが中心となる。そして意味層と語彙－文法層を合わせて内容層、

音韻層を表現層とする（加藤, 2009）。各層は具現という関係で結ばれている。例えば、意味層における情報を「与える」のか「要求する」のかといった選択のシステムは、語彙－文法層における叙述ムード（平叙文）あるいは疑問ムード（疑問文）によって具現され、さらにそれは音韻層におけるイントネーションの選択システムによって具現される。つまり具現化（realization）とは、ある意味内容を、語彙－文法と音声の単位で表現することである（加藤, 2009）。

意味層と語彙－文法層でなされる選択は、通常、自然な一致した（congruent）なものであるが、これら2層が独立層であるために、各層において意味的に一致しない選択がなされることも可能で、これを文法的メタファー（grammatical metaphor）としている。例えば、臨床家が、クライエントに質問する場合の発話について考えてみたい（加藤, 2015）。

（例：2-1）
(1)「何か心配事、不安に思うことがありますか」
(2)「何か心配事、不安に思うことがあるのではないかと思うのですが」
(3)「何か心配事、不安に思うことがありそうですね」

これを図2-2の選択網で考えてみたい。

意味したいのは不安に思うことがあるかどうかを問うことなので、(1)のように疑問文の形にするのが一致した表現あるいは整合形であるとすると、(2)と(3)が非整合形、あるいはメタファー的な表現ということになる。(2)は、質問を意味しているにもかかわらず、叙述ムードを用いているため、一致しない表現となる。あえて一致しない表現を用いるところに談話ストラテジーが窺えることと、さらに説明ムードの「のだ」表現に蓋然性のモダリティの文法的メタファー表現、指向は主観的・明示的表現を用いていることから、そこに臨床家の意図的な言語ストラテジーが窺える表現となっている（説明ムード、モダリティ、指向表現については、第3章と第4章を参照されたい）。(3)も同様に叙述ムードを用いていることで一致しない表現となる上に、証拠性のモダリティと確認要求の交渉詞（終助詞）で

図 2-2 （例 2-1）における選択網

ある「ね」を用いていることから、ここにも談話上のストラテジーが窺える（加藤, 2015）。

　このようにある意味を示したい場合に、いくつか選択肢があり、人は発話の瞬時瞬時に、言語資源の選択網から選択していくわけであるが、SFLでは、これを選択体系（choice system）とし、理論の中核としている。つまり選択体系とは、交替可能ないくつかの選択網の中から、いずれかを選んで言語表現が形成されるわけで、その選択項の集合のことを言う。

　なぜ、他の選択肢ではなく、この選択肢が選ばれるのか。それは、それぞれの表現の機能を考えた上で、社会的目的達成のための言語ストラテジー上、意図的に選ばれているのである。このようにある意味を示したい場合に、いくつか選択肢があり、人は発話の瞬時瞬時に、それぞれ語彙－文法層と音韻層において選択を行っている。左から右へ行くに従って、選択網が細分化されていくが、この瞬時瞬時の選択に際して、図 1-1 に示した意味層より上の文化・状況のコンテクストによって、言語の選択が方向付けられるということである。このことはまた、1つの言葉・表現が、文化のコンテクスト、つまりジャンルと、状況のコンテクスト、つまり言語使用域が異なれば、違う意味になる可能性を常に持っているということである。よって言葉・表現を考えるということは、常にジャンルと言語使用域との関連性の中で捉えられなければならないということである。自閉症スペクトラム障害などの疾患者が、コミュニケーションに支障をきたすのはこうした包括的な見地からの把握を苦手とするためである。

　こうして話者のとる選択をマッピングしていくと、そこに話者の対話ストラテジー、あるいは支配的な文法資源選択の構造が見えてくる。それが

クライエントの発話であれば、現実世界の認知の偏りを読み取り、そこにクライエントが現実を生きにくいものにしている原因を指摘できる。一方、臨床家の発話であれば、そこに臨床家の言語ストラテジーを読み取ることが可能である。こうしたシステムネットワークを援用したマッピングから得られる分析情報は、セラピー設定のみならず、その他の様々なテクスト分析においても有用である。

なお、図2-3は対人的メタ機能（次節を参照されたい）の言語資源のシステムネットワーク（選択網）を示したものである。人は発話の際にこのシステムネットワークから瞬時のうちに選択を行うわけである。

4　メタ機能に基づく選択肢

状況のコンテクストが、活動領域（field）、役割関係（tenor）、伝達様式（mode）という3つの要素に対応するものであることは先述した通りである。さらに選択肢としての資源となるものが、観念構成的、対人的、テクスト形成的意味選択体系網から成る3つのメタ機能部門である。

Hallidayの言語学への貢献のうち、最も重要なものの1つに、言語におけるメタ機能という概念を持ち込んだことがあげられる。チョムスキーらの変形生成文法理論など、理想的な文を分析対象とする言語理論を形式主義（formalism）とするのに対して、HallidayのSFLは、機能主義（functionalism）に立つもので、発話・文を一方向からではなく、重層的に分析する理論である。これはメタ機能を通して可能となる。以下がSFLの3メタ機能の定義である。

> 観念構成的メタ機能：言語による対人的相互作用において、話し手の外的内的世界の経験を解釈・表出する機能を担う意味選択網である。言語は人間の経験を解釈し、外的、内的現実を説明、解釈するために機能する。その場合、客観的な外的、内的現実の存在のことを言うのではなく、言語による相互作用によって作り出される現実に対する解釈のことを言う。

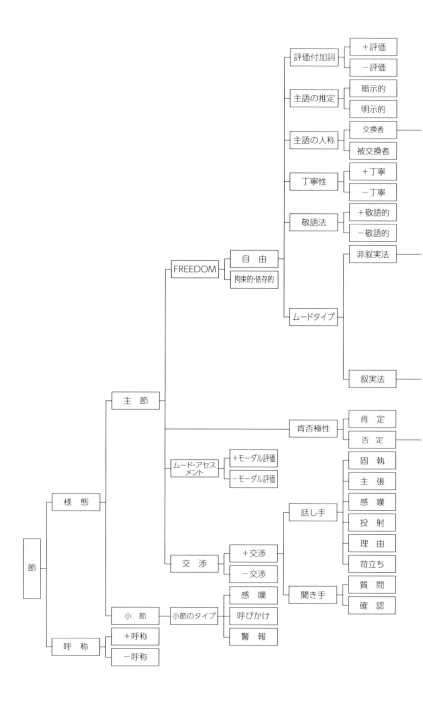

第 2 章　選択体系機能言語学とサイコセラピー

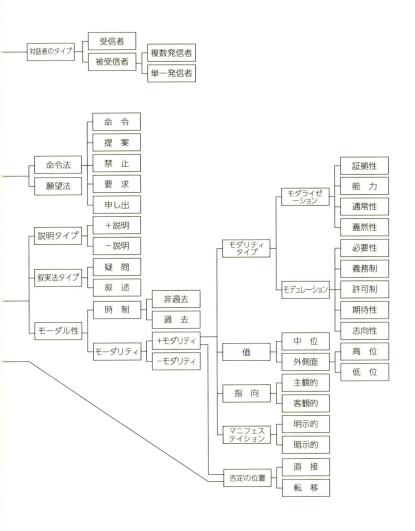

図 2-3　対人的メタ機能の言語資源のシステムネットワーク（選択網）
(飯村, 2016)

メタ機能	テクスト				
	太郎は	多分	それを	やらないでしょう	ね
観念構成的（過程構成）	行為者		対象	過程中核部	
対人的（叙法）	主語	付加詞	補語	述語	交渉詞
テクスト形成的（主題）	主題	題述			

図 2-4　メタ機能とテクストの関係

対人的メタ機能：対人的相互作用における話し手の発話役割、心的姿勢を表出する機能を担う意味選択網である。言語を通して、相互作用者は、提言と命題、態度、位置あるいは地位、関与が交渉される交換（exchange）を行う。中心的な資源は、モダリティ、ムード構造、発話機能、評価言語である。

テクスト形成的メタ機能：言語行動をテクストとして成り立たせるための組織化要素の機能を担う意味選択網である。他2つのメタ機能、観念構成的と対人的メタ機能にテクストとしての関連性を持たせるもので、テクスト全体の首尾一貫性を構成するための仕組みを扱う。中心的な資源は、主題題述構造、情報構造、結束性などである。

言語活動において、言語選択は、観念構成的、対人的、テクスト形成的という3つのメタ機能における資源からなされる。メタ機能とは、言語使

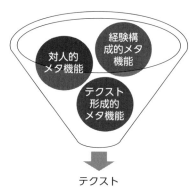

図 2-5　テクストの多重メタ機能構造

用のことではなく、言語に内在する抽象的な機能のことをさし、1つの節に対し1つのメタ機能が当てられるというような系列的な対位構造ではなく、1つの節が同時に3つのメタ機能によって構築されるといった統合的構造になる。例えば、「太郎は多分それをやらないでしょうね」というテクストがあるとすると、メタ機能の重なりは図2-4のようになる。

つまりSFLでは、図2-5に示すように、3つのメタ機能による重層構造から言語活動を分析することになり、結果、精緻な言語分析マッピングが可能となる。

5　サイコセラピーを俯瞰する

Martin (1992) によれば、言語使用域とは、(1) 言語活動領域、(2) 役割関係、(3) 伝達様式という3つの要素によって構成される記号体系 (semiotic system) であり、ジャンルと言語の間にあるメタ機能によって構成される意味資源である。活動領域は経験構成的メタ機能、役割関係は対人的メタ機能、伝達様式はテクスト形成的メタ機能によって具現される。Martin (1992) は、これら3要素をさらに細分化してより詳細なテクストの概要を浮き上がらせる仕組みを提示している。サイコセラピーを例に、以下に考えてみたい。

先ず、(1) の言語活動領域であるが、Martin (1992) は、活動の流れ (activity sequence) と主題 (subject matter) の2項目を設けている。活動の流れは、サイコセラピーは基本的に、「正式接遇→偵察→詳細問診→終結」(Sullivan, 1954) という経緯を辿る。主題は、流派を問わず、精神疾患もしくは社会的不適応を矯正するための治療行為ということになる。

(2) の役割関係に関しては、社会的地位 (Status)、社会的距離 (contact)、態度もしくは感情 (affect) の3項目を設けている。社会的地位は相互作用者間の社会記号的階層 (役割) の違いである。社会的距離は、相互作用者間の社会的距離もしくは親密さの度合いで、態度・感情は、話し手／書き手の相手への態度もしくは感情のことをさす。Poynton (1985:76) は、肉体的な優越 (force)、権威 (authority)、不均等な富の分配 (status)、専門的

表 2-1　サイコセラピーの言語使用域

活動領域（field）	
活動の流れ（activity sequence）	正式接遇→偵察→詳細問診→終結（Sullivanによる）
主題（Subject matter）	精神疾患もしくは社会的不適応を是正するための治療行為
役割関係（tenor）	
社会的位置関係（status）	専門家（セラピスト）vs.初心者（クライエント）：不平等（パワー変数は専門知識）
社会的距離（contact）	治療構造上の関係
態度・感情（affect）	肯定的／一時的
伝達様式（mode）	
言語の役割（language role）	構成的役割　ターンテーキング自由
媒体（medium）	話し言葉　疑似的対話
チャネル（channel）	視覚・聴覚

　知識や技術（expertise）といったパワー変数を示し、これらが関係性の平等か不平等を決める因子となるとしている。例えば、権威をパワー変数とする関係性には、親子関係などがあげられる。ムード、モダリティ・交渉といった対人的メタ機能が、これら社会的関係を構築する対人的資源である。この中で、社会的距離と社会的地位とは論理的には独立関係にあることに注意したい。その理由として、例えばPoynton（1985）は、上司と部下という権威に基づく上下関係であっても、長年一緒にいるうちに親密さが増してくることを例として指摘している。

　（3）の伝達様式に関しては、Hasan（1985:58）が、言語の役割（language role）、媒体（medium）、チャネル（channel）の3項目を設けている。言語の役割とは、言語が社会的活動において演じる重要度のことである。例えば、車を修理するといったような場合は、言語は付随的あるいは補助的な役割しか担わないが、何か問題点を議論するといったような場合は、言語は構成的役割を担う。媒体は、話し言葉か書き言葉かを問題とし、またプロセスまたはテクストが共有される度合いを反映する。例えば、書き言葉は、聞き手に直接的なフィードバックを許さないが、話し言葉では通常、それが可能である。チャネルは、意味作りの過程に関与してくるジェスチャー・体の位置・視線・身なりなどに影響を及ぼす。主題と結束性が関

与するテクスト構成的メタ機能に最も関わる部分である。
　上述に従って、セラピーの言語使用域をまとめると表 2-1 のようになる。

6　会話分析との対照

　サイコセラピーの言語研究で、比較的取っ掛かりのよい手法が「会話分析」(Conversation Analysis、以後CA) であろう。もともと、CAの手法は、アメリカの社会学関連の研究者（ethnomethodologists）によって構築されたもので、会話を録音し、それを忠実に記述して、観察するという方法を用いている。その主な取り扱い項目に、(1) 話者交代、(2) 隣接応答ペアなどがあげられる。CAの貢献は重要なものではあるが、次の点で限界がある（加藤, 2010）。
　先ず、CAは、文化のコンテクスト、言語使用域、ジャンル構造といった言語行動を俯瞰的見地から定義する包括的分析構造を持たない。CAもまたSFL同様、コンテクストと言語が互いに関連するものであることを示してはいるが、それがどのように関連するものなのかを明確にしていない。結果、CA による研究は、言語体系への位置付けを欠いた単発的な例示研究のレベルに留まっている。相互作用でなされる言語資源の選択が、社会的状況、あるいは文化的慣習とどう共起するのかといった点が明らかにされず、よって、図 2-1 に示した言語と社会的コンテクストの双方向的な関係が説明されないのである（加藤, 2010）。
　第 2 に、CAは、言語そのものに対する考察を明らかにしていない。CAでは、相互作用のシークエンスが細部にわたって分析されるものの、それが言語資源とどう結びつくのかに関して、体系的な考察がなされない。言語がどう機能するのか、話し手が、経験世界をどう描写、表現するのか、話し手のメッセージの構成がどうなされるのか、例えばどの語が先に来てどの語が後になるといった違いから生じる意味生成上の違いについての考察は、シークエンスの分析からは得られないものである。言語というのは、先ず、意味生成を実現するグラマーがあるということへの顧慮をCAは残念ながら欠いている（加藤, 2010）。それがテクスト分析の結果にも反映さ

れるのである。

7 まとめ

　本書では言語というのは先ず、意味を生成する語彙‒文法資源があるという認識からの視点を提示したい。テクスト分析にあたり、語彙‒文法資源の機能的側面に注目した考察が加味されれば、サイコセラピーの言語研究は新たな知見を獲得しよう。SFLは語彙‒文法資源の選択網を体系的に提示し、どの語彙‒文法資源を選択した時に、どのような社会的行動の意図が表出するかといった分析視点を提供する。さらに計量言語学、テクストマイニングの手法を容れれば、広範な統計的データに基づく精緻な解析結果の提示が可能となり、質的、量的両面において、精緻な面接テクストの分析が可能となろう。

　SFLの強みは、包括的かつその精緻に体系化された理論構成であり、語弊を恐れずに言えば、言語理論については諸派あるが、あらゆる言語現象の解明・解析を網羅できる言語理論は他に見出せない。こうした確立された体系網があって、精緻な言語現象のマッピングが可能となる。

第3章

交　渉

はじめに

　基本的にサイコセラピーは、クライエントと臨床家がクライエントの現実解釈をめぐってその意味の交渉を行うプロセスである。その交渉がどのような言語資源を用いて行われるのかを考え、それら言語資源の機能について明らかにすることが本章の目的である。

　先ずその交渉の単位となる発話文を組み立てるにあたって、どのような文のヴァリエーションがあるのか、そしてそれらがどのような機能を持つのかという基本的なところから入っていきたい。そのためには先ず、日本語のムード構造（文類型）について説明し、次にセラピーにおいて重要である「問うこと」を実現する疑問ムードを掘り下げたい。続いて、直接的な対人的言語資源である交渉詞（終助詞）、そして発話機能（それぞれの発話が聞き手に対して果たす対人的機能）のラベリングによって明らかにされる対人的要素について見ていく。また、普段、無意識に打っているかに思われるあいづちの機能を概説したい。これらの言語資源に通じることが、セラピーの言語学的分析の基盤となること、また、臨床家がどのように言語を使うかという点に関しても有用であると考えられるからである。

　なお、SFLは、英語を基に組み立てられた言語理論であるため、理論を日本語に適用するには、日本語に合わせた理論構築が必要である。Teruya（2006）、福田（2016）、飯村（2016）、加藤（2016）が、日本語に適用した理論体系を組み立てているが、本章では、ムード構造を述べるにあたり、これらの研究による理論体系を基にする。

1 ムード構造

1 ムード構造俯瞰

　ムードというのは、簡単に言えば文の種類、文類型のことである。SFLのムード概念は伝統的な日本語学における解釈とは異なるので注意を要する。SFLの解釈では、日本語のムードは、叙実ムードと非叙実ムードに二分され、前者は叙述と疑問ムード、後者は命令、要求、提案、申し出ムードとに分かれる。叙実ムードの中にある説明ムードは、オプショナルである。図3-1に示す福田（2016）による日本語のムード構造を、例文を挟みながら簡単に述べてみたい。

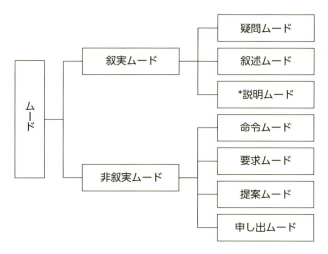

図3-1　日本語のムードタイプ
（Brown and Levinson）

（1）疑問ムード：疑問ムードは疑問文で、yes/no疑問文とwh-疑問文の2つに分かれる。
　　yes/no疑問文：今日、買い物へ行くか。（普通体）/ 今日、買い物へ

　　　　　　行きますか。(丁寧体)

　　wh-疑問文：いつ、買い物へ行くか。(普通体) / いつ、買い物へ行きますか。(丁寧体)

(2) 叙述ムード：いわゆる陳述を担うムードである。

　今日は家でゆっくりする。(普通体) / 今日は家でゆっくりします。(丁寧体)

(3) 説明ムード：「のだ」「わけだ」「ことだ」「ものだ」にあたる表現である。日本語では使用頻度が極めて高い。特に「のだ」は、疑問ムードと叙述ムードに付与され独自の意味を添えるが、あくまでオプショナルである。疑問ムードと叙述ムードが無標だとすると、説明ムードは有標となる[1]。以下、例である。

　例：何かありましたか。　→　何かあったんですか。(「のだ」を付加した場合)

　　(普通体：何かあったか)　　(普通体：何かあったのか)

　病院へ行きます。　→　病院へ行くんです。(「のだ」を付加した場合)

　　(普通体：病院へ行く)　　(普通体：病院へ行くんだ)

(4) 命令ムード：指示の出し方に関わる文で命令文のこと。

　例：すぐに行け。(普通体) / 行ってください。(丁寧体)

(5) 要求ムード：

　例：そこにある新聞、とってくれ。(普通体) / そこにある新聞とってくれますか。(丁寧体)

(6) 提案ムード

　例：駅まで歩きましょう。(話し手と聞き手の共同行為の提案)

(7) 申し出ムード：「(誰かのために) ～しようか、～しよう」

　例：お手伝いしましょう。

---

[1] 言語学の概念で、2つの対立する言語現象があったとるすと、一般的に出現する現象を無標、特殊な現象を有標と呼ぶ。

SFLでは、ムードタイプを上述のように設定するが、疑問ムードと叙述ムードに関して、実際の日本語では、例文のように明確に分類できることはあまり多くない。英語の場合であれば、疑問文は語順が明確に変わるので形態的に両者の区別に問題はない。しかし、形態的に構造の異なる日本語ではその限りではない。どのような問題があるのであろうか。

2　プロトタイプ論から見たムード構造

　日本語の場合、形態によってムードタイプを明確に区別できる英語と異なり、分類が曖昧となる。例えば、次の例の下線部の節は、疑問文であろうか、それとも叙述文であろうか。

（例3-1）
　C　今の自分の立場っていうのを考えられていない状況っていうか、考えられない自分がだめだなって思うんですよね。
　T　そっか、<u>考えないといけないって思っているわけですね</u>。
　C　はい。

（Cはクライエント、Tは臨床家。以下同様）

　益岡（1987:39）は次の例をあげて、日本語では、平叙文・疑問文・命令文というカテゴリーの区別が絶対的なものではないとし、「カテゴリー連続の原則」という考え方を提唱している。

　（1）このままでいいですよ。（平叙文）
　（2）このままでいいですか。（疑問文）
　（3）このままでいいですね。（平叙文と疑問文両要素の混合）
　（4）このままでいいかな。（平叙文と疑問文両要素の混合）

　（1）〜（4）の中で（1）と（2）に関しては、プロトタイプとして明確に区別できるが、（3）と（4）に関しては峻別が困難である。益岡（1987:40）は、「カテゴリーが一定の特徴の集合で規定され、それに属する要素

はそうでない要素から明確に分離される」と考える伝統的なカテゴリー論である「カテゴリー不連続の原則」に対して、「カテゴリーには連続性の性質が内在する」という見方を提唱している。益岡によると、プロトタイプ同士が対立関係にあるのであって、プロトタイプから遠ざかれば遠ざかるほど、対立の程度は和らぎ、中間タイプというものも存在しうるということである。従って、プロトタイプの部分は対立関係であっても、周辺部分では連続することになる。この主張に従えば、平叙文と疑問文のプロトタイプは明らかに対立関係にある。益岡（1987:42）は２つのカテゴリーを以下のように定義している。

平叙文（SFLの定義では叙述文）
　(1) 与えられた命題の内容を話し手が確かな（あるいはほぼ確かな）ことと判断していること。
　(2) 話し手が聞き手にその命題の内容を確かな（あるいはほぼ確かな）情報として伝えようとしていること。
疑問文
　(1) 与えられた命題の中に話し手にとって不明の点が含まれており、話し手がその点を明らかにしたいと考えていること。
　(2) 話し手が不明の点に関する情報を聞き手から聞き出そうとしていること。

　上述の定義に従えば、次のa）とb）は、それぞれ平叙文と疑問文のプロトタイプであるが、c）、d）、e）はプロトタイプとは言えないことになる。c）に関しては、叙述文、疑問文どちらからも遠くに位置している。

　a）花子さんのこういうところが魅力的です。
　b）花子さんのどういうところが魅力的ですか。
　c）花子さんのこういうところが魅力的ですよねえ。
　d）花子さんのどういうところが魅力的なのかなあ。
　e）一体、花子さんのどういうところが魅力的だというのか。

SFLはもともと英語を基にして組み立てられた言語理論であるせいか、ムード構造を、不連続の法則でまとめあげている。英語では、語順が明確に変わるため、疑問文は疑問文としてのプロトタイプとそれ以外のものというすみ分けが形態的に可能である。しかし上述の例のように、日本語は形態による明確な分類が難しいため、カテゴリー間を連続させる分類がしっくりいくと思われる。著者は、実際のテクスト分析では、プロトタイプから離れる文に対しては「疑似」として扱い、例えば、「疑似・疑問」という分類ラベルを用いることにしている。この考え方からすると、(例3-1) の下線部は疑似・疑問とラベリングされる。そしてセラピーではこの疑似・疑問がプロトタイプの疑問文よりはるかに多く用いられる。理由については後述する。

　以下に益岡 (1987:43) より、引いておく。

　　プロトタイプ論の観点から平叙文と疑問文の関係を分析すれば、両者の対立的な関係と連続的な関係を無理なく捉えることができるのである。もし、この両者の関係を「カテゴリー不連続の原則」に基づいて分析しようとすれば、実態を正確に反映したものにはならないであろう。平叙文の集合と疑問文の集合が明確に分離されるという見方は、現実的ではないように思われる。

3　言いさし文をどう考えるか

　テクスト分析には分析の基本単位となる文境界を定めることが必要となる。ムードタイプの例で示したような完全な文、模範文であれば、文境界の特定は問題がなく、49ページで示した文類型に沿ってラベリングしやすい。しかし、日本語の相互作用では最後まで言わない、いわゆる「言いさし文」が多く注意を要する。そこで言いさし文をどう考えるかという問題が生じる。

　Maynard (1993) は、日本人20組について、各60分の日常会話について調べ、その文末表現を計量している。表3-1がその数値である。これを

表 3-1　日本人 20 組計 60 分の日常会話に見られる文末表現

文末表現	頻　度	総数に占める割合（％）
終助詞	436	35.05
体言止め	204	16.4
「じゃない」「でしょ（う）」などの助動詞	121	9.73
動詞現在形	103	8.28
動詞の「〜て形」	93	7.48
接続詞	70	5.63
副詞句	69	5.55
格助詞	47	3.78
動詞過去形	46	3.7
言いよどみの類	42	3.38
「わけ」「もの」などの形式名詞	13	1.05
総　数	1,244	100.00

(Maynard, 1993:120)

　見ると終助詞が圧倒的に多い。言いさしにあたるものは、体言止め、動詞の「〜て形」、接続詞、副詞句、格助詞、言いよどみ、「わけ」「もの」などの形式名詞などで、こちらもかなり多い。こうした計量結果を見ると、いかに日本語の言語行動が発話を最後まで言わないかがわかる。いわば、日常会話がルーズに成り立っているということである。

　終助詞の次に多い体言止めは、命題を投げ出す表現であり、出来事自体に焦点を当てるので、出来事への志向性を強める表現である。使われるジャンルによって、簡潔性を示したり、感動表出などの機能を持つ（メイナード, 2014:174）。また「〜て形」を用いるのは、発話の終わりに余韻を残すことによって、相手に自分の考え方を押し付けないためのストラテジーと考えられる（メイナード, 1993:121）。同様に接続詞で終わる表現も、文末をぼかして終わらせたいという意図が働くものと見なせる（メイナード, 1993:121）。

　岩崎・大野（2007:136-140）は、「即時文」と「非即時文」というカテゴリーを設け、前者を、「話者がコミュニケーションの現場において即時的に発話する文」で、後者を「話者が自分の中に生じた感覚、感情、思考、

意見などを即座に表出するもの」としている。後者の場合、1つの発話内の節が、「〜て形」「〜たら形」でつながり、最終節が終止形またはその他の言い切りの形で終わるのを典型とするとしている。また「〜て形」「〜たら形」の他に、「〜から」「〜けど」「〜ば」など接続助詞で節をつなぐ形も多いとして、日本語を節連鎖言語であるとしている。「けど節」「から節」による言いさし文の末尾が、交渉詞（終助詞）「よ」と入れ替えても機能的に同じ役割を果たす（白川, 2015）。以下、例である。

(例3-2)
 M お父さんはね、（ウン）あのう、そもそも優しい人ではあるんです<u>けど</u>（よ）。

 これらがいわゆる言いさし文である。つまり、言いさし文は、話者が感じたこと、思ったことなどを表現しようとする際に表出する文ということになる。
 そこで、言いさし文をどう捉えるかという問題であるが、ここでは白川に従って、言いさし文を従属節だけで終わる文として狭義でとって話を進めたい。従属節には必ず主節があるという基本的な立場に立てば、主節が省略されているだけであり、基本的に復元が可能であるということになる。ムードタイプのラベリングをするには、復元された節を想定して行うのが順当であろう。しかし果たして復元可能なのであろうか（白川, 2009）。白川（2009）は、次のように、言いさし表現を、(1) 言い残し、(2) 関係づけ、(3) 言い尽くし、の3種に分けている。

(1) 言い残しタイプ：言うべき後件を言わずに中途で終わっている文。
 例：T お母さん、次回ぜひ弟さんもセラピーに連れていらしてください。
   C そうしたいんですけど……。
(2) 関係づけタイプ：主節に相当する内容が、先行するコンテクストに漠然と存在、または関係づけられるべき事態が文脈上に存在する文。

例：C　娘の態度もおかしくなってきているし。
　　　　T　難しい年頃だからではないですか。
（3）言い尽くしタイプ：従属節だけで、言いたいことを言い尽くしている文。関係づけられるべき事態が文脈上に存在しない。
　　例：T　Bさん、いっそのことコンパをすっぽかしてもよかったんではなかったですか。
　　　　C　まあ、でも、そういうこともできなくて。

　白川（2015）は、主節に相当する内容は、唯一的に復元が可能とは言えないが、聞き手は従属節だけ聞いて、話し手の言わんとすることが過不足なく理解できるため、主節が省略されていると考える必要はないとしている。従って、言うのを中途でやめた不完全な文ではなく、完全な文と同じように話し手の言いたいことを言い切っているという捉え方をしている。著者はこの白川の論をとり、テクスト分析の際は、言い残しタイプ以外の言いさし文を独立した文として扱うことにしている。

4　共話とサイコセラピー

　水谷（1993:7）は、日本人の相互作用の特徴を「共話」という概念を用いて説明している。例えば、「そろそろお暇しませんと……」と客が言っただけで、「なりませんので、失礼します……」と最後まで言わなくても、主人は、「まだ、いいじゃありませんか」と引き留める、あるいは、「このままではまずいと思いまして、少し社内の改革を……」まで聞いて、それを引き取って、聞き手が「〜しようと考えていらっしゃるわけで……」と完結するといった例をあげている。これらは白川の言う関係づけの言いさし文である。つまり話し手は、途中まで言って、次に何が来るかを聞き手に理解させ、文を聞き手に完結させる。永田（2015）は、話し手の言いさし表現の後にターンテーキング（turn-taking：話者交替）が生じ、聞き手にターンが移っていることを報告しているが、これは共話的相互作用を志せば、必然的に、そこにターンテーキングが生じるということである。

第3章 交 渉

　水谷（1993）は、こうした相互作用のあり方について、「相手に発話完結の機会を与えることがプラスとされ、すべてを言い尽くす話し方は、むしろ『切り口上』としてうとまれる」としている。なぜ、最後まで言わなくてもこうした理解が成り立つのか、その理由は発話の諸形式に共通の理解が前提としてあるからであるとしている。「どうも」「どうやら」「ちょっと」「なんとなく」といった語句にしても「ので」「から」「ものですから」といった接続表現にしても、かなりの程度まで省略される部分の予測が可能であると言う。このように言いさしと共話は、日本語の相互作用を特徴付ける言語行動である。

　井出（2014:9）は、英語では話す内容あるいは情報に重要性が置かれるのに対し、日本語では、「話し手・聞き手が共通の場を作り、その中でお互いが融合することが大事」であるとしている。また、藤井・金（2014:75）は、日本語・韓国語および英語話者のアイデア提案と意見提示の行い方をコーパスを用いて比較しているが、日本語話者は、疑問文や文の共同構築の多用、リレー発話、反復と反復同時発話などの資源を用い、相手の合意・賛成を得ながら、話者同士が共鳴し合うように物語を創造しているとしている。また、聞き手の反応を頻繁に引き出すための言語行動は、必然、頻繁な話者交替となり、結果、1人の話者の会話時間が短くなることを指摘している。また、藤井・金（2014）は、アメリカ人は、「自律的な自己を保ち、他者とは独立して対峙し、個対個の関係を保ちながら課題達成に取り組む姿勢」が観察されたが、日本語・韓国語話者は、「自己と他者が相互行為の場に埋め込まれるように「場」を両者に共通のものとして捉え、さらに自己と他者があたかも一人であるかのような自他非分離の状態を保ちながら合意形成を行っていた」（藤井・金, 2014:86）としている。このような日本語文化の会話プロセスのあり方は、セラピーにおける治療同盟の形成などにも影響を及ぼすものと思われる。

　生地（1997）は精神分析治療において、話が一方的で窮屈な感じがする場合、神経症や境界例の患者にはその印象を率直に伝えることが多いと言っている。「無理に会話を一緒に作り上げようとはしないが、会話が共同作業であるという実感が持てるかどうかは、その治療がうまくいってい

るかどうかの大切な指標である」と述べている。これなどは、共話が成り立たない相互作用をさすのであろうと思われる。この現象は一般会話でも見られる現象である。例えば、こちらが関係付けの言いさし文を発話しても、それに対する言語行動の反応が得られない場合、また相手が言い切りの文で会話を進める場合など、話者は話しにくさを感じる。以下は、共話的なやりとりの例である。

（例 3-3）
　C　それはそういう時に使う言葉じゃないんだよとか（アア、ナルホド）難しいことを言っちゃいけないんだよとか（ウン）っていうような（ウンウン）何かこう……お前はまだ何も知らないくせに（ウンウン）っていうような（ア、ソウカ）その対応がすごく多くて、何かこう、うーん、もう二度と話をしたくないなっていうような（ホオ、ソウ）、ことに。
　T　こっちはね。そういうのを覚えて、お父さんに、お前もそこまでそんな言葉使えるようになったかって、むしろ認めてほしいような感じでいてもねえ、うん。
　C　ええ、そうですね。

　クライエントによる「……ようなことに」という言いさしを臨床家が受けて、「こっちはね」と帰結文を述べている。臨床家はさらに共同完成させた文を敷衍して、クライエントの感情的反応を推し量った代弁を行っている。その感情の推し量りを「ええ、そうですね」として、クライエントは認めている。こうしたやりとりの積み重ねが、治療同盟の形成に関与していくのであろうか。
　但し、文を共同構築する場合、互いに相手の話を補完することになるわけであるが、相手の話を先取りすることもありえ、文脈によっては、相手に対して無礼ととられる場合もあるので注意したい。

5 ムードタイプ各論

ここでは、49ページであげたムード構造で、特にセラピーで有用な説明ムードと行為要求のムードタイプである命令ムード、ならびに要求ムードについて少し詳しく見ていきたい。質問ムードについては、次節で詳述する。

説明ムード

説明ムードはオプショナルで、叙述、疑問ムードなど他ムードに付与されて用いられる。説明ムードの代表的表現である「の（ん）だ」は、日本語において、頻繁に用いられる表現で、日本語の文法研究において、様々な問題を提起する資源である。以下に示すように、セラピーも例外ではない。

C　うん、もっと（ハイ）あの……別の意味で言うと（ウン）あの、先日先生にちょっとお話しした（ハイ）あの宗教的な部分で（アア、ハイ）そのとらわれがなくなったっていうの、大きかったんじゃないかなぁと思うんですね（ウンウン）。あのう……こういうことをしなきゃいけないとか（ハイ）その教義教条っていうんですか（ウン）、そういうものにこう、一生懸命しがみついて自分の存在をこう証明するような（ウン）その必要が……あの、自分にはないんだ（ウン）、そうしなくてもまあ（ハイ）いいんだという……ことが（ハイ）、そのー、深い安堵感っていう（ウーン、ウン）んですかね。気持ちがそれですーっと落ち着いたっていうんですかね。

「のだ」の機能は多様であるが、基幹となる機能の1つとして、田野村（2002:5）は、「あることがら α を受けて、α とはこういうことだ、α の内実はこういうことだ、α の背後にある事情はこういうことだ、といった気持ちで命題 β を提出する」ことであるとしている。例えば、クライエントが、「昨日、学校を休みました。行く気がしなかったんです」と言ったら、

「昨日、学校を休んだこと（α）」を受けて、その背後に「行く気がしなかった（β）」という命題があることを示すことになるわけである。

2つ目の基幹機能としては、「すでに定まっていると想定される事情αが、話し手の念頭に問題意識としてあり、それがβである（かどうか）ということが問題とされる」(田野村, 2002:7) 場合があげられる。例えば、臨床家がクライエントに、「こういうことはよくある<u>ん</u>ですか」と尋ねた場合、臨床家の意識には、クライエントの習慣という個人的な事情が問題としてあることになる。つまり、基幹機能の1つ目で明示したαが明示されていなくても、そのような事情αがどのようなものであるかという問題意識が話し手にあって、それを表出させた形でβが述べられるのである（田野村, 2002）。

田野村（2002:3-13）は、「のだ」の使用条件として、(1) 承前性、(2) 既定性、(3) 独立性、(4) 披瀝性をあげている。以下に例をあげてみたい（田野村, 2002）。

(1) 承前性：言語的には表出されていないが、コンテクストにおいてすでに認められる場合のことを言う。次のような場合である。
　　（相手の顔色が悪くなっていくのを見て）、「どこか具合が悪い<u>ん</u>じゃありませんか」
　　（鈴虫の鳴き声を聞いて）「もう秋な<u>ん</u>ですね」
(2) 既定性：コンテクストにおいて、すでに認められたことがらがαの背後事情を表現する場合のことを言う。ただし、命題が必ずしも事実であるとは限らない。
　　「あれっ、車がない。きっと、彼、出かけた<u>ん</u>だ」（話し手の推量）
(3) 独立性：1つの可能性を他の可能性から区別して表す場合のことを言う。
　　「この件に関しては、私が何としても自分にやらせてくれと言った<u>ん</u>です」（他から強制されたり、その他の理由によるものではなく、自らが主張したことを含蓄する）。
(4) 披瀝性：「のだ」は基本的に、ある事柄αを受けてαの背後事情

βを述べるわけであるから、βは、話し手以外は知りがたい命題内容になる。従って、話し手の自己開示的な内容になる傾向から、披瀝性を帯びるわけである。次のような「のだ」はちょうどこの披瀝性に相当する。

(例 3-4)
　C　一生懸命何かをやるっていう気が全然しない<u>ん</u>です<u>ね</u>（ハァハァ）。……どうでもいいっていう気になっちゃう<u>ん</u>です。どうでもいいっていう気になって何かやればいいだろうって言われる<u>ん</u>ですけれども（ウンウン）、そんな気にとってもなれない<u>ん</u>です<u>ね</u>。じーっと……じーっとしている<u>ん</u>じゃなくて、死ねちゃったら（7秒）それが一番いいっていう感じな<u>ん</u>です（ウン）……。

　(例3-4)では、ほとんどの文に、「のだ＋ね」（ん（の）ですね）の表現が用いられている。この場合の「ね」は、与えられた情報に関して話し手が聞き手と同一の認知状態を持つことを積極的に求める態度にあたるものである（神尾, 1990:77）(「ね」に関しては、89ページを参照されたい)。さらに披瀝性を示す「のだ」に「ね」が加わると、話の内容に抗せない雰囲気にさせられるような印象を与える。話し手以外知らない内容に関して確認を迫られるような押し付けがましい印象を与え、話し手だけの納得を聞き手に強要させるような感のある表現である。メイナード（1993:105）は、自分だけしか知らない情報とせずに、相手にも確認してもらいたい気持ちを表現する資源であるとしている。またMcGloin（1980）は、「のだ」は既知情報を示すため、聞き手にとって新情報であっても既知情報のように示されるので、聞き手を相互作用に引き込む働きがあるとしている。一方で、この「のだ」の頻発は臨床的観点からすると、クライエントの問題となる経験世界の解釈が固定化されていることを示す指標として注目される。クライエント独自の現実世界の解釈が前提化されているからである。よってこのクライエントの「のだ」をいかに解き開き、新しい視点を導入していくかが、セラピーの目的の一面として据えられよう。

　一方で、国広（1984）は、この「のだ」が「です」と比べてやわらかく

聞こえるとし、「のだ」が「既成命題をあとの時点から振り返り、2時点の間にある関係があるものとしてとらえる」（国広, 1984:6）ため、「のだ」を入れると、現在の状況のことではあるが、命題が過去に押しやられてそれだけ間接的になるからであるとしている。例えば、（例3-4）を「のだ」表現抜きで言うと（例3-5）のようになるが、（例3-4）と比べて、確かに（例3-4）がやわらかい印象を与えている。

（例3-5）
　　C　一生懸命何かをやるっていう気が全然しないです<u>ね</u>（ハアハア）。……どうでもいいっていう気になっちゃいます。どうでもいいっていう気になって何かやればいいだろうって言われますけれども（ウンウン）、そんな気にとってもなれないです<u>ね</u>。じーっと……じーっとしていなくて、死ねちゃったら（7秒）それが一番いいっていう感じです（ウン）……。

　堀江（2014:43）は、「のだ」を話し手と聞き手の間で連鎖的に用いることで、両者の間に共通基盤を作り上げる働きを持つ場合があるとしているが、以下のやりとりでは、クライエント・臨床家双方とも「のだ」を互いの発話に織り込むことで、一種の連帯・共感基盤を積み上げる効果を発揮している。臨床家はそれまでのプロセスを踏まえて、「こうなんだよね」と「のだ」を入れて、前提とされた内容のように提示して、押し付けがましさを緩和している。「のだ」をとった表現に変えてみるとその違いがわかる。

（例3-6）
　　C　自分のわかんない。……わかんないものと人のわかんないものと、わかんないって一言でつきても、その内容が違う<u>ん</u>だっていうような気がして<u>た</u>ですね（ウーンウン）。自分がわかんないのは全くわからない<u>ん</u>で、他の人は何かこの点がわからないって、何か疑問点がはっきりしてる<u>ん</u>じゃない（ウーン）か。自分のはどうしようもない、本当の無知のわからなさであって（ハアハア）、そんな感じがした<u>ん</u>です（ウン）。

> T　何か人がわかんないって言っても、それは自分のわかんない仕方と違う<u>ん</u>で、<u>慰めに言われてるだけみたいな（ハイ）、そんな感じもあったのね</u>（ハイ）、（後略）
> ↓
> 慰めに言われてるだけみたいな（ハイ）、そんな感じもあったね

　氏家（1996）は、日本人は意思疎通をはかる際に、以心伝心に価値を置く「察し」の文化を形成してきたが、それは歴史的、地理的背景から、人々が生活形態や精神のあり方が類似し、かつ状況を間接的、抽象的に共有しているから可能なのであるとしている。そのため説明することを必要としない省略的で符号のような含蓄過程構造で、効率よく交信がなされる。「のだ」の多用はまさにこのような社会、文化的背景から現出した発話形態である。

　「のだ」の疑問形である「のか」は、ある事柄 a を受けて、「それは β」ということか、a の背後事情は β かと尋ねる表現である（田野村, 54）。具体的な事柄 a を受けているとは言いがたいことも多く、すでに定まっていると想定される実情について尋ねていると言える（田野村, 2002）。従って、「相手が知っていることや相手の規定の内心などを聞き出そうとする時」（田野村, 2002:56）に用いられ、「まだ定まっていない事柄について、考慮の上で返答するよう相手に求めるという状況」では、用いられない。また、相手が容易に答えられるような内容を聞く場合にも「のか」は適切ではないとしている。ある事柄を前提として、それについてさらに詳細を求める場合に用いられる（田野村, 2002:60）。またある事柄 a について何か納得しがたいことがあって、その事情を問い質すような場合にも用いられるのが「のか」である（田野村, 2002:66）。

　「のだ」と同じ説明ムードに、「からだ」「わけだ」「ものだ」「ことだ」がある。これらはその用いられ方において多少、差異が見られる。以下に見てみたい。

「からだ」

　「からだ」も説明を表す表現であるが、田野村（2002）によれば、「のだ」においては、βがたまたまαの原因・理由である場合に、説明という効果が生じるにすぎないのに対して、「からだ」では、αβ間の因果関係を積極的に表現する点に違いがある。また「のだ」表現を使うには、βであることが聞き手にまだ知られていないことが前提条件としてあり、この点が「からだ」表現にはない制約であるとしている。以下の例文を見てみたい。

　（例 3-7）
　　a. どうして一緒に来ないの？──気分がすぐれない<u>ん</u>です／すぐれない<u>から</u>です。
　　b. どうして一緒に来ないの？──天気が悪い<u>ん</u>です／悪い<u>から</u>です。

　bにおいて、話し手と聞き手が遠く離れた場所にいて、電話などで話しているのであれば、問題はないが、同一の場所にいて話している場合は、「のだ」は、聞き手も共有する情報であるため使えない。

「わけだ」

　「わけだ」は話し手の主観的な説明または直接体験の披瀝に使用されるが、「自分語り」の独特の文体的ニュアンスがあるため、「のだ」より使用が制限される（堀江, 2014）。また、「わけだ」は論理的必然性のある帰結や結果であることを示すが、「のだ」にはそれがなく、さらに話し手の発言内容が客観的事実であるというニュアンスを帯びやすい（日本語記述文法研究会, 2009:209-211）。これは質問文においても言え、質問文に「わけだ」を用いると、論理的に相手を問い詰めるといった詰問調になることもある。以下の裁判の反対尋問の例では、弁護士と被告双方が「わけだ」を使用している。

　（例 3-8）
　　被告　うっ血性心不全はちょっと知りませんけれども、心臓でチアノーゼがきても必ずしも酸素が全部効果がある<u>わけ</u>じゃありませんから、例えばパッチがはずれて血液の流れがおかしく

　　　　　なった場合には、チアノーゼが酸素投与だけでとれるという
　　　　　ことにはならないという場合もありますので、そういうこと
　　　　　もあるということだけです。
　弁護士　そうすると、本件はパッチがはずれたと診ておられた<u>わけ</u>
　　　　　ですか。
　被告　　それはわからん<u>わけ</u>です。　　　　　　　（福永・井上, 2005)

　弁護士・被告両者で、「わけだ」の応酬となっているが、反対尋問とい
う性格上、違和感はない。しかしもしこれがサイコセラピーで、例えば、
クライエントが学校の友人との対人関係の問題を述べた後に、臨床家が
「なるほど、だから学校へ行けない<u>わけ</u>ですか」と言ったとすると、糾弾
的な突き放した印象を与える。また、クライエントが、「これこれこうだ
から、学校へ行けない<u>わけ</u>です」と言うのも、妙に冷静、客観的、自分を
突き放したような言い方となり、別の意味で気になる。基本的に「わけ
だ」と「のだ」は入れ替えが可能であるが、「わけだ」と「のだ」の置き
換えは以下の点で限定的である（日本語記述文法研究会, 2009）。

(1)「のだ」は言語化されていない状況について、背景事情の提示・
　　把握を表現できるが、「わけだ」は、この状況では用いられにくい。
(2)「のだ」は先行文脈の内容について、その事情提示に用いられる
　　が、「わけだ」は用いられにくい。
　　但し、事情把握だけであれば「わけだ」も可能である。
(3)「のだ」は、先行文脈や状況と関係づけずに、すでに定まってい
　　る事態を提示・把握する用法があるが、「わけだ」はその限りでは
　　ない。
(4)「のだった」と過去形で言えるが、「わけだった」とはあまり言わ
　　ない。

「ものだ」と「ことだ」

　「もの」は時の経過による変化を受けない物体で、「こと」は時の経過の

中で生起する出来事である。ここから派生して、「もの」は確固とした動かしがたいものから、プラス評価表現として、恒常的な性質を述べる「本質・傾向」の用法と、一般的に望ましい行為の実行を促す「当為」の用法とがある。一方、「ことだ」は、平常の状態に変化をもたらすということで、その行為を実行しないと悪いことが起きるという流れの中で、行為の実行を促す、またはマイナス評価の表現として、「助言・忠告」と「感心・あきれ」の用法がある（日本語記述文法研究会, 2009）。

(例 3-9)
　人は見た目だけではわからない<u>もの</u>だ。
　風邪気味であるなら、早く帰って休む<u>こと</u>です。

「ものだ」は、「〜のだ（んだ）」とも置き換えられる。また、「もんで」は「んで」とも置き換え可能である。「今日は仕事休みなもんで」を「休みなんで」とも置き換えられる。この場合の「ものだ」は事情説明の用法である（益岡, 2007:99）。

6　行為要求のムードタイプ

　セラピー設定ではクライエントに行為要求を行う場面が生じる。中道(2014)は、行為要求を、強制力のあるものとないものとに分け、強制力のあるものを指示としている。前者の例として、「明日の宿直勤務、代わってくれないかな」という発話は、「権限・資格のない者が、相手の行為に期待して、自らの利益のために行う行為」(中道, 2014:24) である。権限・資格がないために、相手に与える負担についての言及や、待遇表現を用いたりといった配慮を行う必要があり、長く複雑な発話になりがちになる。一方、後者は権限のある者による行為要求で、指示と見なされる。その行為要求の程度が強くなると命令となるが、実際のところ指示と命令の境界は曖昧であるとしている。指示と命令の間に明確な境界線を引くことは難しく、一般に命令は「強制力の強い指示を漠然とさす概念と考えるべきである」としている (中道, 2014)。

臨床家とクライエントは、臨床家が専門家、クライエントがそれに従う初心者（novice）という権威に基づく関係である。しかし指示が成立するためには、両者にこうした権威関係についての了解がなければならない。中道は、立場を背景とする指示は「発信者個人の利益のためではないことが原則である」としている。臨床家とクライエントの関係はこの両原則を満たす。つまり強制力の根拠は、「命令者が上位者であること、また要求の目的が公的あるいは社会や多数の人々によっての利益であり、その内容が妥当であることが了解できなければならない」ことにある。しかし「目的が理解不能であったり発信者の私利のためであると感じられれば、命令とは受け取られず、不服従を引き起こす可能性が高い」(中道, 2014:28)。

そこでセラピーの場面で行為要求を行うムード資源を考えてみたい。行為要求に一般的に用いられるムードには、49ページで述べた文類型のうち、命令・要求・提案という3つがあげられる。先ず、命令ムードであるが、専用形式は、「〜しろ」「座れ」「来い」で、丁寧体になると、「〜しなさい」「座りなさい」「来なさい」となる。同じことを要求ムードで言えば、「〜してくれ」「座ってくれ」「来てくれ」で、丁寧体であれば、「〜してください」「座ってください」「来てください」となり、大分、FTA（Face Threatening Act：126ページを参照されたい）が和らぐ。さらに提案ムードを用いると、「〜しよう」「座ろう」「来よう」、丁寧体は、「〜しましょう」「座りましょう」「来ましょう」となり、さらにFTAが減られる。これらは、「ね」や「よ」などの交渉詞（終助詞）や、「〜してみる」「〜してくれる」「〜してもらう」などの補助動詞を伴って様々にアレンジして使われる。FTAの度合いが最も低くなるのは疑問ムードであるが、これについては、次節で詳述したい。その他指示に用いるムードとしては、次のような表現がある。

(例 3-10)
(1) あまり深刻に考えないようにしてください。
(2) あまり深刻に考えないように。
(3) あまり深刻に考えないこと。

先ず、(1)で用いられている「ように」は、もともと事態の類似を表す表現で、類似属性を持つ事態全般をとりあげることができる。よって、例えば、「家族に無断で夜出歩くようなことは好ましくありません」と言った場合、単に、「出歩くことは危険です」と言った場合と比べて、言及の範囲が拡張的に解釈される余地ができる（森山, 2014）。これが命令形になった場合、「『ように』節の状況を1つの状況のタイプとしてとりあげ、その実現を要求する命令文」と位置付けられる（森山, 2014:47）。言い換えると、「現場での一回的な実行ではなく、どういった状況が必要かという言い方での一般化をした、記憶に留めておくべき命令の表現」となる（森山, 2014）。(2)は、言いさし文であるが、「ように」がすでに文末表現として独立した成り立ち構造を持つため、(1)とは異なり、指示事項の伝達という文脈において行為拘束的な指示となる（森山, 2014:46）。(3)も(2)と同様である。(3)は、丁寧体「です」を付与することができ、「カウンセリングを休まないことです」と丁寧体にすると、大分やわらかくなる。

　上述(1)(2)(3)とも叙述ムードである。叙述ムードは発話機能は「陳述」なので、「行為要求」を発話機能とするとなれば、一致しない表現となる。同じく、先述の「家族に無断で夜出歩くようなことは好ましくありません」は叙述ムードを用いた指示である。この場合、一致しない表現となり、行為要求が非明示的になるため間接的となる。セラピーの場面では、一致した表現は直接的すぎてFTAとなるため、一致しない表現が推奨される。但し、指示の出し方に様々ヴァリエーションを考えることは重要であるが、あまり非明示的になりすぎると、行為要求であることに聞き手が気づかない場合があるので、注意が必要である。

7　問うこと

　問うことはセラピーの基本的な手段である。ワクテル（2004:115）は、治療者は抵抗にうまく対処し、患者自らがどのように自らの問題を引き起こしているかに直面できるように工夫が求められるとしている。しかしその

際に、治療者の質問のあり方も、患者の抵抗同様、治療者が患者に対して敵対的な構えを生み出す可能性があるとし、問いかけへの注意を呼びかける。例えば、質問の背後には、メタ・メッセージがあり、純粋に質問であることは滅多にないとする。

> 質疑の過程として考えられ論じられていることが、実際はかなりの程度、治療者の考えを伝える手段ともなっているということをはっきりと認識しておくことが重要である。(中略) 治療における質問の技術は、患者がそれまで直面することを恐れてきた領域に徐々に優しく導くものである。その作業においては、治療者が問おうとすることを具体的にどのような言い方で尋ねるかということが決定的な違いをもたらしうるのである。(ワクテル, 2004:116)

そこで治療者に求められるのは、抵抗を生み出さず、また患者の自尊心を傷つけることなく、「患者の葛藤体験に触れる道筋を見出すこと」(ワクテル, 2004:117) である。これは、後述するフェイス補償 (フェイス補償については128ページを参照されたい) にもつながるスタンスである。

図3-1で、日本語のムード構造を示したが、本節ではその中の疑問ムードをとりあげ、質問を表す語彙−文法資源について概説すると同時に、これらの資源を用いることによってどのような操作性がセラピーのプロセスに加わるのか、そしてそれをどう面接に戦略的に用いていくかについて考えたい。

7.1 日本語の疑問文

宮地 (1979) は、「文の性質上の種類」、つまり、感嘆文・平叙文・命令文・疑問文に類別した時の話し手の相手に対する言語的影響力の強さを、図3-2のように相対的に示している。

宮地 (1979:87) によれば、感動表現は内面の嘆声を本質とし、すべての言語表現の根底となるもので、命令表現は、具体的行動の上での服従要求であり、また疑問表現は「こたえを求める意図のもとに、話し手が相手の

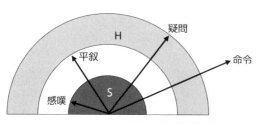

図 3-2　言語的影響力の強さ
(宮地, 1979:87)
S半円は話し手の言語活動意識、H図形は相手の言語活動意識

言語活動の内側深くすでにその活動を予期しての表現」である。平叙文（SFLでは叙述文）は、話し手の表現活動と聞き手の理解活動が言葉を通して対等に働くことによって成り立つ言語活動である。図の中の矢印の長さがインパクトの強度を示す。これを見ると、命令文が一番強く、また疑問文が平叙文に比べて強くなっていることがわかる。さらに宮地は、図3-2にあげた命令から感嘆までの間に、同図の右図にあげるような中間態が含まれるとしている。これについては、51ページでも述べたように、i、g、d、bがプロトタイプだとすれば、その間にプロトタイプのヴァリエーションが存在するという視点と一致する。

　このようにインパクトの大きい疑問文は、当然、セラピーにおいても、クライエントに与える影響が大きいと考えられる。

　質問は基本的に、疑問ムードによってなされる。疑問ムードは、文末に「か」（かい）をつけて作る[2]。51ページ以降で述べたように、日本語では平叙文・疑問文というカテゴリーが明確に区別できるわけではない。カテゴリーが連続性を持つことは、先述した通りである。この考え方からすると、図3-3に示すように、典型的な平叙文と典型的な疑問文を両極に置いて二者間がスペクトラム状になっていると考えられ、このスペクトラム状の連続線上に、問い方の様々なヴァリエーションが存在する。セラピーでは、

---

[2] 叙述ムードであっても、文末のイントネーションをあげて発話すると同じ効果を持つ。しかし本節では音声的なものは考察に入れない。

図3-3　スペクトラム状の位置付けとしての叙述文と疑問文

このヴァリエーションの部分がまさにストラテジーの資源となるわけである。

　疑問文の中心となる機能は、聞き手から情報を引き出すことを目的とした「問うこと」である。安達（1999:4）は、話し手は相手から情報を引き出す際に、無条件に引き出すわけではなく、「解答案」を提示して、それに対する反応という形で情報を得ようとするとしている。その際の観点として、(1) 話し手は聞き手の知識についてどのような仮定をしているか、(2) 解答案としての情報がどのようにして得られたのか。(3) 話し手自身はその情報をどのように評価しているか、の３点をあげている。日本語は、これを文末表現に反映させて意図の実現をはかる。臨床家が組み立てる疑問文にもこれらが反映され、このことがストラテジーへとつながるわけである。

　疑問文には、yes/no疑問文とwh-疑問文とがあるが、セラピーにおける言語ストラテジーという観点から見た場合、yes/no疑問文が多くの素材を提供してくれる。よって本節ではyes/no疑問文を中心にとりあげ、(1) 交渉の継続機能、(2) 命令あるいは指示の代替表現としての機能、(3) 操作機能、(4) 傾きの織り込み、(5) 情報の伝達機能、(6) フェイス補償、といったその諸機能について以下に見ていきたい。

7.2　ストラテジーとしてのyes/no疑問文の機能
(1) 交渉の継続機能
　セラピーにおいて疑問文を用いることは、クライエントに答えることを義務付けることになり、クライエントから反応が期待できる点がメリットである。Sullivanは質問形式を重用することの根拠として、１つには、叙

述による発話は、議論をさらに展開させるのが難しいのに対し、質問の導入は、たとえそれがどんな単純なものであっても、相手に答えを求めるという点において、プレッシャーを与えること、そしてそれが新しい議論の領域へとつながる可能性が高いことをあげている（Chapman, 1978:11）。例えば、"He was angered by what you said."（彼はあなたが言ったことに腹を立てたわけですね）と言うべきところを、"Why do you think he was so angered by what you said?"（彼はあなたが言ったことに対してどうしてそんなに腹を立てたと思います？）と尋ねることによって、患者に探求の方向性を示すことになる。これは、患者にどこが悪いかを言わずに、問題点を一緒に探索するやり方である。その際、特定の対人関係に絞るやり方をとると具体性が深まるとしている（Chapman, 1978: 11）。

(2) 命令の代替表現

　yes/noで答える疑問形式は、命令の代替表現となりうる。例えば、臨床家がクライエントに、「～することはできますか」と言った場合、質問の形をとってはいるが、「～してください」に近い。しかし質問の形をとることによって、クライエントが自分で選択してそうするのだという印象を与えることになる。このため、臨床家とクライエントという権威に基づく関係性からくる強制感がなくなる。

(3) 前提の織り込みによる操作機能

　yes/noの疑問文は、誘導質問になる可能性が高い。返答者に、命題に対して「イエス」か「ノー」の選択肢しか与えないため、前提を疑問構造に織り込むことで、返答を誘導するなど、操作的な尋ね方になりうるからである。例えば、臨床家がクライエントに次のように言ったとする。
　（例 3-11）
　　あなたは後ろめたさをごまかしてきたのですか。

　この質問には2点の前提が織り込まれている。1つは、クライエントが後ろめたさを持っていること、そしてもう1つは、クライエントがそれを

ごまかしてきたという2点である。「ごまかしてきましたか」ではなく、「ごまかしてきたのですか」と「のだ」を織り込むことによって、前提化の強度があがる。質問はyes/noを尋ねる疑問文で聞かれているため、二者択一の選択肢しかクライエントには与えられていない。従って、yes/no、どちらで答えるにしても、2つの前提は認めることになる。もしこの前提が正しくなければ、含みのある (loaded) 質問となる。こうした質問に答えることを強いられることは、偏りのある何かを承認することになる。こうした質問への対応の仕方として、質問に答えない、つまり無視するか、あるいは質問に対してさらに質問で答えるというやり方がある。当然、クライエントは、もし質問に織り込まれた前提が正しくなければ、その質問に対して異議を唱えられる裁量を与えられている。そこでクライエントが「私が後ろめたさを感じているというのですか」といった異議申し立てが可能となる。しかし質問に質問で答えるといった対応の仕方が乱用されると、問題の解決を遅らせ、相互作用に膠着状態をもたらすことになる。

　Walton (1988) は、こうした事態を避けるために、質問者は段階を踏んだ質問戦略を立てるとよいとしている。含みのある質問を排除するためのルールは、質問に含まれる前提が返答者が関与していないことであれば、尋ねてはいけないということである。そこで先ず、返答者が前提内容に関わっているかどうかを確認する問いを発し、関わっていることがわかった時点で初めて、さらなる話題の追求に向けて、より直接的な質問を組み立てることであるとしている (Walton, 1988)。

　一方で、この含みのある問いは、セラピーにおいて誘導的に用いることができる。そこで、再び（例3-11）を考えてみたい。この例では、モダリティ（モダリティについては、159ページを参照されたい）のような緩和表現を一切使わず、ストレートに聞いている。これを、例えば、「あなたは後ろめたさをごまかしてきたということでしょうか」とすると、クライエントに与える質問のインパクトがかなり違ってくる。丁寧な確認の装いをとりながら、前提化された命題をしっかりと織り込むという誘導機能を内包させている。

　しかし前提化された命題が必ずしもマイナスに作用するとは限らない。

ワクテル（2004:203）は、「あなたは〜と感じているのでしょう」や「あなたは〜と感じているようです」といったような不確かな印象を与える話し方ではなく、「あなたの経験してきたことをすべて考慮すれば、あなたが〜と感じているのも理解できます」といった表現を使うべきだとする。この発話には、クライエントが「〜と感じている」ということが前提化されている。しかしそれを「理解できます」とすることによって、クライエントと臨床家の共有事項について話していることを示唆することになる。一方で、前提化された命題誘導にあって、クライエントはそれを有無を言わさず認めさせられることになる。前提化することによって、クライエント自身がまだはっきりと認識しているわけではないかもしれないが、その方向へ向けていくように仕向ける操作性が働くのである。しかも、その前提が理解可能であることを伝えているために、共感を表明する表現になっている。交渉詞「よ」を付与して、「理解できますよ」とすると、さらに共感度が強くなる（「よ」の機能に関しては、95ページを参照されたい）。

　こうした発話は、臨床家が患者が知らないことを知っているというスタンスをとる一方で、クライエントが自ら何かを発見したように感じさせ、さらに臨床家とクライエント両者が共通した情報基盤に立ち、臨床家があたかもクライエントの傍らに添い、世界を窺うという状況演出となる（ワクテル, 2004）。同様の表現には、次のような表現がある。

(1) 一緒にここまで見てきたように、
(2) 思うに、Aさんも気づいていらっしゃるように、
(3) 私の解釈が正しければ、Aさんが言わんとしているのは、
(4) 〜ということを認めるのは、なかなか難しいですよね。

　(2)(3)(4)はすべて前提が織り込まれた表現である。(4)のように、「ね」を伴うことによって疑似・疑問文の形態となる場合もある。ワクテル（2004:209）は、「あなたの話を聞いていると、あなたは、〜と言いたい（したい）ようですね」のようなコメントは、臨床家からアドバイスを与えるといった形態をとらず、むしろ、行動の自発性をクライエントに帰属さ

せる表現であるとする。但し、この種の発話の多くは、クライエントがまだはっきりと明確化していない感情や傾向を扱っており、結果、クライエントがまだ十分意識化されていないそれに気づくのを促す働きがあるとしている。

しかしこれらの善意の前提化も、決定的にはずすこともありうるので注意が必要である。はずした時に、対人関係構築に与えるマイナスの影響は小さくないからである。また、yes/no疑問文は問いが提示される順番によっても影響を受ける。Schuman and Presser（1981）は、yes/noの疑問文は、聞き手に二者択一の選択肢しか提示しないため、その提示の順序が、聞き手の答えの選択に影響を与えることを指摘している。

催眠は前提化を利用した手法である。以下の例を見てみたい。

(例 3-12)
 [32] 手を見つめて下さい。
 [33] 手の動きがいつになったらはっきりわかるのかと興味をもって見ています。
 [34] あなたの指がいつ動くのかと注意して見ています。
 [35] おや指か、人さし指か、中指か、くすり指か、小指か、どの指でしょう。
 [36] ジーッと見つめています（後略）。 （蔵内・前田, 1960）

[33][34][36]、すべてクライエントの行動を前提化した陳述である。例えば[33]では、自分の指がいつ動くのかを注意して見ているということが前提化された命題が叙述文に織り込まれている。催眠で前提を巧みに使うことの真価は、催眠療法家が前提を利用することで、進行中のプロセスのモデルを構築できるという点にある（Bandler and Grinder, 1975）。これらの前提は疑問文ではなく叙述文で提示されるため、クライエントはそれに異議を挟むことができず、受け入れるしかないという状況に置かれる。これらの前提に時折、「ね」と「よ」という2つの交渉詞が付加されることで、突然、対人的設定に引き戻される。以下のような例である。

(例 3-13)
    [15]　すると、今度はまた、次のことに気づきます。
    [16]　あなたはズボン（またはスカート）の布地のざらざらした感じが、掌や指に感じられますね。
    [17]　ふつうは手をのせていても、
    [18]　そんなことには気づきませんが、
    [19]　そんなふうに一心に見つめていますと、
    [20]　よくわかってきますね。
    [21]　まだいろいろなことに気づきますよ。
    [22]　あなたは今度は暖かさがモモに伝わっているのに気がつきます。
    [23]　わずかに、暖かい感じがしますね。　　　　　　（蔵内・前田, 1960）

　［16］［20］［22］［23］とも発話機能（発話機能については100ページを参照されたい）は命令であるが、ムード構造は叙述であるため、一致しない表現になっている（一致した表現は命令＋命令の組み合わせである）。こうした一致しない表現を用いることと、交渉詞「ね」や「よ」を用いることで巧みに、権威に基づく上下関係を意識させることが避けられている。それによって、抵抗も減じられ、無意識のレベルでのクライエントの積極的な参加が促される。

　また（例3-14）のように、クライエントのしぐさは前提化されている。「のだ」表現では、「すでに定まっていると想定される事情 α が、話し手の念頭に問題意識としてあり、それが β である（かどうか）ということが問題とされる」（田能村, 2002:7）が、［30］で命題自体が前提化されているため、［31］の命題は前提化された命題のさらなる前提化となり、前提化の上塗りとなる。前提化の上塗り、上塗りの積み重ねが催眠のストラテジーである。

(例 3-14)
    [30]　本当はあなたの手はごくかすかに動いているのですが、
    [31]　あなたは気づいていませんね。　　　　　　　　（蔵内・前田, 1960）

前提化された疑問文、含みのある質問は一種の誘導尋問である。神田橋 (1984:49-50) は、どうしても病的な点、異常な点を見出そうとすると、刺激を与え、それに対する生体の反応を観察するという方法がとられがちであるとする。しかしこの刺激というのが、生体にとっては有害なものであり、クライエントにとって負荷試験として作用する。負荷を与え、生体がどう処理するか、処理し損なうかを見るのが、情報収集には最も便利な手順であるとする。誘導尋問はその内容によっては、この負荷試験として作用しうるものである。但し、有害な刺激を与える以上、引き起こされる反応が健康維持の面で無視できる程度のものか、そしてその結果得られる情報が治療にとって益となるものかどうかを十分見極め、刺激がことのほか有害かつ得られる情報が治療にとってさほど益をもたらさないものである場合と天秤にかけて判断すべきであるとしている（神田橋, 1984）。

　土居 (1994:136) は、「ソフト・ムードで患者に接すればよいということではない。必要な質問は発しなければならないし、勘所は押さえなければならない」としている。そのために質問に工夫が必要なのである。

　ちなみに裁判の反対尋問では、この yes/no 疑問文をうまく組み合わせて、尋問者のストーリーに沿う答えを引き出せるようにするのがストラテジーの1つになる。yes/no 疑問文は誘導尋問になりやすいため、永石 (2011:226) は誘導尋問を意図する場合は、「どうして（why）」で始まる質問はしないとしている。誘導尋問は主尋問の場合は制限されているが、反対尋問では認められている（準則67条本文）。理由は、反対尋問の尋問者に対して、証人は通常警戒心を抱くため、誘導される恐れが小さいことによる。逆に主尋問で制限されるのは、証人が誘導尋問者と尋問準備段階で面接をしていること、また通常、主尋問の尋問者に対して好意的であることから、好意的な尋問者の質問には誘導されやすい傾向があるためである（永石, 2011:226）。

　Sullivan は含みのある質問を、質問の提示のされ方によって、答えが強く左右される質問であるとし、情報を伝えるためだけに使われるべきであって、それを引き起こすために使われるべきではない（Chapman, 1978）としている。Sullivan は含みのある質問を避けるために、臨床家は安全な

問いかけから始めるべきであるとしている。安全な質問から入ることによって、臨床家はその話題が、その時点で議論するには危険なものかどうかの確認が可能となるからである。

　Sullivanは、いくつかの安全な質問を導入し、クライエントの反応を確かめた後、臨床家はその話題を追及すべきか、あるいは時期尚早として、別の領域へ注意を向け、もっと後の時期を待つべきかどうかの判断が得られるとしている（Chapman, 1978）。Sullivanは、直接的な問いかけよりも段階的な問いかけの方が情報を引き出せるとしている（Chapman, 1978）。また直接的な問いかけは、問題点に直接打って出るので抵抗を引き起こしやすい。一方、段階的な問いかけの場合、クライエントにとって不快感、不安を喚起するような気配が見えた時に、質問の矛先を逸らすことができること、また婉曲な問い方になることで、クライエントの自尊心を損なうことなく相互作用を実現することができると考えた。前者が問題に直接打って出る含みのある質問であり、クライエントからの抵抗が予想されるのに対し、後者はクライエントに情報を確認しながら進むので、抵抗を引き起こす可能性が低くなるのと、もう1つ、段階的に進む問いかけの過程で得られる情報が多くなるという利点がある（加藤, 2009）。

　神田橋（1984:169）は、「専門家が専門の知識と技術を駆使して行う問診は、すべて一種の誘導尋問であり、またそうでなくてはならないし、そのことを意識していなくてはならない」としている。そして、意図的に誘導尋問を行う精神科医は、「得られる結論はいつでも訂正され得る仮説なのだと承知しているものである」としている。

　Swann, Giuliano, and Wegner（1982）は、誘導尋問によって、人は一時的に自分に対する見解を変えることがありうるが、繰り返しこうした質問にさらされると、恒常的に考え方を変えるとしている。ここにもう1つの誘導方策が窺える。クライエントにとって有益と思える命題を繰り返し質問に織り込むことによって、クライエントの考え方を変えるという方策である。言葉を変えて言えば、洗脳（brain-washing）ということになるであろうか。

第3章 交 渉

(4) 傾きの織り込み

　yes/no疑問文には傾きを織り込むことができる。基本的に真偽疑問文は、話し手がその命題の真偽を保留していることが前提となるが（安達,1999:10）、否定疑問文はその命題に傾きを持たせたものである。それは情報の探索というよりも、むしろ平叙文的に情報を聞き手に供与していく側面を持つ。例えば、「じゃないか」の表現例を見てみたい。

(例 3-15)
　a. 君、病院へ行くの、いやですか？
　b. 君、病院へ行くの、いやじゃないですか？

　(例 3-15) のaは、「病院」へ行くことに関して、聞き手がいやかそうでないかについて、話し手に判断材料がない場合の発話で、bは、聞き手がいやがることが、状況その他で、目星が付けられる場合に用いられる。後者は、話し手の目星の織り込みであるため、傾きを持つことになる。aは、一般的な肯定疑問文で無標、bの否定疑問文は有標であると言える。安達(1999:24) は、傾きは肯定疑問にも見られるが、肯定疑問文より否定疑問文に圧倒的に多く、理由は、有標の否定疑問文を用いるからには、何らかの動機が必要で、傾きがこれを満たすことが多いからだとしている。しかしすべての否定疑問文が傾きを持つものではない。傾きを持たない否定疑問文もある。ここでは傾きを持つ否定疑問文に注目する。

　安達 (1999) は、この傾きは含意ではなく、話し手の判断の発現として、「たしか」のような副詞との共起関係に見られるように、ある程度文法化されたものではないかとしている。また、傾きの成立条件として、情報の状態性、つまり、「聞き手の知識としてその情報が安定し、定着しているという意味で状態的であること」をあげる。その上で、傾きを持つ否定疑問文として2つのタイプをあげている。

　(1) 話し手の知識状態には関係なく、話し手の関与する命題が疑問化
　　　される。この場合、聞き手の知識の中に定着していると想定される
　　　事態であること。但し、対話の現場での推論によって得られた見込

みは、傾きとはなりえない。
  例： T　まだ調子は本当ではありませんか。(相手を目の前にして)
(2) 話し手がそうでありまた聞き手もそうであろうと見込まれる事態が疑問化される(同意要求型)。
  例： T　そろそろ(セラピーを)終結にしませんか。

　仁田(2010:151)は、「じゃないか」を、裏面の判断を述べ伝えていることから、問いかけの文から述べ伝える文に踏み出し、認識・同意要求の疑似疑問文に極めて近い関係にあるとしている。
　さらに否定疑問文の機能として、形態上は疑問文の形をとりながら、情報提供を行う場合があることがあげられる。安達(1999:93)は、これを、「傾きを持つ疑問文は発話に先立って話し手にはすでに何らかの予測があり、その予測に基づいて聞き手から情報を引き出そうとする文である。予測として話し手が裏に持っている傾きが前面に出て、聞き手にその傾きを伝える文へと機能の移行が生じる」としている。つまり、傾きの有無が、情報要求から情報提供へと機能上の移行を果たすことになるのである(安達,1999:92)。以下のような例である。

(例3-16)
　　T　Aさん、ちょっと物事を深刻に考えすぎる部分、ありませんか。

　「あまり物事を深刻に考えてはいけない」「考えすぎてはいけない」という義務・必要性のモダリティ(モダリティについては159ページを参照されたい)を用いる指示よりも、否定疑問文にすることで、話し手の評価的な主張を和らげた情報提供とすることができる。以下は、(例3-16)の「ありませんか」を「のではないか」にした文である。

(例3-16)'
　　T　Aさん、ちょっと物事を深刻に考えすぎる部分、あるんじゃありませんか。
　　C　そうでしょうか。

「のではないか」(んではないか・んじゃないか・のじゃないか・んじゃない・のじゃない)は、「のだ＋否定疑問文」である。「のではないか」も否定疑問文と同様、情報要求と情報提供の両方として機能する。情報要求であるか情報提供であるかの判別は、応答として、「そうですか」が適用できるか否かで判定できる。適用できるようであれば情報提供、できなければ情報要求である。(例3-16)は適用できるので、情報提供である。上述の例では、「ありませんか」を「のではないか」にすることで、やわらかい評価としての情報提供となっている。「ではないか」は、聞き手に情報があると話し手が想定して発話する聞き手情報配慮の文で、「のではないか」は、聞き手に情報がないと話し手が想定して発話する聞き手情報非配慮の文である(森山，1989)。この情報提供の機能から派生する効果として、話し手の評価的な主張を和らげた情報提供となることと、もう1つは、間違い電話を受けて、「失礼ですが、番号をお間違えじゃありませんか」といった例に見られるように婉曲にすることで、丁寧さを表出することになる点があげられる(安達，1999:93)。

安達(1999:76)は、「のではないか」の重要な特徴は疑問という機能の裏側で「〜だろう」という判断への傾きが存在していることであるとしている。それでは、(例3-16)を「だろう(でしょう)」に置き換えてみたい。

(例3-16)"
　　T　Aさん、ちょっと物事を深刻に考えすぎる部分、あるでしょう。

「だろう」と「ではないか」の違いは、前者が「話し手と聞き手がはじめから同一意見と見込まれない場合」、後者は「話し手が聞き手と違った意見であるという意味の上に、さらに話し手の方が正しいという意味を持つ」(森山，1989?)ことである。安達(1999:161)は、両者の共通点として、聞き手に情報があると想定する点があるが、「だろう」が当該命題が確定的であるという点で、典型的な問いかけ文とは異なるが、一応、問いかけ性の条件の1つを保っているとしている(1999:152)。一方、「ではないか」は、問いかけ性の条件が皆無の可能性が高いため、むしろ平叙文の領域に入るものと考えるべきだとしている。さらに安達(1999:171)は踏み込んで、

以下のように述べている。

> その文を発話することによって話し手が有する知識や考えと聞き手のそれとをつき合わせ、それが同一であることを確認するという心的操作を行なっていることを示す形式だと言える。そしてそのような機能を持つ形式をあえて発話しなければならないのは、発話の現場においてその同一性が損なわれているという場合が多くなるために、そのような状況においては、「ではないか」が使われることは、2つの知識状態を同一の状態にするように指示することにつながることになる。

セラピーでも、臨床家とクライエントが互いが交換する意味が同一であることを確認しながら進むわけであるが、臨床家がクライエントとの間に齟齬があると感じた場合に、「ではないか」が用いられることになろう。そしてそれが先述したように婉曲な表現になるというメリットがある。

その他に、傾きを持つ疑問文として、疑問文の形式をとりつつ叙述文（平叙文）と同じく情報伝達を行う反語疑問文がある。これは通常ではとても同意できない、あるいは受け入れることのできない命題をあえて相手に問いかけることによって、その逆の命題を強く主張するものである。例えば、「〜だと思わない（思いません）？」と問えば、それは「思うでしょう」の裏返しになる。以下のように、肯定でも否定でも両用可能である。

（例 3-17）
　（否定の場合）ちょっと考えすぎの部分、ありませんか。
　（肯定の場合）あんな自己中心的な人とやっていけますか。

傾きが強ければ強いほど疑いから断定へと近づいていくのである。

また、傾きを持つ疑問文とは別に、注意を払うべき疑問文として、「かな」と「のか」に簡単に触れておきたい。先ず「かな」であるが、仁田（1989:265）は、「かな」「かしら」「だろうか」といった表現を、疑いの文として、「聞き手への問いかけを意図することなく話し手の判断成立への疑念を述べたもの」としている。ただし、この疑いの文は、聞き手がいない

ところでは、「疑いの文」として機能するが、聞き手がいる場合には、語用論的に「問いかけ性」を発揮する場合があるとしている。以下のような例である。

(例3-18)
 C なんか専門家の人と話した後は、ちょっとわかってもらえたって安心する気持ちがあるんですけど、普通の人と話してもそういう気分にはなれないので、やっぱり話す相手も選ばなきゃいけない<u>のか</u>なって。
 T 解決がもらえないとわかってもらえた感じがしないっていうのがあるの<u>かな</u>。

(例3-18)の1文目では、「かなって」の後に「思って」あるいは「思う」という思考動詞が省略されていると思われる。それに対して、臨床家も「かな」で応じているがこちらは問いかけ性を持っている。ただし、問いかけ性が低いのでクライエントの方でも問いに答えなければならないというプレッシャーが軽減される。

もう1つの「のか」(丁寧体は「んですか」)は59ページで述べた「のだ」の疑問形で、ある事柄αを受けて、「それはβ」ということか、あるいはαの背後事情はβかと尋ねる表現である(田野村, 2002:54)。具体的な事柄αを受けているとは言いがたいことも多く、すでに定まっていると想定される実情について尋ねていると言える。従って、「相手が知っていることや相手の既定の内心などを聞き出そうとする時」(田野村, 2002:56)に用いられ、「まだ定まっていない事柄について、考慮の上で返答するよう相手に求めるという状況」では、用いられない。また、相手が容易に答えられるような内容を聞く場合にも「のか」は適切ではない(田野村, 2001)。ある事柄を前提として、それについてさらに詳細を求める場合や(田能村, 2002:60)、ある事柄αについて何か納得しがたいことがあって、その事情を問い質すような場合にも使われる(田能村, 2002:66)。「わけだ」と同じく法廷で頻用される。以下、反対尋問からの例である。

（例 3-19）
　　弁護士　喘息の既往があるというのは、誰が言ったんですか。
　　被告　　予診のところに出てくるわけです。問診のところにも出てくるわけです。
　　弁護士　誰が喘息の既往があると説明したんですか。
　　被告　　お母さんが言われました。　　　　　　　　（福永・井上, 2005）

　反対尋問という場設定であるから違和感はないが、同じ表現を臨床家が用いると詰問調の印象を与える。例えば、臨床家が、「どうしてそう思ったんですか」「どうしてそうしなかったんですか」と言うと、クライエントは責められているような印象を持つことであろう。「どうしてそう思ったんでしょうね」「どうしてそうしなかったのかな」などと言えば、だいぶ和らぐ。以下、セラピーからである。家族療法で、クライエントの母親が家庭のことを述べた後で、臨床家が以下のように聞いている。また、（例3-20）のように「のか」に「ね」が付与された表現が用いられている。

（例 3-20）
　　T　おたくはすべてがそんなにうまくいくものなんですかね。

　「かね」には、(1) 疑いや不信感を持ちながら念を押す、(2) 非難や詰問調のニュアンスを持つ（特に「のだ」に「かね」が付与された「どうしてそんなことができるのかね」のような例文で）表現である。また「うまくやっているかね」といったように、単純な確認文にも用いられる。この場合は、年配の男性に用いられるのが通例である。

(5) 情報伝達手段としての疑問文

　ワクテル (2004:110) は、問うことは情報を求める目的の他に、情報を伝える手段として用いられるとしている。情報を伝える手段として用いられるのは、例えば、クライエントにとって平叙文で言われると脅威として捉えられてしまう可能性がある場合である。

　Sullivan (Dillingham, Jacobson, Kvarnes, and Ryckoff, 1976) は、解釈は検討と

さらなる探求の仮説の提示から発生するとし、質問文を用いることは、解釈を行う最も単純な方法の1つであるとする。フロイト派の精神科医とは対照的に、Sullivanはいわゆる「解釈」として解釈することを嫌い、手法としてはむしろ、何がクライエントの問題であるのかについて、開かれた場で同意を求めながら伝えていくやり方をとる。臨床家は質問の命題に解釈を織り込み、それを患者に確認させる形をとりながら、実は解釈を伝えている。以下は家族療法からである。

(例3-21)
T　うん、うんと、今、そうすると、お父さんとお母さんからね？こう話伺って、まあ、お仕事、お母さんが始めて、で、ま、弟さんのことは前より落ち着いてきたかもしれなくて、んで、お母さんがお仕事に、そうですね、んー、出るっていうのは、結構の変化だよね。きっと子供としてはねえ。で、そのあたりの頃に、さっき言ってた、ここでもしかしたらね。伝えられたらいいなあって言ってたそのお友達関係のことっていうのが、まあ、私はまだどんなことかわかんないんだけど、いろいろ起こってきた。気になることが起こってきたってことなの？

ワクテル（2004:116）は、問うことこそが介入であるとし、質疑の過程として考えられ論じられていることが、実際にはかなりの程度、治療者の考えを伝える手段ともなっているということをはっきりと認識しておくことが重要であるとしている。

(6) クライエントのフェイス補償
消極的ポライトネスに「疑問形を使って言ったり、また垣根表現を使いなさい」（131ページを参照されたい）という項目がある。基本的にポライトネス（第4章を参照されたい）は、臨床家がセラピー設定で直感でやっていることが、理論化されたものである。従って、この理論に目を通すと、セラピーがいかに普遍的な対人的相互作用の場であるかという認識を新たにすることと思う。Lakoff（1973:56）は、ポライトネスの1つの効能として、

話し手の見解や主張を押し付けずに、聞き手の決断を開かれたものにすることをあげている。これはセラピー設定にも通じる重要な要素である。英語の付加疑問などは、このポライトネスの効能を果たすものであり、また質問形式を用いると、あからさまな服従要求という意味合いをとらずにやわらかな命令となる。命令文のようなあからさまな命令は、話し手の聞き手に対する優位前提を示すものであるが、質問形式をとった要請（request）は、聞き手の側に決断を委ねる。示唆（suggestion）も同様である。鈴木（1989）は、依頼を行う場合に、(1) 否定疑問文、(2) 疑問文、(3) 肯定文の順に丁寧になると述べている。例えば、臨床家がクライエントに自己開示を促す際に、丁寧度は、a＜b＜c になるということである。

a）その時の気持ちを話してください。
b）その時の気持ちを話してくれますか。
c）その時の気持ちを話してくれませんか。

このことはセラピーに限ったことではない。先述したように藤井・金（2014）では、日本語・韓国語および英語話者のアイデア提案と意見提示の仕方をコーパスを用いて比較しているが、それによると、日本語話者は、陳述文において緩和表現を用いるのは勿論のこと、それ以上に疑問形を多様に用いて、聞き手の反応を積極的に引き出しながら提案を行うさまが観察されたとしている。

(7) wh-疑問文と間接疑問文
　yes/no疑問文が「肯否要求の表現」（国研, 1960）であるとすれば、wh-疑問文は、「選述要求の表現」（国研, 1960）である。後者は、「選択要求」と「説明要求」という２つの下位分類に分かれる。yes/no疑問文に比べて、wh-疑問文は、いかなる選択肢も返答者に示されないため、操作性は低いが、クライエントにとって答えるのが難しいと言えるものである。Stein and Glenn（1979）は、被験者に物語を読ませて、重要質問（importance question）（物語の中で最も重要なことを言わせる）と、精査質問（probe

question）（特定の情報について尋ねる）を尋ね、結果を比較している。前者は内容のない質問（content-free question）とされるもので、wh-疑問文にあたり、その中では特定の命題内容が指示されず、被験者に自分の判断で答えを選ばせる問い方である。後者は内容質問（content question）とされ、yes/no疑問文にあたり、尋ねられている内容についての情報が質問の中に織り込まれているものである。前者は答えを組み立てる足場としての命題がないため、答えるのが難しいが、後者では、返答者はすでに答えのスロットが、質問の中に織り込まれた情報で埋められているので、答えるのが容易になるとしている（加藤, 2009:96）。

神田橋（1984）は疑問文の性質を 1. yes or no、2. which、3. what、who、4. where、when、how、5. why とに分け、答えの質について述べている。1は、○×式と同じく明確で、クライエントの陳述能力を必要としない反面、得られる情報量は極めて少なく、2は複数の選択肢から1つを選択するもの、3と4は空欄に知識を埋め込む設問で、3が視覚像を結ぶのが容易で、4は時、場所、有様、量など視覚像を結びにくいものとし、5については、論述式の設問にあたり、情報量は最も多いが、それだけクライエントにとっては答えにくいもので、従って治療者の方でも用いるのに神経を使うものであるとしている。しかも、"why"は、面接の重要なポイント、対話が豊かになるか否かの分岐点で出現する言葉であるとしている。概して、wh-疑問文は、個々の事象についてより正確な叙述が得られるものであるが、あまり反応的ではないクライエントに対しては効果的ではないとしている（加藤, 2009:96）。

その他に注目したい資源として、質問が織り込まれた文、間接疑問文について簡単に触れておく。形態的には、叙述ムードであるから陳述であるが、間接的に情報要求をしているため一致しない表現にあたる。一致した表現は、「質問＋情報要求」のペアである。

Sullivanは、間接疑問文の使用は、話題追求に関して、クライエントの選択を開かれたものにしておくことができるとしている。つまり疑問ムードをとらず、叙述ムードをとることで答えを強要しないことから、クライエントにとって答えるのが苦痛であれば答えなくともよいという選択肢が

派生するわけである。発話してみてクライエントにその時点で取り組ませるにはあまりに痛ましい話題であると見てとれたら、臨床家は一旦、その話題から引き、別の話題に転じることのできる文法資源である（Chapman, 1978）。以下のような例である。

（例 3-22）
　　T　どうしてそんなふうに思うのか不思議なんですが（どうしてそうとるんだろうと思うんだけど）。

　Bandler and Grinder（2013:197）は、間接疑問文にはクライエントからの回答を引き出す意図を明示せずに、質問を暗示的に埋め込むことによって、クライエントに内的対話を促す働きがあるとしている。答えるべきかどうか、または答えられるかどうか自問させたりして、内的対話を生じさせることになり、クライエントは内的に自問するよう促されるのである。

2 交渉詞

　日本語による対話では、終助詞抜きに話をすることはほとんど不可能である。終助詞とは、「ね」「よ」「の」「な」などの文末詞のことで、Teruya (2006) は、対人的相互作用において、交渉に直接的に働きかける対人的機能を持つことから、「交渉詞」と命名している。例えば、「～します」とあれば、叙述文となり単なる陳述である。これに「ね」をつけて「～しますね」とすると、途端に対人間の交渉モードになるわけである。この意味で、Teruyaの命名はまさに言いえている。時枝 (1951) はすでに、終助詞を対人関係の構成という観点から捉えることで、その機能を明らかにできるとし、終助詞が助詞、助動詞の意味として捉えられてきたことを批判している。本書でもこの捉え方をとり、交渉詞と呼ぶ。

　日本語文化では、相手とどのような関係を結ぶかに応じて、交渉詞が使い分けられる。これをセラピーの文脈で考えると、臨床家がクライエントとの距離を詰めるのか、あるいは距離を置く方がよいのか、セラピーの局面に応じて、クライエントの情報の開示状況を見ながら、戦略的に用いる必要がある。メイナード (1997) は、終助詞で使用頻度の高いものを計量して調べた結果、「ね」と「よ」が最も多いことを報告しているが、本節では、この「ね」と「よ」を中心に考えてみたい。

1　交渉詞「ね」

　「ね」は「文が表す内容を、心内で確認しながら話し手の認識として聞き手に示す」機能を持ち、以下のような用法と機能がある（日本語記述文法研究会, 2009:40）。

　　(1) 聞き手の個人的な情報の確認
　　　　例　　失礼ですが、秋山陽子さんでいらっしゃいますね。

(2) 話し手よりも聞き手に情報がある場合→不確かなことの決めつけの印象を与える。

  例　彼の昇進、もうだめだ<u>ね</u>。
(3) のだ＋ね→状況や相手の発言から引き出された話し手の考えの確認。

  例　確かに彼、来るって言ったんだ<u>ね</u>。
(4) 内容が一般的な事象に「ね」がつくと、聞き手への確認要求のニュアンスが後退し、聞き手に話し手の認識を示すといったほどの意味になる。

  例　五輪で東京も賑やかになりそうです<u>ね</u>。
(5) 共通認識あるいは共感を示す。

  例　A「冷えてきました<u>ね</u>」
    B「そうです<u>ね</u>」

これを神尾による情報構造の観点から見てみたい。神尾（1990:77）は「ね」を「現在の発話内容に関して、話し手の持っている情報と聞き手の持っている情報とが同一であることを示す必須の標識である」として、以下のように定義している。

 「ね」は話し手の聞き手に対する〈協応的態度〉を表す標識である。〈協応的態度〉とは、与えられた情報に関して話し手が聞き手と同一の認知状態を持つことを積極的に求める態度である。

そこで、必要要素としての「ね」の用法を規定する条件として、以下を設けている。

 （1）話し手と聞き手とが既獲得情報として同一の情報を持っていると話し手が想定している場合、話し手の発話は「ね」を伴わねばならない。

さらに (1) が満たされない場合、以下 (2) の条件が満たされれば、「ね」が任意要素として付与されるとしている。

　　(2) 話し手が自己の発話により特に協応的態度を表現したい場合、話し手の発話は「ね」を伴うことができる。

神尾 (2002) もまた、基本的に「ね」が使われる状況は、(例 3-23) のように、(1 =) H > S（情報が聞き手のなわ張りに完全に入っている状態。H = hearer [聞き手]、S = Speaker [話し手]）であるとしている（情報のなわ張りに関しては、139 ページを参照されたい）。
(例 3-23)
　　T　これは問題ありませんね。

しかし神尾は、(1 =) H > S が当てはまらない用法があって、1つは、「ね」がないと不自然になるものと、なくても不自然ではないものとの2通りがあり、前者を「必須の『ね』」、後者を「任意の『ね』」として区別し、任意の「ね」は、ためらいや不確定性のような含みがある時に用いられるとしている。以下のように3つのタイプがあげられる。表3-2は、神尾の主張をまとめたものである。
(1) 任意、強調の「ね」の例
　　例　来週、きっと行くでしょ、ねっ。→行くことを互に確信し合う
(2) 任意、疑問の「ね」
　　例　a. 降りますかね。
　　　　b. あいつ、何て言ってきますかね。
(3) 任意の「ね」
　　例　ちょっと、銀行まで行ってきますね。
　　　　随分、ひどい奴らしいね。（聞き手がこの情報を知らないことがわかっているにもかかわらず、知っているかのように話している）

表 3-2 「ね」と情報構造

「ね」の用法	情報のなわ張り関係
必須の「ね」	H=1 (Hのなわ張りに入る)
任意、強調の「ね」	H＞n＆S＞n (S・Hの両方のなわ張りに入る)
任意、疑問の「ね」	H＞n＆S＜n (SはHのなわ張りに入ると「想定」)
任意の「ね」	H＞n＆S≧H (Sのなわ張りになく、Sの方がHより情報量が多いか同程度)

(神尾, 2002:75)

　仁田・益岡 (1989) は終助詞「ね」の意味に言及して、「ね」は聞き手に情報が存在しているという以上に、聞き手に情報が存在すべきものとして仮定されていると述べている。そこでは聞き手にも話し手と情報を共有させようとする期待が大きく、聞き手に当該発話の内容に関する情報がすでに存在しているのと同様に、聞き手に理解、共感が可能だと仮定しての発話である。59ページであげた「のだ」に付加された「ね」などはその例である。

　伊豆原 (1992:162) は、話し手側から見た談話進行過程から、(1) 話し手が談話を展開していく時、話し手の始めた話題を聞き手に持ちかけ、聞き手をその話題に引き込む、(2) 話し手が聞き手の発話を受け、話題・情報を共有しようとしていることを表し、聞き手の一体化をはかろうとする、(3) 話題や情報がすでに話し手と聞き手の間に共有されている時、同意や確認をしたり、同意や確認を求める、といった機能をあげている。(1) に関しては、(例3-4) に見られる通りである。

　また単独の「ねえ」に関しては、「それまでの聞き手の理解を確認するとともに、聞き手を話し手のすすめる話の中に引き込もうとしている」としている (伊豆原, 1992:163)。

(例 3-24)
　　T　ねえ、こうしたらどうでしょう。(後略)

2　文末以外につく「ね」

　「ね」は文末以外にもつく。神尾 (1990:61) は、文末の「ね」以外は、重

要ではないとしているが、一応、ここでは非文末につく「ね」についても触れておきたい。非文末の「ね」は、発話中の比較的自由な位置に置かれ、国語学では、間投助詞的な働きをするものとして扱われてきている。特に次のような「ですね」形で臨床家の発話にもよく見られる。

(例 3-25)
 T それではですね、今日はですね、Bさんの一番、心配だったことをですね、話してもらえるといいですね。

冨樫 (2000:70) は、非文末「ですね」の機能を、以下のように、a) 検索処理をモニターする、b) 自分のターンが非円滑に展開する (している) ことを示し、会話参与者に配慮する機能があるとしている。以下、例である。

 a) 検索処理をモニターする。
 T Aさん、何かですね、今日はすごく、こう、すっきりというかですね、吹っ切れたように見えますね。

 b) 自分のターンが円滑に展開していないことを示し、会話参与者に
  配慮する。
 T じゃあ、あのー、あのですね。
 T えーっとですね、

冨樫によれば、非文末「ですね」の使用傾向として、先ず、「ですね」の前後に、「ええと」「あのー」といった「心内領域で検索処理を行なっていることをモニターする標識」(定延・田窪, 1995) が出現する傾向がある。同時に、これらの「モニター検索マーカー」自体に、「ですね」が付与される場合がある (「ええとですね」「あのーですね」など)。この「ええとですね」がターンの冒頭に出現しやすい傾向を指摘し、この表現が、ターン処理に関わるのではないかと指摘する。また、非文末の「ですね」の後に、会話参与者のあいづちが生じやすいこと、を指摘している (冨樫, 2000:89)。

 上述a) とb) に述べた機能より、注目表示、あるいは聞き手の注意を

促すという語用論的効果を意図して、以下のように注意を向けさせたい語彙の後に「ですね」を付与する場合もある。(3) は注目表示がない発話であるが、(1) (2) (3) の例に、何らかの違いが感じられるだろうか。

(例 3-26)
(1) その時に<u>ですね</u>、どんな気持ちが、湧いてきましたか。
(2) その時に、どんな気持ちが<u>ですね</u>、湧いてきましたか。
(3) その時に、どんな気持ちが、湧いてきましたか。

その他、「～はですねえ」「～と言いますのはですね え」「ええとですねえ」「腹をたててみたりですねえ」「それはですねえ」など「です」「ます」体につく場合は、聞き手への持ちかけ意識が丁寧化とともに前面に出されることを示している (伊豆原, 1992:164)。その他、接続助詞の前についた、「～大変なものなんですけどね」「～持ってたわけですからね」「～洗剤を入れますとね」や「～て形」についた、「～課長補佐がいましてね」など、「ね」不在でも可能だが、あれば、より「聞き手に発話がわたされたと感じられる傾向が強い」(伊豆原, 1992:164)。

その他に丸山 (2007:50) は、発話中に、直前に発話した情報を補足したり説明を加える必要があると判断した時に、別の発話を割り込ませる際に使われる「ですね」を指摘し、「挿入用法」としている。以下のような例である。

(例 3-27)
C　もっと時間があれば、<u>そうですねえ</u>、自分の気持ちの整理がつくまで、延ばせれば… (後略)

3　「ね」と「よ」の違い

「ね」と並んで、「よ」も頻用される交渉詞である。「ね」と「よ」の違いは、「よ」が、聞き手が気づいていない事態に注意を向けさせる、あるいは聞き手が知っているべき情報を示し、注意を促す点である (日本語記述文法研究会, 2009:242)。時枝 (1951) は、対人関係の構築には、助詞と助動

表 3-3 情報Xの相対的所有度による終助詞「ね」と「よ」の使用

情報Xの相対的所有度	選ばれる助詞
話し手が独占、聞き手は情報なし	よ
聞き手が独占、話し手は情報なし	ね
話し手の情報量＞聞き手の情報量	よ（ね）
聞き手の情報量＞話し手の情報量	ね
話し手と聞き手の情報量が同じ位	ね

(メイナード, 1993:106)

詞が重要な役割を果たすとし、中でも「ね」「よ」がその主たるものであるとしている。例えば「ね」は、「聞き手を同調者としての関係に置こうとする主格的立場の表現」(時枝, 1951:8) として、「よ」は、「聞き手に対して、話し手の意志や判断を強く押し付ける表現」(時枝, 1951:8-9) であるとしている。北川 (1984) は、「ね」は対人関係に関わる機能を持っていて、「発言が2人称事項に関することを表示」する (1984:34) とし、「よ」は情報の内容の性格付けに関わる機能から、「発言が新事項に関するものであることを表示する」(1984:35) ことを指摘している。

また、メイナード (1993:106) は、話し手は自分が聞き手に比べてより詳しい情報を持っていると判断した時、情報自体に焦点を当てる「よ」を避けて「ね」を使うとし、関連情報の所有度を相対的に判断して終助詞「ね」と「よ」を使い分けていると考えられるとしている。メイナードは情報の所有度を表3-3に示すようにまとめている。

「よ」と「ね」を組み合わせた「よね」は、聞き手にも受け入れられるものとして話し手の認識を聞き手に示すという伝達機能を持ち、①話し手・聞き手に共通する経験、聞き手にも受け入れられると見込まれる一般的な意見を表す文に付与して、話し手の認識として聞き手に示す、②聞き手に直接関わることや、聞き手の方が確かな情報を持っていると見込まれる事柄のように、話し手より聞き手の方が優位になる認識を示すことで確認を求める働きをする (日本語記述文法研究会, 2009:266)。

(例 3-28)

　①あの映画、よかったですよね。

②Sさん、確か去年、亡くなりましたよね。

4　ポライトネスの観点から見る「ね」

　以上、本質的機能の面から述べてきたが、語用論の見地からポライトネスに注目した研究に宇佐美（1999）がある（ポライトネスについては、125ページを参照されたい）。宇佐美（1999:254）は「ね」のコミュニケーション機能として最も基本的なものとして、次の5点をあげている（但し、文末につく「ね」と間投助詞的用法のそれとは区別されていないことに注意）。

(1) 会話促進：相手が概して自分と同じような考えを持っていると想定するため、積極的ポライトネス[3]となる。
(2) 注意喚起：話し手が聞き手を自分の話題に引き込むために、自分の発話を強調、相手に注意喚起をする機能からは、会話促進機能も持っているが、同時に、自分の発話維持の機能を持つため、話し手中心的な用法である。よって、使用頻度が適切であれば問題ないが、度をこした用法は、FTA[4]となる。
(3) 発話緩和：相手を配慮して発話を和らげるので、消極的ポライトネス[5]となる。
(4) 発話内容確認：話し手が自分の発話内容を確認する機能であるため、ニュートラルである。
(5) 発話埋め合わせ：常に「ですね」形をとり、注意喚起の「ね」を丁寧化したものであるため、消極的ポライトネスとなる。

---

[3] 話し手が聞き手と同じものを求め、感じ、あるいは共通の特性、つながり、地位、責任などを持っていることを示すことによって、聞き手に対する肯定的な自己イメージを植えつける言語行動である。本書128ページを参照されたい。
[4] Face Threatening Actのことで、フェイスにとって脅威となる言語行動である。本書126ページを参照されたい。
[5] 妨害されることのない行動の自由と、妨害されないようにしてもらう配慮の要求。話し手が聞き手に不便な思いをかけることを避けるために、聞き手の消極的フェイスを満足させる言語行動である。本書131ページを参照されたい。

1つの「ね」が上述5機能のうち、複数の機能を同時に果たしている場合も少なくない（宇佐美, 1999）。セラピー設定ではどうなのだろう。以下に例をあげてみたい。

（例3-29）積極的ポライトネス基調
　T　うーん、うん、でも、これを乗り越えて、ね。自分から飛び込まなくても誰かが誘ってくれて、それをそういうお友達ができて、それでまたトイレ友達もできて、それでグループ分けの勉強会、勉強なんかにも、あの、入れたらなあ、きっと前と違って、前と違った和美さんになれると思うんですよね。うん、ある意味でこれ、ある意味でこう、まあ、まだ、ね、中学生だからわかんないけど、長い、これから長い道のりの中で、とても大事な試練だと思うんですよねえ。だからその試練に、お父さんやお母さんも協力してくれるでしょうし、それから次回ね、養護の先生を通して学校も協力してくれるというふうに思いますので。うん。

（例3-30）積極的ポライトネス基調
　T　必ずいい結果が出るようにしますので、ね？　うん、じゃ、そういうことで。

（例3-31）消極的ポライトネス基調
　T　ううん、うん、うん、あの、何か受けた印象としてはね、（ウン）こう、あの、和美さんの話を、こう、何かとても聞きたい、（ウン）を中心にしたい感じがするんだけど、あの、お父さんもお母さんもほんとにいろんなことが一杯なんだなあっていうか、お仕事のことだったりから、もうこれは当然なんだと思うんですけど…（1.5秒）…んー、弟君のこととか、（ウン）それとそれぞれの思いですよね。（ウン）これをこんだけ一生懸命やったとか、お母さんにしてみると、（ウン）今はお仕事を始められて、始めたばっかりってただでさえ大変なんだろうと思うんだけど、それに加えて、ま、家事を全然やんなきゃいけない。なんで、（ウン）んー、何か

それで一杯で、(ウン) 和美さんのことが一番今大事にされて、入んなきゃいけないんだと思うんだけど、(ウン) そこが入る、何か隙間が見つかりにくいなあっていうか<u>ね</u>、(ウゥン) うーん、そんな感じがすごくしながら、あのう、(ウン) 聞いてたところはありますけど、うん、うん… (2秒) …ちょっと何か、そんな感じが私はしたかな。

　臨床家が用いる「ね」を、それぞれ積極的／消極的の別に分けて計量することで、セッションの方向付けが明らかになろう。同時に、「ね」が果たす対人調節機能がエビデンスとして確かめられるはずである。

5　その他の交渉詞

　その他「ぜ」「ぞ」「さ」「わ」などなど交渉詞としてあげられるものは他にもあるが、頻度的にセラピーの場で用いられる可能性が低いか、全く用いられることのない資源であるため、本節では省いた。

　なお、交渉詞は単独で用いられる他に、他の交渉詞との組み合わせで用いられる場合も多い。以下、Teruya (2007) より、組み合わせ例と発話機能（発話機能については、100ページを参照されたい）を入れたリストをあげておく。

表 3-4　交渉詞の組み合わせと機能

発話機能	交渉詞	確認・友好性 ね	確認 な	主張・強調 よ	やわらかな主張 わ	断定 さ	強い主張 ぜ	共感 の	質問 か	質問 の	投射 と
確認・友好性	ね										
確認	な										
主張・強調	よ	よね	よな								
やわらかな主張	わ	わね		ねよ・わよね							
断定	さ										
強い主張	ぜ										
共感	の	のね		のよ・のよね		のさ					
質問	か	かね	かな	かよ				の・か（かい）			
質問	の		（な）の								
投射	と										

(Teruya, 2007)

99

3 発話機能

1 基本的発話機能

発話機能というのは、話者が発話する場合に、聞き手に与える対人的機能のことを言う。つまり話者が発話した内容が、対人関係において果たした意味のラベリングのことである。例えば、次のやりとりがあったとして、どのようなラベリングが可能であろうか。

(例3-32)
 T じゃあ、こういう気持ちが湧いてきた時の、(ハイ) まあ、対処というか、解決としてはどういうことが、よいと思われますか。
 C えーっと、どうして義母がその言葉を言ったかを、うーん、掘り下げて、(ウン、ウン) 考えてみる。

山岡 (2008:2) は、発話機能を、「話者がある発話を行う際に、その発話が聴者に対して果たす対人的機能を概念化したもの」と定義している。発話機能の組み立てにあたっては、先ず、SFLで設定する基本的な発話機能について把握しておく必要がある。

SFLの基本的な発話機能は、交換 (exchange) を基盤として組み立てられている。交換は、節が社会的相互作用を構築する主な手段の1つで、相互作用者が共同で社会的現実を構築する対話のことを意味する。その基本的な形態は、情報あるいは品物・サービスを「与える (giving)」こと、あるいは「要求する (demanding)」ことの2つから成っている。Halliday (1994:68-71) は、対話は (1) 情報か物・行為といったものの交換、(2)「与える (giving)」「要求する (demanding)」といった相互作用に伴う役割の交換過程 (a process of exchange) であるとし、そこに発話機能が生じるとする。情報の「与える」と「要求する」は、陳述 (Statement) や質問 (Question) といった発話機能を通して表現され、品物・サービスの「与える」と「要求する」は、提供 (Offer) や命令 (Command) といった発話機能を

表 3-5　交換における役割に関する交換されるもの

交換における役割	交換されるもの Commodity	
	品物・サービス「提言」	情報「命題」
与える giving	提供 Offer	陳述 Statement
要求する demanding	命令 Command	質問 Question

通して表現される。その場合、交換される品物・サービスは提言（proposal）で、情報の場合は、命題（proposition）である。表 3-5 はこれらの構成を示したものである（加藤, 2009）。

　SFLでは発話機能の典型的なムード表現形態として、陳述には叙述ムード、質問には疑問ムード、命令には命令ムードとしているが、提供には典型的な表現形態はない。しかし発話機能は、これら典型的な表現形態とは別のムードタイプによって表現されることも可能である。例えば、質問は叙述ムードによって、また、命令ムードは疑問ムードによって表現されることができる（加藤, 2009）。例えば、37ページであげた例を今一度考えてみたい。臨床家がクライエントに、「何か不安に思うことがおありですか」と聞いたとすると、発話機能は質問であり、表現手段である節形態は疑問ムードであるから一致した表現ということになる。しかし、同じ質問の発話機能であっても、「何か不安に思うことがあるのではないかと思うのですが」と聞いたとすると、節形態は叙述ムードになるので、一致しない表現ということになる。臨床家に、あえて一致しない表現を用いるストラテジーがありそうである。

　分析において、発話機能とムード構造とを照合することで、一致した表現になっているか、そうでないかがマッピングされ、臨床家およびクライエントの言語ストラテジーをトレースすることができる。

　なお、これら4つの発話機能だけが社会的活動ではなく、人はその他にも、「示唆（suggest）」したり、「同意（agree）」「非難（blame）」「要請（request）」「査定（assess）」したりと様々な社会的交換を行うが、上述4つの基本的な発話機能が、社会的交換において最も一般的なものを代表している。

2　発話機能

　基本的にセラピーもまた、Hallidayが基本的交換とする情報要求と情報提供の社会的過程である。その際に、情報要求は疑問ムードで、情報提供は叙述ムードでなされるというのが一致した表現である。

　Hallidayの定義に基づいて、Ventola (1987) はサービス対応 (service encounter) における相互作用の交換構造 (Exchange Structure) を構築したが、そこではセールスの役割を担う側と顧客との間でやりとりされる「承諾する (comply)」「返事をする (answer)」「質問する (question)」「命令する (command)」といった単純な発話機能で事足りている。発話機能の分類項目を組み立てるには、会話ディスコースの種類、その目的が考慮されなければならないが、サービス対応でのやりとり同様、サイコセラピーにも明確な社会的目的があって、それを達成するための会話運びがなされる。しかしセラピー設定でのやりとりは、サービス対応のレベルの発話機能と比べてはるかに複雑である。従って、その複雑なやりとりが網羅されるようなカテゴリーが設けられなければならない。そこで、どれだけの発話機能が必要かという問題になるが、本書ではそこまで踏み込まず、ここでは、参考としてEggins and Slade (1997:194-213) が上述、基本的交換 (exchange) に基づいてカジュアルな会話 (casual conversation) の分析に用いた発話機能のモデルを図3-4に示す。

　Eggins and Sladeのモデルでは、会話の開始者が会話を開始するための発話機能で会話を開始し、その受け手が会話を維持するかどうか、また維持するとして、支持的、対立的どちらの観点で行うのか、という点が骨子となる。

　図3-4を簡単に辿ってみたい。会話は基本的に、一方が開始の役割を担い、もう一方が相互作用の続行を望む限り応答するという役割を受けて進められる。そこでムーブは「開始」か「維持」かという選択肢に分かれる。「開始」であれば、次に「注意喚起」か「話題提示」かの選択肢が提示される。前者は挨拶などの交感的な発話機能で、実質的な話題についての相互作用は、後者の「話題提示」となる。そこから「品物・サービス/情

第 3 章　交　渉

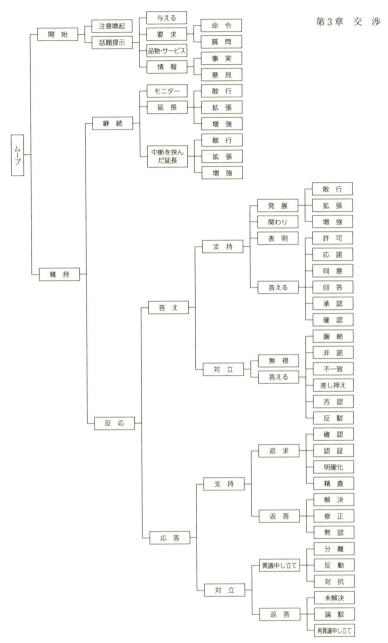

図 3-4　発話機能
(Eggins and Slade, 1997)

報」の「提供」か「要求」かを選択することで、発話機能は「命令」か「質問」かに、そしてそれが「事実」か「意見」かの選択となる。

「維持」の場合は、「継続」か「反応」かに分かれる。「継続」は「モニター」（相手が話についてきているかどうかの確認）と「延長」と「中断を挟んだ延長」（話題の拡充）の間での選択となる。一方の「反応」は、「答え」（相手のメッセージに応答して交換を閉じる）と「応答」（相手のメッセージに応答して、交換を閉じるのではなく、さらに情報を求めたり与えたりして会話をつなげる）の間での選択となる。この「答え」と「応答」とも、支持的観点から答／応答するのか、対立的観点から答／応答するのかに分かれ、それぞれ、答え方、応答の仕方が細分化される。

結果として聞き手の発話機能の選択は、話し手の開始発話機能によって制限を受ける。Halliday（1994）はこれをペア機能（pairing function）として、2つの選択肢があるとしている。1つは望まれ期待される応答で、「支持する（Support）」で、もう1つはそれとは逆の「対決する（Confront）」に大別される。

サイコセラピーの面接では、クライエントの発話の回路を常に開かれたものにする必要があるが、それを実現するのが「支持する（Support）－話題を追求する（track）」である。この発話機能は対人的対立を持ち込まずに、回路を開かれたものにしたまま調整と修正をはかりながら相互作用を維持する方向へと働かせる。サイコセラピーが、言語によるやりとりを基盤とするものである以上、やりとりの維持がはかられなければならないのは当然のことで、その結果、この機能が高頻度で観察されるということになる。

3 節と節境界

発話機能のカテゴリーができたら、実際の発話にラベリングをすることになるが、その前に先ず、テクストをラベリングの基本単位となるムーブ（move）に分けなければならない。1つの発話機能は、1つのムーブに対応

する。ムーブとは発話機能を実現する単位で、ターンテーキング（話者交替）が可能な場所を示す単位である (Eggins and Slade, 1997)。談話単位として、第1にターンがあげられるが、1つのターンは通常、複数の文を含み、従って複数の発話機能を含むため発話機能の単位とはならない。単一の発話機能を表現するのはムーブである。ムーブは必ずしも節である必要はないが、節が基本的な文法体系の構成単位であるために、大方のムーブは節となり、大方の節はムーブであると言える。

ムーブ分割の具体的ルールとして、(1) 最低1つの用言を含むことが条件であるが、用言が省略されていると考えられる場合、用言不在でも節とする、(2) 言いさし文は、1つの節と見なす、(3) (1) と (2) 以外に関しては、小節ムーブとして独立させる。以下は、1つのターンを複数のムーブに分けたものである。

（ムーブに分ける前）
　　C　ええ特に、あのう……大学（ウン）に入る前あたりまでは（ウンウン）、非常にそういう気持ちが強くて……。ですから、あのう、空白なんです。何にも知らないんです（ウン）。

（ムーブに分けた後）
　[1.1]　C　ええ特に、あのう……大学（ウン）に入る前あたりまでは（ウンウン）、非常にそういう気持ちが強くて……。
　[1.2]　C　ですから、あのう、空白なんです。
　[1.3]　C　何にも知らないんです（ウン）。

4　発話機能マッピング

それでは、Eggins and Slade (1997) による発話機能のカテゴリーを用いて、マッピングを行ってみたい。テクストは、それぞれクライエント中心療法と認知行動療法による面接からである。

（例3-33）クライエント中心療法より

		ムード	発話機能	オプション
C	ええ、	小節	容認	
	前でしたら、ソーオなんて言って（ウン）……	叙述	敷衍	
	自分のことを（笑）隠して過ぎてしまったんじゃないかなと思うんです（ウンウン）。	叙述	敷衍	のだ・のだ
T	何か自分という人間のこう弱点とかそういうのは、こう絶対言う気にならなかったのね（ハイ）、	疑似・疑問	確認	のだ
	ううん……今はその辺少し違って来ているみたいな気がする。	叙述	明確化	
C	はい、	小節	容認	のだ
	それほどこうひた隠しに（笑）隠さなくてもいいんじゃない（ハイ）かって、	叙述	敷衍	
	それほど人っていうのは欠点、その人のことを気にしてないんじゃないかっていう気がしたんですね（ウンウン）…（8秒）…。	叙述	敷衍	のだ
T	自分が恐れているほど人は他の人のこと気にしたり、	叙述	明確化	
	それに干渉したりするわけじゃなさそうだ（ハイ）、うん。	叙述	明確化	わけ

　クライエント中心療法では、基本的に問いかけというよりもクライエントの発話を要約、言い換えることで明確化しながら進むことが確かめられる。この場合の明確化はあからさまな質問ではなく、叙述形態で進められることに注目したい。一方、認知行動療法は質問とそれに対する回答のやりとりが続く。以下のやりとりを見てみたい。

(例 3-34) 認知行動療法より

		ムード	発話機能	オプション
T	うん。	小節		
	はい。	小節		
	じゃあ、こういう気持ちが湧いてきた時の、(はい) まあ、対処というか、解決としてはどういうことが、よいと思われますか。	wh-疑問	追及/精査	
C	えーっと、どうして義母がその言葉を言ったかを、うーん、掘り下げて、(うん、うん) 考えてみる。	叙述	回答	
T	考えてみるだけでいい？	yes/no疑問	確認	
C	えーと、伝える。	叙述	回答	
T	ま、そうね。(うん) 事実がやっぱり、(はい、そうですね) 何かを、はい、注目していけば、(はい)	叙述	支持/発展/敷衍	
C	えーっと、どうして、(うん) 義母が、その言葉を出したか、私の気持ちを素直に伝える。(うん、うん。はい。) はい。	叙述	支持/発展/敷衍	
T	いいですねぇ。(うん、うん) はい。	小節	容認	
	えーっと、そうすると今の気分は。怒り、悲しみ、反発いかがでしょうか。	wh-疑問	追及/精査	
C	怒りは零になりました。(笑)	叙述	回答	
T	はい。ま、今はね、はい、はい。はい。	叙述	同意	
C	反発も零になりました。	叙述	回答	
T	悲しみはいかがですか。	wh-疑問	確認	
C	悲しみも零になりました。(はい)。はい。	叙述	回答	
T	いいですね。はい。	小節	容認	
	いかがでしょうか、今日。	wh-疑問	確認	
	まあ、少しいつもより深くやってみましたけれども、(はい)	叙述	敷衍	
	いかがですか。	wh-疑問	敷衍	

文類型と発話機能との組み合わせは一致していて、ストレートなやりと

りの応酬となっている。よって少なくともこの場面では、相互作用を間接的あるいは誘導的に進めるというストラテジーは見受けられない。同じセラピーでも、流派によって、異なるマッピングとなることが確かめられよう。

　本節で紹介した発話機能の分類カテゴリーは、Eggins and Slade（1997）に従ったものであるが、セラピーのような人間の心理の動きの観察を求めるテクストでは、セラピーの臨床概念を取り込んだカテゴリーを設けることも可能である。それぞれの臨床家の裁量で発話機能の組み立てをはかられたい。

4 あいづち

1 あいづちの文化社会的背景

　サイコセラピーのトランスクリプトを読むと、「はい」「うん」などのあいづちが頻繁に打たれていることに改めて驚かされる。同様に日常の会話を振り返ってみると、あいづちの頻度が半端ではないことに気づかされる。一見、無意識に打たれているかに思われるこれらのあいづちに、相互作用上、何らかの機能を見出せるのであろうか。

　メイナード (1993:160) はあいづちの機能として、(1) 続けてというシグナル、(2) 内容理解を示す、(3) 話し手の判断を支持する、(4) 相手の意見、考え方に賛成の意志表示をする、(5) 感情を強く出す、(6) 情報の追加、訂正、要求などをする、の6点をあげている。

　加藤 (1999) は、日本語と英語による心理療法の単独セッションで、臨床家によるあいづち間の平均センテンスを出しているが、それによると、日本語の場合、0.7センテンス、英語では平均して8センテンスごとにあいづちが打たれていることがわかる。日本語は1センテンスも終えないうちに打たれていることになる。あいづちの形態には、発声によるものとそうでないもの（ジェスチャー、身づくろいや姿勢を正すなどの動作、頭の動き）とがあるが、加藤 (1999) では、逐語記録であるというデータの制限上、発声によるものだけを扱っている。しかしこれら非言語的なものも含めれば頻度はもっと増え、平均センテンスはさらに短くなるであろう。日本語による療法では、「はい」「うん」「うーん」「うんうん」「はあ」「はあはあ」を、英語では、"M-hm" "Yes" "Yeah" "I see" の他に、文脈に応じて、"That's right" "That's it" "O.K." "Surely" "That's true" "Good/very good" "Right" "I suppose" も含めている。以下に日本語のセッション（遠藤, 1969）と英語のセッション（Roger, 1942）の例を見てみたい。

（例 3-35）
　　C　意識的な自分というものをですね。（ウン）なんか、恐いんです。

そういう意味では、(コワイ) はあ、……表現して、(ウン) 自分で認識する、(ウン) ということが、(それが) 例えば人をやっつけるというような場合のことね。(ウン) やっつけたいような気持ちはあってもですね。(ハイ) それを、(18秒) 公にやっちゃうということは、僕にはちょっとむずかしいですね。いま、(ウン)

(例 3-36)
C　and, I mean she's, in the past, she's been very er, I mean she's got me fairly well sassed. You know, she's she's fairly observant and, feeling. and erm, you know, she sort of pointed out exactly the opposite, she did; that you know, I'd been through stress before, but I've always kept going, I mean this is the first time I've actually given in, as it were. I mean she's tried, I mean
T　mm

　日本語のやりとりでは、あいづちが頻繁に用いられているのに対して、英語でのやりとりでは、クライエントがひとしきり話し終えてから、やっと"mm"とあいづちが打たれている。Clancy (1982) は日米会話の相互作用におけるあいづちの差を報告し、日本人の相互作用では相互間の協力の度合いが高いことを指摘している。これは先述した水谷 (1993) の言う「共話」に通ずる指摘である。
　また、加藤 (1999) は、あいづちと直前の表現形式を調べた結果、表3-6のような計量結果を報告している。交渉詞 (終助詞) の中でも、「ね」が全終助詞中の88%を占めることを加藤は指摘している。(例3-35) でも、あいづちのほとんどが、「ね」の直後に打たれていることがわかる。
　時枝 (1951:8) は「ね」について、一種の感動詞だが、感動を表現するというよりも、「聞き手を同調者としての関係に置こうとする主格的立場の表現」であるとしている。またCook (1988) は、話し手と聞き手の間で互いに賛同していることを示すが、話の内容についての賛意とは限らず、概して賛同しているということであるとしている。リブラ (Lebra, 1976) は、

表3-6　あいづち直前の表現形式

あいづち直前の語形式	総数に占める割合（％）
終助詞	40
のです（んです）	27
接続助詞	16
その他の助詞	8
です、でした	4
動詞の「-て」形	2
副詞句	2
その他（言いよどみ、体言止め、ダ体）	2

（加藤, 1999:263）

　日本人が「ね」を相互作用で頻繁に挟むのは、聞き手の賛同を求めてであり、聞き手は話者の言うことを聞き入れる用意があること、また話者と考えが一致していることを表明するために、「聞いていますよ」あるいは「その通り」といったメッセージを送るとしている。この場合のメッセージにあたるものは、非言語的なものも含めたあいづちである。つまり、「ね」にはあいづちを誘引する機能があるということである。メイナードは「ね」の他に「よ」を合わせてあげて、どちらも相手からの反応を強く要求するが、あいづちを要求する頻度は「ね」の方が多く、話者交替が起こる確率も高いとしている。

　表3-6より、「ね」の次に「のです（んです）」が、あいづち直前の語末表現として頻度が高くなっている。加藤（1999）では、この「の（ん）です」に「ね」がついた表現がクライエントの全発話の20％に見られることが報告されている。この「のです（んです）」は、披瀝性の「のだ」（59ページ以降を参照されたい）に「ね」がつくことによって、「のだ」で表される話し手以外知らない内容に関して、「ね」で認知と賛同を迫られるようなニュアンスを持つことから、聞き手は抗しがたく反射的にあいづちを打ってしまう、という機微であろうか。

　日本語は聞き手責任の言語文化を背景に持つ。聞き手責任の言語文化とは話し手の不十分な言語表現を聞き手の方で、何を言いたいのかをわかってやることが優先される社会のことを言う（Hinds, 1987）。英語が話し手責

任の言語文化社会であるのと対照的である。話し手責任の言語文化社会では、話し手の方が理解してもらうために、言い方に最善の努力を払わなければならない。池上（2000）は、聞き手責任の言語文化に属する日本語による相互作用においては、話し手の発話中は割り込まないだとか、あいづちを頻用して、「聞いていますよ」というシグナルを常に送る、態度に表すといった言語行動が聞き手に対して「礼儀正しい」とされることを指摘している。一方、話し手の側には、言語行動的に不十分な点があっても、聞き手が補完してくれるという甘えが許容されるということになるとしている。こうした社会文化的な特徴は、セラピー設定にも共通する。先ずは、「聞いていますよ」シグナルのヴァリエーションを見てみたい。

2　あいづちのヴァリエーション

　セラピーでは、「はい」「うん（うんうん）」「ええ」といったあいづちが一般的である。それぞれどのような機能があるのであろうか。

(1)「はい」と「うん」と「ええ」
　「はい」は、「相手の言ったこと、また伝えんとすることが、こちらにはっきり届いたということを敬意をもって表示するための応声」である（北川, 1977）。定延（2002:100）は、「うん」を対話固有の機能の1つとして、言語情報受容を示すとし、それには、(1) 同意、(2) 内容レベルの受容、(3) 相手が自分に対して働きかけたことを理解するという言語行為レベルの受容という3つのレベルがあるとしている。また「うん」に関して、串田（2002:30）は以下のように述べている。

　　　「うん」とは、相手の直前の発話を、自分の先行発話への「相手の理解を示すもの」として「聞き留めた」ことを主張するために利用可能な手続きである。ゆえにそれは、「相手が示した理解」を「承認」するときにも、「相手が示した理解」を「否認」しつつ自分の発話計画を先に進めようとするときにも利用できる。

つまり、相手の発話を、自分の発話に対する理解を示すものとして「聞き留める」ことで、それぞれ別々の話し手であるという配置を割り当てる機能を持つものである（串田, 2002）。

「はい」「うん」の違いに関しては、冨樫（2002）が興味深い考察を行っている。冨樫（2002:147）は、「はい」と「うん」の使い分けが、話し手自身の知識状態、話し手自身の心内における情報処理との関わりが絡むことを指摘し、その機能を以下のように述べている。

(1)「はい」の機能：提示された情報に対し、それに連関した半活性化情報が多数呼び出されたことを示す。
(2)「うん」の機能：提示された情報に対し、それに連関した半活性化情報が少数しか呼び出されなかったことを示す。

つまり、より多くの半活性化情報が呼び出された地点では「はい」が、そうでない場合は、「うん」が用いられる。よって、「はい」では、ただ単に聞いているという解釈のなされ方はされにくい。「ある情報とそれに関連する情報が多量に結びつけられていることを示すのが「はい」」（冨樫, 2002:147）であるからである。「うん」「うんうん」もセラピーでよく用いられるあいづちである。そこで冨樫（2002）は「はい」と「うん」に関して、次の3つの用途における機能の違いを指摘している。

(1) あいづちとしての「はい」と「うん」
相手に対する丁寧さを基準とするのではなく、知識状態を基準とし、あいづちを打つ側が、その発話情報によって知識を充足させた場合は「はい」、そうでない場合は、「うん」を用いる傾向が認められる。
(2) 応答の「はい」と「うん」
「はい」は情報の内容に対する応答、「うん」は情報の提示に対する応答。
(3) トピックの切れ目に現れる「はい」と「うん」

相手に提示できるような形で完成された情報の場合は「はい」で、また完成形であるため、ターンも相手に移る。完成形ではない場合、「うん」で、相手への働きかけは弱い。
(4)「はいはい」「うんうん」
単純に強調である。

　上述のような機能的な違いが認められると、あいづちに「はい」「うん」が混在することも理解できる。この「はい」と「うん」の使い分けは一方で、クライエントのジェンダー・年齢にも影響を受けることに注意したい。例えば、臨床家が自分より年齢が上のクライエントに、「うん」を用いることは考えにくい。その場合は、「ええ」か「はい」であろう。一般的に、「はい」の方が「うん」よりも丁寧と見なされるからである。なぜ目上の人に対して、「うん」が失礼になるのかについて、冨樫は、「はい」と「うん」に丁寧さのレベルが織り込まれているのではなく、先述の半活性化情報の量が関係するとする。「はい」と返答することにより、半活性化情報が呼び出されていることを表明することは、話し手に対して真摯な態度を示すことになり、結果、丁寧さを生み出すことになる。一方、「うん」と言えば、半活性化情報があまり呼び出されないことを表明することになり、それほど丁寧ではないという態度表出になるということである（冨樫, 2002:152）。
　また「はい」と「ええ」については、日向 (1980)、北川 (1977) は、「はい」は相手の発話に対する認知応答で、「ええ」は相手の発話に対する同意応答であるとしている。違いは、前者が単に相手の話を聞いたという表示のみであるところ、後者は理解したという意味合いがこめられるとしている。北川 (1977:66) は、「ええ」は相手の言ったことに対しての自分の気持ちの動きを表出させる声であって、下降イントネーションではっきり言い切る場合には「自分もそのように思う」という気持ちを表出することになるとしている。以下の例を見てみたい（北川, 1977:67）。

（例 3-37）
　客　「東京一枚」

駅員「……はい、1200円のおつりです」

（例3-37）の「はい」を「ええ」に換えると不自然になるのは、「自分もそのように思う」ことがそもそも不可能な文脈だからである。東京までの切符を求められたことに対して「そう思う」ことはできない。このことから、「相手の言ったこと」を理解し、さらにそれに同意する過程が「ええ」に必要であることがわかる。

(2)「そう」
　串田（2002:10）は、「引き取り」というものがあるとする。これは、まず話し手に発話の最中に、「話者性」のゆらぎが生じ、そこに聞き手が、「もうひとりの話し手」として、話し手の発話に参与するというものである。そこではゆらいだ話者性の再配分をめぐって、聞き手との交渉が生じているのであり、「うん」「そう」は、この話者性をめぐる交渉性に用いられる言語資源であるとする。串田（2002:23）は、「そう」の機能について、次のように述べている。

　　「そう」とは、直前の相手の発話が、自分の発話計画に対して独自の貢献をしたことを認定するために利用可能な道具である。この道具を用いることで、相手の発話は、「自分の計画に沿うものの自分では十分な形で言わなかったこと」を「代弁」したものとして認定される。それゆえに「そう」は、相手の貢献を自分の発話計画に組み入れる形でさらに発話を継続しようとする時に、その前置きとして利用できる。

　つまり、話者が自分の発話計画に沿って首尾よく言えなかった時に、相手が自分の発話計画に沿う何かを言ったなら、その発話を自分の発話計画と照合させて、モニターすることである。その際に、相手は自分に代わって首尾よく発話した者であり、その意味で、「そう」は、「話者性」を一時的に相手と分担するのに用いられる資源である（串田, 2002:23）。つまり相手の発話を自分の代弁として認定することで、話者性の分担を行う。以下

のような例である。

(例3-38)
 C その時の気持ちっていったら、何て言うんですかね、ほら、
 T 見捨てられ感？
 C そう、その見捨てられ感、見捨てられ感で、その日は何ていうか一日中…（後略）

また、定延（2002:78）は、感動詞としての「そう」の諸タイプを紹介している。

1. 照応詞的「そう」：照応詞と呼ぶ理由は、先行文脈を指し示すから
 例 彼の父親は医者で、母親もそうだ。
   彼は午前中で帰ってしまい、私もそうした。
2. 肯定応答の「そう」
 例 A「ルネサンスって、イタリアで始まったの？」
   B「そう」
3. 疑念の「そおー？」
 例 A「彼って、ものすごく博識だよ」
   B「そおー？」
4. 合格点を出す「そう」
 例 A「ちょっと、そこの部分、もう一回弾いてみて」
   B「そう、そうそう、……その調子」
5. 了解の「そう」
 例 A「もう、僕、あすこ、行かない」
   B「そう。もう、こりたのね」
6. 気づきの「そう」
 例 そうそう。彼、君に話したいことがあるって言ってたよ。
   そうだ。いい考えがあります。
   そうか。そういうことなんですね。
7. フィラーの「そう」

第3章　交渉

例　　来月の、そう（ねぇ）、半ば頃を締切にしましょうか。
　　　昨日の講演会ね、人数としては、そう（ねぇ）、200人はいたと思うけど。

「そっか」「そっか、そっか」という「そう」に「か」をつけた形は、臨床家がよく用いる表現であるが、定延（2002）は、「そう」と「そうか」の違いについて、(1) 後者は前者よりも独話的色彩が濃いこと、(2) 後者は前者よりも使用状況が幅広いと述べている。臨床家がよく用いる「そっか」「そっか、そっか」は、上述、5と6の機能が一般的に当てはまろう。

3　フィラー

　フィラーとは、「あのー」だとか「そのー」「えーと」などといった発言権を維持するために話し手が示す表現である。例えば、定延・田窪（1995）は、談話の中で話し手が行う心的操作を明確化する上で、感動詞が特に有効な手掛かりになるとして、「ええと」と「あのう」の機能について論じている。
　定延・田窪（1995）によれば、そもそも心的操作標識とは、発言途中で何を話していたのかわからなくならないように、自己発話の心的操作をモニター標識で明確にし、またさらにその心的操作を勢い付ける働きを持つものである。さらに話し手は自分の行っている心的操作を聞き手にわからせることで、コミュニケーションの途絶が防げる。ただ黙っていては、相互作用がそこで途切れてしまうからである。これはまた、聞き手に後続発話を予測させる働きもする。
　そこで、「ええと」であるが、「ええと」は、「話し手が心的操作のために聞き手とのインターフェイスを一時遮断する宣言として働く」（定延・田窪, 1995）。このことによって、話し手は「心的バッファを占めている様々な情報を一時『頭の片隅』に追いやって集中力を高めるという、検索や計算のための予備的な心的操作」（定延・田窪, 1995）が可能になるのである。「あの（ー）」は、名前の検索と適切な表現の検討に用いられる。前者は、

モノの名前が思い出せない時に、「話し手は意識を心的バッファから、そのモノに関する情報が格納されている心的データベース内の該当箇所に戻し、そこで属性の1つである名前を検索するという操作」である。後者は、「言いたいことに適した言い方を心的バッファで編集するという操作」(定延・田窪, 1995) である。この場合、「ええと」のように、聞き手とのインターフェイスを遮断するというよりも、むしろ接続・保持するという宣言として働く。

　一般の会話を書き起こすと驚くほどルーズである。そこでは文がルーズな文法で成り立っている。また「あのー」だとか「ええっと」だとかといったような意味のない言葉が随所に見られる。あいづちなども恣意的な言語活動である。かといって、これらのルーズな文法、そして意味のない言葉を一切なくして適切な文だけを話すということになれば、会話はぎこちないものになるであろう。言葉をルーズに使用することによって、かえって対話がスムーズに進むということである。

　中井 (1989) は分裂病者との会話が非常にやりにくいことの理由を探るうち、分裂病者の会話には無意味な言葉の使用が見られなかったことから、その無意味な言葉の機能を「話の継ぎ穂」としている。この観点から中井は分裂病者との会話を、「話をふくらまそうとしても、かえって縮んでゆく。あるいは押し問答のようになる。その時、私は継ぎ穂がやせている、衰弱している、という感じを持った」としている。以下、中井 (1985:396-397) からの引用である。

　　会話には情報内容を伝える要素の他にも何かが必要であり、どうもそれは、内容と内容の間や話し手と聞き手の間をつないでいくようなものではないか。あいづちなんかは情報は伝えてはいないが、相手とこちらをつなぐような機能をしている。「あのー」は次の話へと話をつなげる。そこで、私は言語のこういう面に、「話の継ぎ穂」という名をつけたい。言語の一見どうでもよい語末がこういう働きをしていることに私は早くから気づいてきた。(中略)これらは文節のあとについて次の文節を呼び起こす機能も持っている。「そこです。実はで

すね、私はですね、昨日ですね…」。こう書けば、しどろもどろになりつつ、必死に言葉を継ごうとしている様が想像されよう。「そこでだ、君はだ、早く行ってだ…」——この場合は苛立ちを押さえて発話しつづけようという努力であろう。

　上述、「話の継ぎ穂」はフィラーをさすものと思われるが、56 ページで述べた共話も含めて、セラピーのプロセスにスムーズさを生む要素として注目したい。
　丸山（2007:60）は、言い直し・倒置・話線の混淆、「ですね」の挿入用法・中止用法など実際の会話に特有の言語現象は、破格とされる表現であるが、ノイズとして切り捨ててしまわずに、事例を収集し、現象の一般化をはかることで言語ストラテジーとしての「型」が見えてくるとしている。これらの現象は、「時間軸に沿って線上的かつ動的に構築されるという発話の特性を踏まえて初めて理解されるものであり、（中略）話し言葉の中には、従来の文法研究が拠ってきた視点だけでは捉えられない、しかし言語の総合的な理解にとっては必要不可欠な現象が豊富に存在する」（丸山,2007:62）としている。

まとめ

　本章では、テクスト分析を行う際に、分析の最小単位となる文について、(1) 文にはどのようなものがあるかという文類型の考え方、(2) 文境界をどう考えるか、(3) 対人的交渉を方向付ける交渉詞、そして、(4) それぞれの文には発話機能がラベリングできることを述べた。これら4点をセットにしてマッピングすると、セッションの基本的なグラマー構造がわかってくる。そこから臨床家のストラテジーあるいはクライエントの変化がトレースできる。

　マッピングは先ず、それぞれの話者が用いる文類型を特定することから始まる。文は、疑問ムード、叙述ムード、命令ムード、要求ムード、提案ムード、申し出ムード、そしてオプショナルである説明ムードといった類型に分けられるが、中でもセラピーの柱となる「問うこと」を具現する疑問ムードに特に注目したい。日本語の疑問ムードは英語のように語順が明白に変わる言語と違い、疑問ムードと叙述ムードという2つのプロトタイプ間がスペクトラム状につながっているという捉え方ができる。この考え方からすれば、両極の間に様々なヴァリエーション文が存在することになる。プロトタイプの疑問文は、大概、直接的すぎて、クライエントにはインパクトが強すぎる。よってセラピーのプロセスをスムーズに運ぶためには、両極の間にあるヴァリエーションの文を戦略的に用いることが成功の鍵となる。さらに、そこに交渉詞を付与することにより、意味の交渉の方向付けを行うことになる。

　これら文構造に発話機能を照合させることで、ストラテジーが引き出せる。文類型と発話機能との間には一致した表現とそうではない表現がある。例えば、文類型が疑問文であれば、発話機能は質問という組み合わせになる。これが一致した表現である。しかし発話機能が質問であるのに、文類型が叙述文であれば、一致しない表現となる。あえて、一致しない表現を用いることに何らかのストラテジーを読み取ることができる。例えば、質問の内容から、クライエントの抵抗が予想され、疑問文では直接的すぎるとの判断から、答えることを強要しない叙述文の形で命題を提示すること

によって、クライエントの安全を補償するといったようにである。文類型と発話機能を時系列に沿ってマッピングすることで、複雑に絡み合うセッション全体のストラテジーを特定することができよう。

　こうしたことはネイティブであれば、直感で使い分けられている資源であるが、改めて言語理論の枠組みの中で定義付けられることによって、よりシステマティックにセッションをデザインしようとする視点の獲得となる。

　あいづちに関しても同様である。あいづちは、普段、人が無意識に打っていると思われるが、実は、直感的に機能をえり分けて使用しているということがおわかりいただけたことと思う。

　本章でとりあげた資源は、テクスト分析を行う際の最も基盤となる部分である。また、日々、セッションに携わる臨床家にとっては、発話の基本的な組み立てに直接的に関与するものである。押さえておきたい。

第4章
対人的距離の操作

はじめに

　セラピーの場もまた通常の対人的関係と同じように、対人的な場であり、対人的関係の構築に関わるあらゆる対人的要素が適用できる。Sullivanは精神医学は対人関係の学であるとし、精神疾患とは、「自己組織」が対人関係において何らかの問題を起こし、破綻したものであると考える。つまり生活の中で生ずる情緒障害は人間関係に端を発し、かつその中で起こってくるとしている。それに対して精神科医がそれを認識、明らかにする方法は「関与しながらの観察」(participant observation) であり、その際に患者との対人的相互作用に巻き込まれずして患者の行動の特徴パターンを認知することはできないとする。従ってその治療法は、破綻した対人関係の場を取り戻すことに主眼が置かれ、それは対人関係の1つの形態である治療者との相互作用の場、つまり面接の場において実現されるとしたのである（加藤, 2009）。この対人関係の回復は、面接の場では主に言語を媒体としてなされ、クライエントに安全を補償することが優先される。

　ワクテル (2004:190) は、「安全な雰囲気」(Schafer, 1983) について、「無意識的素材の探求を効果的に進行させるには、患者が安全感を感じていることが重要」であるとし、クライエントから必要なことを引き出すには、可能な限り支持的であることが大事であるとしている。セラピーに限らず、相互作用をスムーズに運ぶためには、参与者がそれぞれ安全感を補償されていることが必要であることは、状況を問わずいかなる相互作用の場にも共通する。

　それでは、相互作用において安全を補償するとはどのようなことなのであろうか。本章では、言語的ストラテジーとして、安全感の補償について考えてみたい。対人関係をスムーズに運ぶための (1) 普遍的言語現象としてのポライトネス、(2) 対人関係の距離はどのような言語行動によって操作されるものかを神尾の情報のなわ張り理論を基に、セラピーにおける相互作用の進め方について考えるとともに、(3) 対人的距離の操作に有用なモダリティ、(4) クライエントを対象とした待遇表現、を中心に見ていきたい。

1 ポライトネス

1 セラピーとポライトネス、ある普遍的言語行動現象

　Brown and Levinson (1978) は、言葉による対人的配慮について、いくつかの言語において詳細にわたって研究し、ポライトネス戦略として包括的な枠組みにまとめた。世界の多くの言語に共通する語用論としてのポライトネス理論は、普遍現象を扱ったものとして、談話研究において多くの考察素材を提供するものとなっている (加藤, 2014)。

　ポライトネス理論の根底にあるのはフェイスの概念である。そもそもフェイスとは、アメリカの社会学者Goffman (1967) が提唱した概念で、それによると、フェイスは、他者が認める自己が主張する社会的価値としての自己イメージとするものである。これに影響を受けてBrown and Levinsonがポライトネス理論の中で、同じくフェイスの概念を軸に、ポライトネス理論を形成した。この「フェイス」の概念を、各文化に固有の「面目」「面子」「顔」の概念と混同させて「フェイス」の概念の普遍性を疑問視する研究群があることを宇佐美 (2002) は指摘し、フェイスは文化的概念ではなく、操作的定義として捉えるべきであるとしている。例えば、日本文化社会の「面子」「面目」と捉えてしまうと、それは社会的通念や規範と結びついた自己の立場となり、Brown and Levinsonのそれとは全く異なる概念となってしまう。Brown and Levinsonが意図するのは、フェイスを対人的相互作用の場での、人間の基本的欲求とする点である。そして積極的フェイスと消極的フェイスという2つの基本的欲求を設けている (加藤, 2014)。

　このうち消極的フェイスは、「他者によって行動が妨げられないようにする欲求」で、積極的フェイスは、「他者から見て望ましい自己像の維持の欲求」(Brown and Levinson 1978:62) である。この2つの欲求をめぐって、対人的相互作用の調節が行われるが、それがいかなる言語文化にも見られる普遍的現象であるというのがBrown and Levinsonの主張である。そし

て、この2つの欲求が脅かされることのないように配慮する言語行動がポライトネス戦略である。命名からくる誤解を避けるために明確にしておくが、ポライトネスとは、言語形式の丁寧度を言うのではなく、「言語使用の効果」（宇佐美, 2002）を問題とし、「円滑な人間関係を確立・維持するための言語ストラテジー」（宇佐美, 2002）である（加藤, 2014）。

このフェイスは失われたり、維持されたり、また高められるもので、傷つきやすく、相互作用の参与者は、互いに自分たちのフェイスが脅かされるようなことがあればそれを守ろうとする。また互いのフェイスを維持し、相互作用の間、互いにこの意図を持っていることを相手に知られるようにすることは誰もが望むことなのである（Fraser, 1990）。しかし言語行動によっては、フェイスに対して脅威となるものがあり、これがFTA（Face Threatening Act）である（加藤, 2014）。

例えば、命令・依頼などをすることによって聞き手に何かするよう圧力をかけるような言語行動は消極的フェイスを脅かすものとなる。また、不賛同、苦情、批判、侮辱等の言語行動によって、聞き手に否定的評価を下すような言語行動は、積極的フェイスを侵すものとなる。従って、フェイスの維持をはかるために、相互作用の参与者はFTAを避けるか、あるいはどうしてもそれが避けられない場合は、脅威を最小限に抑えるための言語的手段が求められるが、その言語的手段がポライトネス戦略である（Brown and Levinson, 1978:68-70）。相互作用者の戦略として、(1) 脅威を軽減することなく、率直に伝える、(2) 積極的ポライトネスを用いる、(3) 消極的ポライトネスを用いる、(4) オフレコード（off record）、つまり暗示する、曖昧に言うなど、(5) FTAを行わないという5つの選択肢があるが、このうち (2) と (3) がポライトネス戦略である（加藤, 2014）。

ポライトネス戦略というFTAを最小限に抑えるためにもくろまれる補償行為には、2通りのやり方が可能である。1つは (2) の積極的フェイスに対するFTAの緩和行為で、これが積極的ポライトネスである。もう1つは (3) の消極的フェイスに対するそれで、これが消極的ポライトネスである。また (4) のオフレコードは、発話意図を明示しない発話の仕方で、話し手が発話意図を明示しないことによって、発話責任を免れること

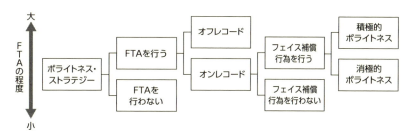

図 4-1　会話のストラテジーの選択網
(Brown and Levinson, 1987)

ができる。よって補償行為も不要となる。これとは逆に、発話意図を明示するものがオンレコード (on record) である。ここまで述べたことを整理すると、図 4-1 に示すような選択網になる (加藤, 2014)。

　この理論は、言語学のみならず様々な分野、特に社会科学の研究に大きな影響を及ぼしてきたが、その理由を宇佐美は以下のように述べている (宇佐美, 2002)。

　　言語形式の意味や機能という観点だけではなく、人間関係、社会・心理的距離、相手にかける負担の度合い等、複雑に絡み合う心理的距離、複雑に絡み合う社会的諸要因を考慮に入れ、それらが総合的に反映された「ポライトネス行動」を、人間の「フェイス処理行動」、すなわち、「対人コミュニケーション行動」として、より包括的、かつ、ダイナミックに捉えたからである。

　このポライトネスの概念は、あらゆる対人的相互作用において適用されうる概念であるが、セラピーの場でもそれは免れない。セラピーでは、基本的にクライエントは、自分たちの消極的フェイスにとって脅威となる自己開示を行う必要があるため、ある程度フェイスを諦めることが求められる。臨床家はセラピー設定において、命令、要求、あるいは解釈を通して、批評、忠告を行わなければならないため、クライエントのなわ張りに対して侵入的であらざるをえない (加藤, 2009)。Fraser (1990) は、命令、忠告、

脅し、警告を聞き手の消極的フェイスにとって脅威となる行動であり、また不平、批判、反対、タブーである話題を持ち出すといったような行動を、聞き手の積極的フェイスにとってのそれであると指摘する（加藤, 2009）。従って、臨床家はフェイス補償を行うことを余儀なくされる。それが積極的ポライトネスであり消極的ポライトネスである。

　それでは、(2) の積極的ポライトネスと (3) の消極的ポライトネス戦略、そして (4) のオフレコードとは、実際にどのような戦略なのであろうか。以下に例示してみたい。

2　積極的ポライトネス

　積極的フェイスに向けられるもので、話し手が聞き手と同じものを求め、感じ、あるいは共通の特性、つながり、地位、責任などを持っていることを示すことによって、聞き手に対する肯定的な自己イメージを植えつけることに焦点を置く。それによって話し手と聞き手が少なくとも同じ共通したものを持っている、あるいは求めているということが示され、潜在的なフェイスの脅威が減じられる。以下、15 の戦略項目がある。

1. 聞き手の関心・欲求・必要・持ち物に注意を払いなさい。
　「疲れたでしょう。少し休みましょうか」のように、相手の欲求を顧慮した言語行動や、「あら、素敵なショールですね」といったように、相手が身につけているものを褒めたりといった表現である。
2. 聞き手への関心・支持・共感を誇張して述べなさい。
　「そんなことがあったなんて、相当がっくりきたでしょう。私だったら、暫くは立ち直れないでしょうね」や、「避けようがないことですよね。私でも、同じことをしたと思います」
3. 聞き手の関心を強調して述べなさい。
　「それからどうなったと思う？　何と、彼女、子供をほったらかしにして、男と遊びに出ちゃったんだよねえ！」話し手は聞き手が関心を示すと思われるところで、劇的な言い方を用いている。

4. 内集団のアイデンティティを示す表現を使いなさい。

　仲間うちの言葉、あるいは身内であることを示す言葉を使うことである。いわゆるウチ・ソト意識を示す言葉で、「われわれ研究者（日本人、関西人、他）は」「うち（配偶者）のがね」「うち（会社・企業・店舗など）では、扱っておりません」などがあげられる。こうした代名詞形の他、スラング、方言、ジャーゴン（Jargon）なども、この部類に入る。これらの資源は、対人的距離を縮める役割を果たす。

5. 一致する話題を見つけなさい。

　相手と一致する共通の話題を見つけ、それを強調したり同調したりすることである。例えば、相手が「感冒にかかっちゃって」と言ったら、「お、そりゃ大変だ。ゆっくり休まないと」と返すように、相手への同情や、驚き、賞賛、不満などの共有を表明する発話を行う。

6. 不一致を避けなさい。

　一旦、名目上の同意を示してから、全面的な同意ではないことを後から明示する言い方である。「確かに言っていることはもっともなんだけど、……」「気持ちはよくわかるんだけど、……」など。「ちょっと」や「いくらか」「多少」「恐らく」などのヘッジ表現やモーダル付加詞（モーダル付加詞については161ページを参照されたい）などを伴うことが多い。

7. 共通基盤を想定し、掲げ、そして主張しなさい。

　「体力が続かなくて。もう無理できないですよね」と、初老のサラリーマン同士の会話など。最近の若者言葉「〜じゃないですか」もこの部類に入る。例えば、「今、年末で書き入れ時じゃないですか。だから、忙しいのなんのって」など。しかし、「ほら、私って、意外とシャイじゃないですか」など、個人的な性質に言及されるなど、戸惑う表現も若い世代に見られる。

8. ジョークを言いなさい。

　ジョークの理解は、話し手・聞き手相互の知識・価値観といった共通基盤に基づくので、相互の対人的距離を縮める。また聞き手をリラックスさせる効用を持つ。

9. 聞き手の欲求と関心についての知識を話し手は主張し想定しなさい。
　「君がミュージカルにあまり関心がないのは知っているけど、今度の公演はとても面白いから、一緒に見に行こうよ」／「銀行にお金を振り込まないといけないんだろ。送っていくよ」など。
10. 提供し、請け合いなさい。
　「困ったことがあったら、何なりと言ってください」／「近いうちに、一緒に食事でもしましょう」
11. 楽観的に述べなさい。
　「今夜、宿題、手伝ってくれるよね。かたじけない！」／「この家具、買おうと思うんだけど、特に反対ないよね」
12. 話し手と聞き手の両方とも行為に巻き込むような言い方をしなさい。
　「～しましょう（か）」などの勧誘表現などがこれにあたる。「2、3日旅行しましょうよ」／「今夜は外食しようか」など。
13. 理由を述べたり、また理由を求めたりしなさい。
　「カーテン引きましょうよ。西日がきついから」／「今日のパーティ、行けなくなってしまって。インフルエンザにかかったみたいで」など。
14. 相互援助関係を想定し、それを主張しなさい。
　「先日は助けて頂いて、ありがとうございました」／「いいえ、お互い様ですから。ご近所同士、私もいつお世話になるかもわかりませんから」など。
15. 聞き手に、物品、共感、理解、協力といった贈り物をしなさい。
　物品のみならず、共感、理解、協力を示す言葉を、聞き手に提示する。「お察し致します」「さぞ、気を落とされたことでしょうね」／「何かありましたら、いつでも駆けつけますから」など。

　以上が戦略であるが、積極的ポライトネスが必ずしもFTAを前提としているわけではなく、単に「親密さを示す一種の比喩的拡張」として示されたり、「一種、社会的促進剤」として用いられることもあることを加えておく（Brown and Levinson、田中他訳）。

3 消極的ポライトネス

受け取る側の消極的フェイスに向けられる脅威の軽減である。妨害されることのない行動の自由と、妨害されないようにしてもらう配慮の欲求が前提となる。話し手が聞き手に不便な思いをかけることを避けるために、聞き手の消極的フェイスを満足させることで、それには間接的であること、儀礼的、遠慮をすること、そして侵入的な行為あるいは要求による負担を最小限にするために謝罪を行うなどといった言語行動がある。以下、10の戦略項目がある。

1. 慣習的な表現を使って、間接的に言いなさい。
    「お願いがあるのですが」(福田) といった具合に、言いさし文にする。

    相手に負担がかかる依頼を発する場合、「～のことなんですけどー」といった前置きをして段階的に行うことでフェイス補償になる (三牧, 2015)。三牧 (2015) はまた言いさし文の語尾を延ばしたり、最後の方を小声にするなどといったパラ言語上の効果もあげている。「なんか」「あれですけど」といった曖昧な表現を笑いを伴いながら発話する (三牧, 2015)。この場合は笑いと曖昧表現といった複数のストラテジーを用いていることになるが、FTA の軽減は、パラ言語を含みながら何重にも講じられることが多い。この場合の笑いとは、相手に、悪意がないことを示す意図の演出である。
2. 疑問形を使って言ったり、また垣根表現を使いなさい。
    「何があったのか話してください」と命令形を用いるよりも、「何があったのかお話し頂いてもよろしいですか」と依頼調にすることによって、クライエントに今その話をしても精神的に大丈夫かどうかの判断を任せることができる。

    垣根表現またはヘッジ (hedge) とは、命題を強めたり和らげたりする働きをするもので、増強の役目と緩和の役目を果たすものの2つがある。垣根表現を用いて命題をぼやかすことによって、例えば、「あ

の時、あなたは〜と言いましたよね」といった相手に言質をとられることを避ける働きもする。
3. 悲観的に述べなさい。
　「だめもとで、お願いにあがりました」
4. 聞き手に与える負荷を最小限にしなさい。
　「もし、さしつかえなければ、〜して頂けるとありがたいのですが。勿論、ご無理であればよろしいんですが」
　聞き手に負担がかかると話し手が判断する時に、こうした緩和的な前置き表現を用いると、相手の負荷感が多少なりとも軽減される。相手を傷つけかねない命題を述べる時に必要な前置き文である。
5. 敬意を表明しなさい。
　英語は、敬語がグラマーとしてシステム化された言語ではないので、この項目では、表現、例えば、die を pass away、eating を dining とするなどといった表現が該当するが、日本語の場合、グラマーとして組み込まれた敬語が、最も関連してくる。敬語については、後述する。
6. 謝罪を入れなさい。
　物事を依頼する場合などに、「すみませんが」をはじめ、日本語には「まことに、恐れ入りますが」「大変、申し訳ありませんが」「勝手なお願いで、恐縮ですが」など、一連の慣習化された表現がある。
7. 話し手と聞き手を非人称化しなさい。
　日本語では主語を明示しないで言う言い方が慣習的なので、あまりピンとこないかもしれないが（主語の省略とは別物である）、英語では主語を非人称化して言うと、客観化した言い方になる。例えば、「You might be mad to have had such treatment from your mother」という文を、「It is likely (probable, possible) to be mad to have had such treatment from one's own mother」として非人称にすると、命題が客観化される（加藤, 2009）。日本語だと「〜したのが悔やまれます（残念です）」「〜することが求められる（望まれる）」などがあげられよう。
8. FTAを一般ルールとして述べなさい。
　個々人を対象にして言うとFTAになる言い方でも、一般的なルー

ルとして述べると、FTA が減じられる。「乗車中は、携帯の電源をお切りください」と電車の車掌が放送で案内をした場合、対象は、一般乗客で、個々人としての乗客に何かを要求するというフェイス侵害が軽減される。
9. 名詞化をはかりなさい。

名詞化とは、例えば「私は悲しかった」の「悲しかった」を「悲しみ」という名詞形にすることである。「悲しんだ」という動詞形からの移行もありうる。名詞化は個人の行為性をなくすことで表現を形式的なものにし、FTA を緩和する。つまり叙法（文としての節構造）でなくなることにより、主語、つまり動作主が除かれて、ある特定の行為者への帰属が避けられ、また時制もなくなって、特定の時間軸での所在もなくなる。それによって客体化あるいは一般化が生じ、聞き手との間に距離が生じてフェイスにとって脅威とはならなくなる。
10. 自分が借りを負い、相手には負わせないことを明示的に言いなさい。

例えば、「このご恩は一生忘れません」「どんなに感謝しても感謝しきれません」と自分の方の負いを強調する表現と、「今回だけですから」や「これで最後です」など、相手の負担を最小限に見積もる言い方をする。

4 オフレコード

オフレコードとは、発話意図を明示しないことで、FTA を回避する戦略である。発話意図を明示しなければ、つまり玉虫色にしておくことで、FTA を指摘・追及されても、言い逃れができるからである。

1. ほのめかしなさい。

「ここ、寒いね」と言った場合、暗に「窓を閉めて」と言ったことになる。
2. 連想の手掛かりを与えなさい。

「今度あそこの角にできたイタリア料理店、すごくおいしいのよね」

と、女子学生が、同じサークルの気になる男の子に向かって言うことによって、デートしたいことを示唆する。
3. 前提を示す言い方をしなさい。
   A「またやっちゃったの？」
   B「そうなんです。またやっちゃったんです」
4. 控え目に述べなさい。
   「あんなことするなんて、ちょっとねえ」のちょっとは、緩和の垣根表現であるが、実際は、かなり程度がひどい状況であることを示唆している場合もある。よって、消極的/積極的どちらのポライトネス戦略にも解釈可能である。
5. 大げさに述べなさい。
   「あいつとはこんりんざい、口なんかきくもんか」
6. 同義語重複を用いなさい。
   「私がやると言ったらやるんだ！」／「カエルの子はカエル」
7. 矛盾律を用いなさい
   A「そのような経験をしたことがありますか」
   B「あるとも言えないし、ないとも言えない」
   「彼は日本人であって、日本人ではない」
8. アイロニーを用いなさい。
   「あの人は、実にみあげた方です」（卑劣な人だ）
9. メタファーを使いなさい。
   「学長はたぬきだ」（学長は悪賢い）
10. 修辞疑問文を使いなさい。
    「なんで、あなたがそんなことをしなきゃいけないの？」（あなたがそんなことをする必要はありません）／「誰もあなたがしたことを知らないとでも思ってるの？」（誰もがあなたのしたことを知っている）
11. 多義的な言い方をしなさい。
    「彼は方略にたけているね」（頭がよい・狡猾だ）
12. 曖昧な言い方をしなさい。
    A「今夜はここで休んでったら」B「そうしたいんだけどね」／ A

「タバコやめたら。肺がんになるよ」B「わかってはいるんだけどね……」
13. 過度に一般化しなさい。
「郷に入っては郷に従いなさい」（今の環境に文句言うのをやめて、適応することを考えなさい）／「男は黙って耐えるもんなの！」
14. 聞き手を置き換えなさい。
例えば、家事を手伝わない夫に直接向かって言わずに、傍らのネコに向かって、「ネコの手も借りたいんだけどねえ」など。
15. 最後まで言わず、省略を用いなさい。
FTAの可能性を持つ発話を暗示に留めることによって、話し手／聞き手の両者にFTAによるフェイス侵害の逃げ道を用意することになる。例えば、言いさし文がこのストラテジーに該当する。

この他に沈黙という戦略があるが、これは口を開けばFTAとなることを想定して、一切コミュニケーションを行わないことである。コミュニケーションによる意思表示を行わないことで、FTAが避けられるということになる。沈黙にも、状況に応じて、抗議、黙秘、感情吐露の抑止などFTAを行う意味合いのこめられ方があるが、ここでの沈黙は、あくまでFTAを行わないという意味においてのそれである。これらオフレコードと沈黙の戦略は、Griceの会話の強調の原理違反を犯したものである。Grice (1975) は、会話の普遍的基本として、(1) 量の格率：情報は求めに応じて過不足なく与えよ、(2) 質の格率：偽りなくしかも証拠のない情報ではなく、事実の通り話せ、(3) 関係の格率：関連性を持たせて話せ、(4) 様式の格率：はっきりと簡潔に順序に従って話し、多義的、曖昧であってはいけない、という4つの会話の協調原理をあげている。このGriceの理論は、語用論に大きな影響を与えている。

Griceの主張は、聞き手・話し手は、会話において効率的に相互理解をはかるために、会話を協調して成り立たせなければならないが、そのためには、上述4つの公準が遵守されなければならないというものである。ほとんどの対人的相互作用は、このGriceの公準に基づいて行われることが

理想で、会話の普遍原理とされる。この原理のヴァリエーションは、公準の逆用、違反などの対人的相互作用上の多様な戦略となる。

5　文化とポライトネス

　以上、ポライトネスの戦略をあげてきたが、一概に１つの言語行動が必ずしも消極的/積極的どちらかに相当するとは言えない複雑性・多面性を、言語行動は持つ。コンテクストに応じて、本来消極的ポライトネスとされる戦略が、逆に積極的ポライトネスとなる場合、またはその逆、あるいは、積極的・消極的両用となるような場合もある。例えば、タメ口をきくという言語行動は、親近感を表出するものとして、本来積極的ポライトネスとされるが、コンテクストによっては、逆に相手を見下げるといった悪意から行う場合もあり、その場合はフェイス補償にはならない。また敬語の使用は消極的ポライトネスになるが、コンテクストあるいは使い方如何で、慇懃無礼としてFTAとなるといった例に見られる通りである。

　ポライトネスの捉え方にはミクロとマクロの視点があり、ミクロの観察として、個々の発話のポライトネス度だけを測ると、談話全体のポライトネスを見逃すことになる（福田, 2013）。つまり、部分的にはFTAと捉えられても、その当該発話を取り囲む言語文脈、状況文脈から話し手がポライトネス意図を明らかに持っていると見なされる場合がある。マクロの視点に立たないと見えない点である。よってマクロとミクロ両視点から捉えることが大事である。

　Brown and Levinson（1987:76）はFTAの度合いをはかるために、以下の公式を呈示している。

$Wx = D (S, H) + P (H, S) + Rx$
［FTAの度合い＝話し手・聞き手間の社会的距離＋話し手・聞き手間の力関係＋特定の文化の中で、相手にかける負荷度の軽重］

注）W=Weight、D=Distance、P=Power、S=Speaker、H= Hearer、R=Ranking、x=行為

この式の中で、特定文化内での負荷度の軽重というのは、文化によって、問題度が異なることからきている。例えば、長幼の差を重んじたり、話し手・聞き手間の社会的距離や力関係などが重要となるアジア圏のような文化もあれば、欧米圏のように問題とならない文化もある。よって、この要素は、FTAの度合いに大きな影響を及ぼす変数として捉えられる。

　日本語文化においても、用いられ方に偏りが見られる。福田（2013）は、日本語文化では、対人的距離をとるストラテジーとしての消極的ポライトネスが高いレベルにあるとし、その要因は、敬語行動によるものが大きいとしている。わきまえ重視の言語行動が中心となる言語行動文化では、対人的距離をとる消極的ポライトネスが中心となることは、当然の成り行きと言える。反面、距離を詰めるという側面については、積極的ではないようである。相手を持ち上げたり、鼓舞・奨励したり、リラックスさせたりといった積極的ポライトネスに乏しい。日本をはじめとするアジア圏、特に中国、韓国など儒教が伝統的に栄えた地域は、自己の謙遜を美徳とし、相手を積極的に褒め、奨励するという側面が貧困である。

　Kamio (1997) は、積極的ポライトネスは話し手と聞き手間の距離を縮めるために何かをしたり言うことと関係し、消極的ポライトネスは、二者の距離を拡げることに関係するとしている。消極的ポライトネスは、敬語・謙譲語・丁寧語などを用いて、敬意を示すなど、親しさを抑える表現を用いることで、基本的に相手と距離をとる働きとなる。例えば、敬語で話すことは、132ページで述べたように、消極的フェイスへのFTAの緩和行為で対人的距離を置く方向に働く。一方、積極的ポライトネスでは、呼称・ユーモア・評価が関わり、積極的関わり合い（Involvement）や連帯（solidarity）を志向する。よって、距離を詰める方向性をとる。タメ口をきくなどという戦略は1つのわかりやすい例である。従って、相手と距離を置きたい時には、消極的フェイスに対する補償的言語行動を、距離を詰めたい時には、積極的フェイスに対する補償的言語行動を行えばよいということになる。

6　言語形式としてのFTA軽減措置

　Leech (2003) は、絶対的ポライトネスと相対的ポライトネスを提唱した。前者は、敬語などのように言語形式として定まっているポライトネスで、後者は、状況に応じた発話目的によって用いられるポライトネスである。Ide (1993) も同様の分類を行い、敬語などのように言語形式によって定まっているものを first order politeness、言語形式以外の発話戦略によるものを second order politeness としている。日本語はグラマー自体にFTA軽減措置をはかるしかけが備わっているため、グラマー選択でかなりの程度、FTAが軽減される。グラマー自体に組み込まれたFTA軽減言語資源として、敬語、モダリティ、交渉詞（終助詞）などの文法資源がある。これが Leech による絶対的ポライトネスに相当する。英語は相対的ポライトネスあるいは second order politeness のみである。後者はどの言語にも共通して可能な言語行動であるため、日本語は、両用のポライトネスが可能だということになる。本章では後者を中心に述べてきた。

　ここでセラピー設定に戻ると、クライエントの安全を補償するためには、ポライトネス戦略を駆使することが基盤として関わってくることに頷けることと思う。安全を補償すること、つまりフェイス補償を行うことで、セラピーに必要なことをクライエントから引き出すことが可能となる。Lakoff (1973:56) は、ポライトネスの1つの効能として、話し手の見解や主張を押し付けずに、聞き手の決断を開かれたものにすることであるとしているが、このことはセラピー設定にも共通するものである。

　このポライトネスの考え方には、常に対人的距離の捉え方が底流する。この対人的距離の操作もまた、言語を媒体にしてなされる。基本的なところを次節で押さえたい。

2 対人的距離と情報のなわ張り

　Havens（2001:221）は、サイコセラピーには「近づく動き」と「離れる動き」があるとしている。著者は、サイコセラピーの場では、臨床家が局面局面に応じて、アコーディオンの蛇腹を引き伸ばしたり、畳み込んだりするのと同じように、クライエントとの対人的距離を調整しながら、相互作用を進行させると考える。よって、臨床家は、対人的距離の操作に関わる言語資源について精通していることが有用である。本節では、対人的距離の捉え方について考えたい。対人関係の距離をどのような言語資源の網にかけて調整するのかについて述べる。対人的距離についての考察には、神尾（1990）による情報のなわ張り理論が参考になる。先ずは、その理論的枠組みから把握したい。

1　情報のなわ張りの理論の理論的枠組み

　神尾（1990）によれば、単に情報を所有していることと、それを人の情報のなわ張りの中に取り込んでいることとは状況が異なる。単に情報を所有することは、人の一般的な情報貯蔵領域の中で情報を持つことを意味する。一方、それを人のなわ張りの中で維持することは、人の一般的な情報貯蔵領域内に、情報のなわ張りと呼ばれる概念的なカテゴリーがあることを意味する（Kamio, 1997）。これをもう少し詳しく見てみたい（加藤, 2009）。
　図4-2に示すように、2つの線上の心理的物差しが存在するとする。1つは話し手用、もう一方は聞き手用で、物差しは話し手・聞き手と、ある特定の情報との間のスペースの尺度を示す。尺度上に所定の「情報」が置かれ、1と0の間（両者を含む）のいかなる値もとりうるとする。そこでKamio（1997:17）は、話し手/聞き手の情報のなわ張りを次のように定義している。

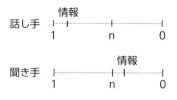

図 4-2　情報のなわ張りの物差し
(Kamio, 1997:17)

　話し手と聞き手の情報のなわ張りと呼ばれる2つの概念上のカテゴリーがある。nより話し手に近い所定の情報は、話し手の情報のなわ張りに属し、nより聞き手に近いそれは、聞き手の情報のなわ張りに属する。そしてそこではnは1と0の間の特定の値であり、両なわ張りの客観的な境界を示している。

　この神尾の定義からすると、図4-2のケースでは、情報は聞き手よりも話し手に近いということになる。
　極端なケースでは、所定の情報値が、話し手の物差しで (n<) m (m=1 という値) をとり、聞き手の物差しでは、m' (<n) をとれば、情報は完全に話し手のもので、聞き手には全く属さないものとなる。こうした両極値をとる情報もあるが、一般に、なわ張り概念は、図4-2のケースのように、相対的な等級付けで捉えられる (Kamio, 1997)。かいつまんで言えば、話し手・聞き手と発話内情報との間に、一次元の心理的距離を設けて、それを話し手・聞き手それぞれに「近い」か「遠い」かの目盛りで考えることで、例えば、「話し手の情報のなわ張り」とされる場合は、相対的に聞き手よりも話し手に「近い」とされる情報ということになる (加藤, 2009)。
　それではこうしたなわ張りが、発話において何らかの制約をもたらすものであろうか。神尾は表4-1に示すような表現上の制限をあげている。Aから見ていきたい。
　(1) Aでは、情報が話し手のなわ張りに属し、聞き手のそれには属さないため、直接形を用いることができる。

表 4-1　情報のなわ張り関係

		話し手のなわ張り	
		内	外
聞き手の なわ張り	外	A　直接形	D　間接形
	内	B　直接ね形	C　間接ね形

（神尾, 1990）

 a.　昨日、学校を休みました。
 b.　昨日からお腹の調子がおかしい。
 c.　父は昨年、亡くなりました。

(2) Bでは、情報が聞き手・話し手両方に属するため、「直接形＋ね」形を用いる必要がある。

 a.　いやな雨です<u>ねえ</u>。
 b.　中国語がうまいです<u>ね</u>。(聞き手に向かって)
 c.　ご子息、大学を卒業されたのは去年でした<u>ね</u>。

(3) Cのように、情報が聞き手のなわ張りに属し、話し手のそれには属さない場合、「そうだ」や「よう」など証拠性、あるいは伝聞を表す表現を構文に織り込むことによって、間接的な根拠であることを示した上で、「ね」を付与する。

 a.　君、かったる<u>そう</u>だね。(証拠性)［証拠性については、143ページを参照されたい］
 b.　お父さん、お亡くなりになった<u>そう</u>だね。(伝聞)
 c.　学長、来年やめられる<u>よう</u>ですね。(証拠性)

(4) Dは、情報が話し手にも聞き手にも属さないため、間接形となる。

 a.　今年の夏も暑い<u>らしい</u>よ。(伝聞)
 b.　ネス湖に恐竜が出たんだ<u>って</u>。(伝聞)
 c.　彼もそろそろ働き始めるんじゃない<u>か</u>なあ。(疑問)

上述で直接形とは、「確定的な断言の形をとる文形」(神尾, 1990) で、間接形は、「断言を避けた不確定な文形」(神尾, 1996) のことである。言い換えれば、モダリティ (159ページを参照されたい) や交渉詞 (89ページを参照さ

れたい）を一切使わず、命題のみにしたものが前者で、後者は逆にこれらの言語資源を付与した表現である。日本語文化社会では、「状況の許す限り、直接性を避ける」（神尾, 1990）ことが求められる。

　情報が話し手のなわ張り内に属すると判断できる一般条件を、神尾（1990:33）は次のように定義している。

(1) 話し手自身が直接体験によって得た情報
(2) 話し手自身の過去の生活史や所有物についての個人的事実を表す情報
(3) 話し手自身の確定している行動予定及び計画などについての情報
(4) 話し手自身の近親者またはごく身近な人物についての重要な個人的事実を表す情報
(5) 話し手自身の近親者またはごく身近な人物の確定している重要な行動予定、計画などについての情報
(6) 話し手自身の職業的あるいは専門領域における基本的情報
(7) 話し手自身が深い地理的関係を持つ場所についての情報
(8) その他、話し手自身に何らかの深い関わりを持つ情報

　(1) から (8) までの条件の中で、「話し手」を「聞き手」と置き換えると、情報は「聞き手」にとっての「近」情報となる。また、条項が当てはまらない場合は、話し手と聞き手両者にとって、「遠」情報となる。

　神尾 (1990) は、日本語では、直接形を用いると、それだけで情報の独占化を示すことになるとしている。日本語言語文化では、情報の独占化は対人関係において好ましい印象を与えないため、人々は直接形を使うことを慣習的に避ける傾向がある。これらの原理に違反した文形を用いることは、相手に対して侵入的となり、対人関係において好ましくないとされることになる。

　このなわ張り概念に対して、日本人は特に敏感で、日本語の様々な語彙－文法資源に関与する（神尾, 1990）。呼称のレベルにおいてでさえ、例えば、自分の身内に対しては、父、母、兄、妹、姉、叔母、叔父など敬称な

しで呼ぶのに対して、聞き手のそれに対しては、「御」「さん」「様」をつけなければならないなど、なわ張り原則に従うものである。日本語文化では、命題内容の帰属をたちどころに判断して、その区別を明示する表現の使い分けをしなければならないという語用論上の制約があるということである。

2 心理文

もう少し、神尾の議論を進めてみたい。なわ張り理論で、特にセラピーにおいて留意すべき言語現象に、2、3人称主語を持つ心理文がある。心理文というのは、人の心理状態を表す文のことを言う（神尾, 1990）。以下のような文である。

(例 4-1)
(1) 私は寂しい。
(2) あなたは寂しい。 → (2)' あなたは寂し<u>そう</u>だね。　(2)" あなたは寂しい<u>の（ん）だ</u>。
(3) 山田君は寂しい。 → (3)' 山田君は、寂しい<u>みたい</u>だ。

（例 4-1）の（1）は、話し手の心理状態が、完全に話し手のなわ張り内にあるので許容される。直接形の心理文は、話し手が主語の指示対象、あるいはそれらが伝える情報に近い時、自然である。このことから、心理文は、1人称主語を持った場合、必ず適切であるということが言える（Kamio, 1997:56）。しかし（2）と（3）で、2人称、3人称の心理状態は、話し手のなわ張り外にあるため、(2)' (2)" (3)' のような間接形への修正が必要となる。心理状態は当人でなければ知りえない情報で、第3者が述べることは不適切であるからである。(2)' では、「そうだ」という証拠性を示す表現を用いることによって、また(2)" では、「のだ」を用いて修正されている。「のだ」には、話し手の推量を表す推量判断実践文となる用法があり、「多分」「恐らく」「きっと」などを付加できる（田能村, 2002:23）。(3) でも「みたいだ」という証拠性の表現を用いることによって、命題の

根拠を構文で暗示している。

　よって、(2)(3)はこのままだと、話し手が議論の対象としている人物に近しくない限り、侵入的または非礼な発話である (Kamio, 1997)。他者の私的な内面行動を直接形で表すのは、なわ張りを侵すことになるからである。しかし、もし聞き手が主語である指示対象に対する話し手の関係について何も知らなければ、話し手が主語である指示対象物に対して非常に近しいと思うであろう。例えば、話し手が「山田君は寂しい」と言った場合に、山田君の心理状況を表現できるほど、聞き手は話し手が山田君と親しい関係であると想定する。

　なお、2、3人称主語を持つ心理文が、必ずしも親しい関係でなくとも許容される場合がある。例えば、(例4-1) の (2)(3) の発話者が教師で、生徒のことを職業的専門領域に属する情報として述べているとすれば、生徒の心理状態の独占化が認められ、許容される。Wood and Kroger (1994) は、ある特定の社会行動がフェイスにダメージを与える可能性は、状況と誰が関与するかによるとする。ダメージの可能性は、一定の社会的行為に関連した役割関係が絡む儀礼的な状況では高くない。例えば、アドバイスを与えるといった言語行動において、教授と学生という社会的役割関係において受けるダメージの可能性は、教授とその同僚間で行われるそれよりも低い。サイコセラピーにおける相互作用においても、臨床家とクライエントという職業専門領域に属する関係が十分成立すると思われる。但し、これは社会的制度として学ばれたルールであって、これが通常の相互作用の場であれば、私的領域を侵犯する言語行動であることを臨床家は心すべきであろう。

　しかし次の (例4-2) の (2) もまた心理文であるが、必ずしも侵入的であるとは言えない (Kamio, 1997:190)。

(例4-2)
　(1) Aさん、大丈夫そうですね。(「ね」は情報が聞き手にあることを示す)
　(2) Aさん、大丈夫ですよ。(「よ」は情報が話し手にあることを示す)

(2) を医師が患者を目の前にして発話していると想定する。本来、侵襲

的であるとされ、(1) のように「そう」を加えて発話されるべきところである。Kamio (1997:190) はこの (2) のような発話を内向け戦略 (inbound strategy) と呼ぶ。この戦略では、特定の情報が、話し手のなわ張り外にあるにもかかわらず、故意になわ張り内にあるように提示される。ポライトネスの見地からすると、内向け戦略は、積極的ポライトネスを生む (Kamio, 1997:193)。(2) では患者を励ます意図からこうした発話が用いられている。内向け戦略の使用には限界があり、これらの限界に関して厳密であることは難しいが、かといって不用意に使うのは、発話を無責任なものにするため、使用は限定的であるべきである (Kamio, 1997)。セラピーでもこうした内向け戦略が必要な場面があろう。

3 なわ張りと私的領域

前節でなわ張りの骨子を述べたが、この他に、相手の私的領域に対する考慮を視野に入れるべきであるというのが、益岡と鈴木の主張である。益岡 (1997) は、なわ張り理論は、知識情報の帰属領域の視点からの議論であって、相手との社会的距離からのそれが欠けているとしている。同様に田窪 (1997) は、日本語における間接形の使用規則は、140 ページで述べた情報の帰属領域の問題というよりも「私的領域」に関して述べる場合には、直接形の禁止が関わる場合が多いとしている。ここでは相手との社会的距離、あるいは「私的領域」の視点を入れてなわ張り理論を捉え直してみたい。

神尾の言う 2、3 人称の主語を持つ心理文に直接形が用いられないのは、この「私的領域」に関わることが発話されるために不適切なのである。私的領域というのは、聞き手の欲求・願望・感情・感覚のことをさし、日本語文化では、聞き手の私的領域について発話することに対する許容度が低く、これらに関して直接質問したり、話し手の判断を述べるのは丁寧さという観点から不適切であるとされる (鈴木, 1989)。

益岡 (1997) は、神尾の心理文の用法規則制限に関して、他者の内面の状態を直接知ることはできないという認識論的な説明はまことしやかに思

われるが、これだけでは不十分で、別の説明が必要であるとする。断定形（直接形）と非断定形（非直接形）の使い分けは、話者の当該の事態に対する主体的な判断が決めることである。つまり当該の事態が真であると話者が判断すれば断定形が用いられ、そうでなければ非断定形を用いるのである。しかし当該の事態が真であると判断されても、「人物の内的世界はその人物の私的領域であり、私的領域における事態の真偽を断定的に述べる権利はその人物に専属する」という語用論的原則（益岡, 1997）のために、人称制限が適用されるのである。つまり、「あなたは悲しい」という文が非文になるのは、神尾が主張する他者の内面を知ることはできないという理由からではなく、「他者の権利は侵害すべきものではない」（益岡, 1997:5）とする理由によるものとなる。

神尾は、（例4-1）で述べたような表現上の修正を行えば適切になるとしているが、鈴木（1989）は、聞き手の私的領域に話が及んだ時に、語形式の修正だけでは解決できないとして問題提起している。例えば、「コーヒー召し上がりたいですか」と聞いた場合、語形式上は丁寧であるが、聞き手の願望・欲求に対して聞いているため、丁寧さは見かけ上だけのもので、実際は不快感を与える発話である（鈴木, 1989）。「たい」「ほしい」や「うれしい」「かなしい」といった感情に関する質問が不適切であると鈴木は指摘する。このことは、単に「うれしいですか」と直接的に聞くことだけでなく、「うれしそうですね」のように、証拠性に基づく「そう・よう・らしい・みたい・はず」といった表現を用いても、聞き手の心理状態を話し手が判断して言うことになるため、丁寧さが欠けた表現になる。その場合には、「さぞかし、お喜びでしょうね」といった蓋然性のモダリティを使った表現にすると大分緩和されるが、それでもまだ失礼な感じが残るとしている。また疑問文を使って尋ねる文にしても、侵入感を与えることに変わりはないということである。基本的に、セラピー設定では、相手の心理状態を話題とする場であるために、相手の欲求・願望・感情・感覚について尋ねざるを得ないわけで、臨床家はそれを当然のこととして捉えるが、一旦、セラピー設定から離れれば、こうした尋ね方は容認されない性質のものであることを臨床家は心しておくべきである。

4　主語の問題

　情報の独占化が許される状況下では、2、3人称の心理文が許容されることは先述した通りである。催眠もまたその例の1つである。心理文に前提化された命題を含めることで、プロセスを進めるのが催眠である。神尾(1990:132)は、催眠術師は被験者の心理に関する情報を自分のなわ張りに持ち、それを独占することが治療構造上許されるので、被験者がとりうる心理状態を操ることができるとしている。以下は催眠の例であるが、［1］［15］［22］［25］を除いたその他のムーブの主語は何であろうか。

(例 4-3)
- ［1］　あなたはだんだん疲れてきて、
- ［2］　ねむりたくなります。
- ［3］　とても疲れてだるくなってきた。
- ［4］　目が重く、
- ［5］　体が楽になる。
- ［6］　頭が重く、
- ［7］　ねむくなる。
- ［8］　疲れてねむくなる。
- ［9］　体がゆっくりとなり、
- ［10］　だるくなる。
- ［11］　ちょうど春の日を浴びて、
- ［12］　ひなたぼっこしている時のように、頭がぼんやりなって、
- ［13］　ねむくなる。
- ［14］　瞼が重くなってくる。
- ［15］　あなたはもう重い瞼を閉じて、
- ［16］　ねむってしまいたい。
- ［17］　力がぬけて気が楽になってきた。
- ［18］　呼吸が深くなっている。
- ［19］　全く気持よく疲れている。
- ［20］　ねむりたくなった。

[21]　ねむりたくなった。
[22]　あなたの目は閉じかかっている。
[23]　重い瞼がもう閉じようとしている。
[24]　瞼が閉じて、
[25]　今、あなたはねむってしまっている。　　　　（蔵内・前田, 1960）

　2通り考えられる。[1][15][22][25]に、「あなた」という主語が明示されているが、この延長と考えてその他の節の主語を「あなた」とするか、あるいは「私」と考えるかである。どちらに考えるかによって発話機能が違ってくる。前者であれば、発話機能は叙述文を使った「命令」と解釈できるが、「私」であれば「事実」である。また「あなた」と解釈した場合は、2人称主語を持つ心理文となり、クライエントに侵入感を与えることになるが、「私」であればそうした懸念はない。
　熊倉（1990）は、ミシェル・ビュトールの実験的な小説、『心変わり』の日本語訳（原文はフランス語）を引き合いに出して、主格の人称について独自の見解を述べている。冒頭部分を少し見て見たい。

　　まるで薄い煙の幕をかけられたように、きみの眼ははっきりと明かないし、きみの瞼は神経質にぴくぴくとふるえるが、あまりなめらかに動かず、引きつれたきみのこめかみ、張りつめ、いわば、細かな皺のよったままこわばった皮膚、他人にはわからないが、きみも、アンリエットもセシルも気づいており、やがては、子供たちも気づくほど薄くなり、灰色のものがまじっているきみの髪は、すこし逆立っていて、きみの体の動きをさまたげ、しめつけ、重くのしかかるような眼のなかできみの体は、まだすっかり目覚めぬまま、まるで、懸濁状態の極微動物でいっぱいのゆれ泡立つ水に浸っているようだ。

　小説では、作者は主人公を2人称の「きみ」で呼んでいる。訳者の解説では、これを「催眠術の手法」と評し、読者はいやおうなしに『きみ』にされてしまい、「まるで呪文にかけられたように主人公の行動や感覚や心

の動きに同化してしまう」(ビュトール, 1959) としている。しかし、熊倉 (1990) は、日本語で読む日本人としては「なかなか作者の術中にはまらない」そうで、フランス語で書かれた場合の効果とは事情が違うとしている。日本語で催眠術をかける場合でも、2人称代名詞「きみ」(あるいは「あなた」) と呼びかけるのは最初だけで、「潜在意識の領域に下りて行かせる過程では、催眠術師は、あたかも自分が眠るように相手を自称詞で呼びかけ自分の行動として、自分の中に沈んでいくような過程がとられるのではないか」としている。この見解を受けて宇津木 (2005) は、「きみ」を取り除き主語を明示しなければ、「催眠術師の言葉が催眠術をかけられる者自身の言葉となっていく効果が得られる」としている。

　宇津木も熊倉も単に主語 (恐らく、「きみ」か「あなた」) の省略と捉えているようだが、著者は、「私」という選択肢も入れて「私」の省略という捉え方をとりたい。母親が幼い子供に向かって、「ボク (わたし)、何歳？」と聞く場合と同じ理屈に拠っている。これは子供の視点をとった対称詞用法である。田窪 (1997) によれば、「僕・きみ」といった人称代名詞は話し手を視点に置いた名付けで、相手から「きみ」「おまえ」と言われた時、それが自分のことであると理解するためには、相手の視点から見た呼び方を取り入れる必要がある。この時、「相手から見た『おまえ』＝私から見た『私』」という視点の切り替えが必要で、これが結構複雑な操作となる。よって、子供にはこの視点の切り替え作業を省いてやるために、子供と同じ表現を使うわけである。

　催眠術師は、クライエントをトランス状態に引き入れる際に、できる限りクライエントのこうした脳の操作を省き、また対立的視点を避ける方法をとろうとするのではないかと解釈される。日本語による催眠では、「自分自身の視点は抑制され、相手の立場に降りて行くことによって対立的視点を避ける」(田窪, 1997:34) 方法がとられるのではないかと思われる。この操作により、クライエントには催眠術師の言葉が、自分の内的言葉であるかのように浸透するのではないだろうか。これはクライエントの無意識レベルで発生する言語処理である。日本語は常習的に主語を省くので、「あなた (きみ)」か「私」かの判断が曖昧になる。この曖昧性が解釈の選

択肢を増やしテクストの受容性を高めることになる。

　クライエント中心療法でよく「オウム返し」として引き合いに出される反復は、催眠術と通じる部分がある。クライエント中心療法はカウンセリングの基本とされるもので、流派を問わず臨床家に折衷的に用いられている。もともとの名称は非指示的療法とされ、その感情の受容、反映、繰り返し、明瞭化といった技法が、「単なるオウム返し」的に捉えられるといった無理解を生んだことから、名称をクライエント中心療法とあらため、カウンセラーの態度条件を重要視したものになった。以下に、その手法を振り返ってみたい（田畑, 1989, 1995）。

(1) 感情の受容acceptance of feeling：クライエントの自己探求や自己表現を促すために、「うん」「はい」「ええ」「なるほど」「そうですか」といった表現で応答する。

(2) 感情の反映reflection of feeling：クライエントが表明した感情を臨床家が捉えて、それをそのまま返す。例えば、クライエントが苦しくて生きることに希望が持てないでいるような状態を述べたら、「いっそのこと死んでしまいたいと思う」や、「自分、生きる力が抜けてしまったみたいな感じがする」というように返す。

(3) 繰り返しrestatement of content or problem：クライエントが表現しようとすることをそのまま繰り返す。例：「僕はもう何もかもわからなくなって、やけくそになったんです」に対し、「自分、どうしようもなくなって、やけくそになった」など。

(4) 感情の明瞭化clarification of feeling：クライエントが言わんとすることを、臨床家が明瞭な表現で言い換えて伝えること。

(5) 承認−再保証approval-reassurance：情緒的な支援、承認、強化を与える。

(6) 非指示的リードnon directive leads：クライエントに対し、もっと具体的に問題表明を行うよう促す。「それについてもう少し話してくれませんか」など。

(7) フィードバックfeedback：クライエントの行動について、臨床

家がどのように捉えているかを伝える。
(8) 自己開示 self-disclosure：臨床家自身の感情や考えをクライエントに伝える。

上述、特に (2) (3) の技法が、「オウム返し」と言われる所以で、このオウム返しが催眠のモノローグ的談話と同じように処理されているととるのが著者の立場である。以下の例を見てみたい。

(例 4-4)
C　特に社会学科選んだ時には、社会学科っていうのはあんまりまだ知られていない、自分では知っていないのだから、中に入れば何かあるだろうっていう、そういうのあったんですけれども、入ってみれば、あんまり自分にぴたっとくるようなものもないし (ウーン) ……。結局どこへ行ってもそうなんだと思うんですけど、そういうどこへ行っても自分が一生懸命やろうっていうそういう熱意って私にないんです。

T　(私は/あなたは) どこへ行っても同じじゃないかっていう気はする、うん。(私は/あなたは) 社会学科に来たからっていうことでもなさそう (に思う)、ううん……(私は/あなたは) 何かこう、自分の中がカラッポで、本当にそのことやるとか、何かに向かおうとするとか、そういうのがちっともこう自分で感じられない、(私は/あなたは) カラッポ……。

(例 4-4) の臨床家の発話で、「私」「あなた」どちらが自然と考えるであろうか。もし主語を 2 人称と見なすと心理文となる。心理文のようになわ張りを侵す発話は FTA となる。勿論、この場合、職業的専門領域に属する情報として捉えられるが、認知レベルで侵入的であることに変わりはない。また「(あなたは) カラッポ」というように、「〜は〜だ」文に評価が織り込まれると、判決的評価になりクライエントに与えるインパクトが強くなる (判決的評価については、221 ページを参照されたい)。著者は 1 人称で催

眠と同じ原理が働いているとする立場をとる。つまり臨床家の発話は、クライエントを装って「私」として話されているわけである。クライエントから見れば、自分の発話を別人が自分の発話として言い換えるという構図になる。

　果たして、クライエントはどのように聞いているのであろうか。また、クライエントがどちらで解釈した時に、プロセス上、効果を生むのか、などリサーチとして興味深いテーマとなろう。参考として、クライエント中心療法の英語によるセッションを以下にあげておく。面接した臨床家は本療法を開拓したRogers自身である（Rogers, 1954）。主語を省くことのできない英語版では、主語はyouと明示されているので、youより他の解釈は生じようがないが、日本語ではyouとIの両解釈が生じる。同じ療法であっても、言語の違いによって、適用に際して解釈の幅が生じる例である。

C　That's exactly the point. My feeling is, if I can't get in and examine those things, and really pick them out and … things, they aren't things … really kind of harness it, put it into shape, then it's not going to work. And I think, I think I'll find my way back, or forward. Of course you see, and then, I ask myself when I go out into the sunlight and dodge a few cars … well, what in the world are you looking for, what in the world are you looking for?

T　What are **you** chasing cobwebs for?

C　That's right. What are you looking … maybe you're off on a wrong track.

T　Seems awfully shadowy and sort of dubious when **you** get out into the white light of day.

C　M-hm. Sort of a sense of an embarrassment. Yeah. That's it, I mean, sort of a "Come take your place in this gorgeous progressive twentieth century." I mean, "stop it."

T　Almost "What are **you** doing out there in that other realm?" **You**

ought to be a little ashamed of **yourself** somehow.
　C　M-hm, that's right. And yet, when I listen to myself, I know that's it. So, of course, I mean, I just feel that if I could hold on to that I'll find it, that it's much more real.
　T　It may not seem like the twentieth century to **you**, but, when **you** get hold of it, **you**'re pretty damn sure that it is something very real ....

同じく英語版、Ericksonによる催眠の例もあげておきたい（Bandler and Grinder, 1975）。セラピー同様、英語では、催眠をかける相手である主語の存在がyouとして明示されている。

　Your respiration is changed. **Your** blood pressure is changed. **Your** heartbeat is changed. Our eyelid reflex is changed. And **you**'ve got a mental image, a visual image of that spot and now **you** can close **your** eyes now. And now **you** can enjoy the comfort of going ever deeper into the trance. And I want **you** to enjoy every moment of it. ... And I don't need to talk to **you**. **You** can have a lot of pleasure. In becoming aware of the comforts. **You** can have within yourself. And one of those is the understanding **you** can go back. Then perhaps **you** might have the experience. ... Of not knowing which one of **your** hands is going to lift first.

5　クライエント中心療法の「オウム返し」の意義

　この「オウム返し」の主語が「私」であるとする理由がもう1つある。先ずは、俗に言う「オウム返し」は単なる「オウム返し」なのかどうかという点から考えてみたい。以下の例を見てみたい。
　（例4-5）
　　C　ええ、無力ですし、やりたい人が生きていてやればいいんだしっ

て思って、で、私が今生きなくちゃいけないのは、(a) 両親とかそういうもののために生きている (ウン) んですけれども (ウーン)、そうすると何もしたくないんですね。ただ生きていればいいんだろうという気持ちになってきちゃって、何にもしたくないんです (ウーン)。

T (b) <u>自分のためじゃない</u> (エエ)、両親のためにしか生きていない
　　　　新（臨床家）　　　　　　　旧（クライエント）
(ハイ)、うん。

　(例 4-5) では、クライエントの (a) の部分を臨床家が (b) で部分反復で言い換えている。部分反復とする理由は、(1) 肯定文であった (a) が、(b) では否定的陳述に置き換えられている、(2) (a) の「とか」という曖昧な表現から、「しか」という明確化された表現にとって代わられ、また (3)「のだ」が脱落しているという変更が加わっているからである。旧情報であるクライエントの発話 (a) に、これら 2 つの表現と「自分のためじゃない」という新情報が加わっている。一見するところ、無造作な部分反復に見えるが、実は綿密に計算された「オウム返し」であって、クライエントの元の発話に新たな意味が生成され提示されているのである。例文は、佐治 (1985) からとられているが、トランスクリプトを読み込むと、臨床家の発話がすべて計算し尽くされた応答になっていることに驚かされる。

　このように「オウム返し」には、要約することで捨象されるものがある一方、明確化されるものがあるのである。特定の目的で、何かを意図的に捨象し、何かを意図的に明確化することは、操作 (manipulation) につながる。

　さて、ここで再び主語の問題に戻る。上述のように、臨床家がクライエントの意味に新しい意味を生成して提示したということは、当然、そこにクライエントとの交渉の可能性が出てくる。提示された新しい意味に、クライエントが異議を唱えようと思えば、そこに交渉が生じる。しかし、それはクライエントが臨床家の発話の主語を「あなた」ととった場合である。

「私」ととれば、発話者である臨床家によるクライエントのモノローグとなるので交渉性は生じず、臨床家の言い換えを無意識にも意識的にも受け入れざるをえなくなるのである。ここに操作性が生じる。この操作性は日本語が主語を省いて話すことを常とするという言語習慣によって可能となるものである。こうした点に、クライエント中心療法のアプローチの秘策があるのではないだろうか。以下を比較してみたい。

(1) (私は／あなたは) 自分のためじゃない (エエ)、両親のためにしか生きていない。
(2) (あなたは) 自分のためじゃない (エエ)、両親のためにしか生きていない<u>のね (んですね)</u>。

(2) のように、「のだ (「のだ」表現) ＋ね (交渉詞)」を入れると、対人的な発話となり、主語は「あなた」、つまりクライエントであることが明確になる。しかし (2) ではなく (1) のような表現を用いるところに秘策があるのである。果たして、クライエントはどのように聞いているものであろうか。

6 親密性と距離を置くこと

対人的距離を考える際に、直接性あるいは親密性 (immediacy) の概念が参考になろう。親密性の概念は、もともと Mehrabian and Wiener (1966) によって提起されたもので、ある言語の使用を他のものより親密性が高いとし、これをサイコセラピーにおけるクライエントの言語行動の観察へ適用をはかることを説いている。例えば、"I went to the movies last night with John" (私は昨晩ジョンと映画に行った) よりも "John and I went to the movies last night" (ジョンと私は昨晩映画に行った) の方が、John に対してより近しい肯定的な感情を話し手が表出しているといった捉え方である (Fraser 1980:346)。Mehrabian and Wiener (1966) は、情緒的にもあるいは評価の観点からも否定的な出来事または人々について語る時に、肯定的な

出来事あるいは人々について語る時よりも、非親密性を反映する表現が多用される傾向があるとしている。従って、サイコセラピーにおいて、クライエントの発話にこうした傾向が表出する時、語る対象に対するクライエントの否定的な姿勢の度合いが読み込めるとする。クライエントを取り囲む人々、あるいは体験に対するクライエントの評価がこうした暗示的な言語行動として現れるということである。注意したい。

　構文の組み立てから、話者の対象への距離感、視点を観察するのに、久野（1978）のカメラ・アングルの考えを用いた共感度の理論が参考になるであろう。カメラ・アングルというのは、話し手がどの位置にカメラを置いて物事を描写しているかという視点を示すものである。仮に以下3つの発話があったとする。

　　(1) John hit Mary（ジョンはメアリーをぶった）.
　　(2) John hit his wife（ジョンは妻をぶった）.
　　(3) Mary's husband hit her（メアリーの夫は彼女をぶった）.

　これら3文は構文の組み立てより以下のアングルから語られていると判断される（久野, 1978）。

　　(1) John hit Mary.（中立的な視点、もしくはJohn、あるいはMaryのどちらかに近い視点をとり、特に話し手の視点が限定されていない）→図4-3より（A）のアングルである。
　　(2) John hit his wife.（MaryのことをJohnの妻と呼んでいるので、話し手は、Johnに近い視点をとっている）→図4-3より（B）のアングルである。
　　(3) Mary's husband hit her.（JohnのことをMaryの夫と呼んでいるので、話し手はMaryに近い視点をとっている）→図4-3より（C）のアングルである。

　受動文の場合も同様の考え方からアングルは以下のようになる。

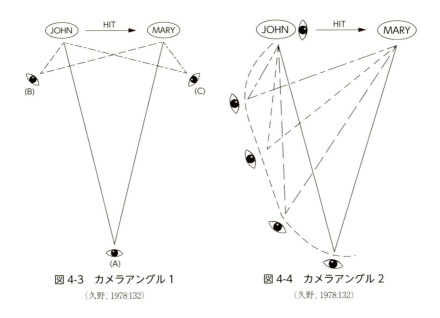

図 4-3　カメラアングル 1　　　　　図 4-4　カメラアングル 2
（久野, 1978:132）　　　　　　　　（久野, 1978:132）

(4) Mary was hit by John（メアリーはジョンにぶたれた）.（受動文の主語は、話し手がそこに視点を近付けていることを示すので、話し手はMaryに近い視点をとっている）

(5) Mary was hit by her husband（メアリーは夫にぶたれた）.（Maryを主語とした受動文で、話し手はMaryに近い視点をとり、さらにJohnのことをMaryの夫と呼んでいることで、Maryに近い視点が二重に示されている）

(6) John's wife was hit by him（ジョンの妻は彼にぶたれた）.（不適格文。受動文で、主語がJohn's wifeなので、wifeであるMary寄りの視点がとられているが、John's wifeという表現は、MaryのことをJohnの側から捉えたもので、表現自体は、John寄りの視点を示している。結果、同一の文でありながら、Maryに近い視点とJohnに近い視点とが同時にとられていることになり不適格である。1つの文は単一のカメラ・アングルしか持ちえず、1人の話し手が、同時に2つの視点から単一の文を作ることはできないからである）

図4-4に示すように、カメラの位置は無数にあり、これらの位置は構文

157

の組み立て方によって定められるわけである。仮にアングルが無限にJohn寄りになっていき、ついにJohnの目の中に入ってしまった場合、話し手とJohnとの完全な「同化」「自己同一化」となる。このカメラ・アングルを一元的に表すのに、久野 (1978:134) は、「共感 (empathy) 度」という概念を用いている。

> 共感度：文中の名詞句のx指示対象に対する話し手の自己同一視化を共感 (empathy) と呼び、その度合い、即ち共感度をE (x) で表す。共感度は、値0 (客観描写) から値1 (完全な同一視化) までの連続体である。

これが、久野による共感度理論である。クライエントの発話文を共感度の観点から観察した場合に見えてくるものも、セラピーのプロセスを考える上で、有用な情報を提示する。また、臨床家自身がこの理論を念頭に発話文を組み立てることは、また新たな操作素材となろう。上述は英語文を用いた例であるが、日本語については、久野 (1978) を参照されたい。

3 モダリティと対人的距離

1 SFLの定義による日本語モダリティ

対人的距離の操作に有用な言語資源として、本節ではモダリティをあげたい。モダリティ（modality）とは、話し手の命題への心的態度を表明する表現である。例えば、「明日、図書館で勉強する」という命題があったとすると、その命題に対して蓋然性の態度を表明したい場合は、「明日、図書館で勉強するかもしれない」となる。義務性の態度を表明したい場合は、「明日、図書館で勉強しなければならない」などの表現となる。

SFLでは、モダリティをyesとnoの間に横たわる意味領域、つまり肯

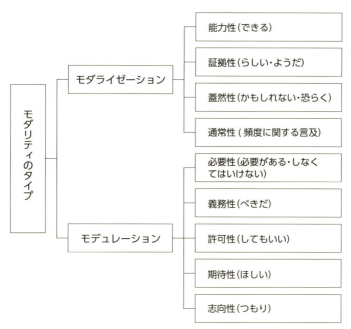

図4-5　日本語モダリティのカテゴリー
（福田, 2016を改変）

定極と否定極の間の領域を示す意味概念としている[1]。さらにモダリティによって示される意味解釈を、交換される節が、「情報」節か、「品物・サービス」節かによって、それぞれモダライゼーション（modalization）とモデュレーション（modulation）の2つに分けている。福田（2016）と飯村（2016）によるSFLを適用した日本語のモダリティでは、図4-5に示すように、前者を、能力性、証拠性、蓋然性、通常性について、後者を、必要性、義務性、許可性、期待性、志向性に関して、それぞれyesとnoの間の意味領域を示す表現であるとしている。以下、例文とともに見てみたい。

「彼女はバイオリンを弾く」という命題があったとして、各類型は次のようなコメントを表す。
　モダライゼーション
　　能力性：彼女はバイオリンを弾くことが可能だ。/ 弾く可能性がある。
　　証拠性：彼女はバイオリンを弾くらしい。/ 弾くようだ。
　　蓋然性：彼女はバイオリンを弾くかもしれない。/ 弾くに違いない。
　　　　　　/ 弾くだろう。
　　通常性：彼女はバイオリンを弾くこともある。/ いつも弾く。
　モデュレーション
　　必要性：彼女はバイオリンを弾かなければならない。/ 弾かなくては
　　　　　　だめだ。
　　義務性：彼女はバイオリンを弾くべきだ。
　　許可性：彼女はバイオリンを弾いてもいい。
　　期待性：彼女はバイオリンを弾くといい。
　　志向性：彼女はバイオリンを弾くつもりだ。/ 弾く気でいる。

モダリティには上述の助動詞などによる表現ばかりでなく、モーダル付加詞や文法的メタファーによる表現もある。以下に例を見てみたい。

1　SFLのモダリティの捉え方は、従来の日本語学で考えられてきたそれとは全く異なる定義になるので、注意が必要である。

1.1 モーダル付加詞

SFLでは、モーダル付加詞もモダリティの範疇として認める。付加詞というのは、命題に付随的に添えられる要素で、主に副詞などをさす。置かれる位置は比較的自由で、語順に束縛されにくい資源である。モーダル付加詞というのは、肯否極性、モダリティ、時間性、叙法と密接に関連するもので、例えば、モダリティ関連であれば、以下のような語彙があげられる。

証拠性：どうやら・見たところ・まるで・いかにも・あたかも・〜によると
蓋然性：多分・恐らく・きっと・間違いなく・確か・ひょっとして
通常性：いつも・大抵・たまに・よく・滅多に・折々・常に
必要性：やむをえず・余儀なく・すべからく
義務性：絶対に・必ず・どうしても
期待性：願わくば

1.2 文法的メタファー

文法的メタファーとはHalliday（2001:537-538）による導入概念で、「意味の表現の仕方の転移」のことを言う。つまり、1つの意味を表すのに2つ以上の文法的に異なる表現形態が可能である場合、どちらかあるいはどれかを文法的メタファーと見なす。その際の表現形態として、直線的に無標の形で表現される形態が一致した表現または整合形（congruent）で、それ以外の一致しない表現または非整合形（incongruent）の形態が文法的メタファーとなる。文法的メタファーには、ムード構造に関わるメタファー（対人的メタファー）と過程構成（節構造）に関わるメタファー（観念構成的メタファー）がある。モダリティが関与するのは、対人的メタファーである。6章で述べる名詞化は観念構成的メタファーである。

ここではモダリティに関わる対人的メタファーについて、蓋然性を例に説明してみたい。例えば、「太郎はそれを知っている<u>かもしれない</u>」という文の「かもしれない」は、蓋然性のモダリティである。これを従属節を

設けた投射節で表現すると、「太郎はそれを知っていると<u>思う</u>（推測する・信じる・他）」となる。つまり「かもしれない」を「思う（推測する・信じる）」という動詞形態に言い換えた時、後者が対人的メタファーとなる。この種の表現には、蓋然性であれば、思考動詞などが関わる。いくつか例をあげてみたい。

 蓋然性：
  彼は明日、学校へ来る<u>だろう</u>。→彼は明日、学校へ来ると<u>思う</u>。
  彼はきっと、試験に落ちる<u>だろう</u>。→彼は試験に落ちると<u>確信している</u>。
 期待性：
  息子にはぜひ医者になって<u>もらいたい</u>。→息子が医者になることを<u>期待する</u>。
 許可性：
  図書館でスナックを食べては<u>いけない</u>。→図書館でスナックを食べることは<u>許されない</u>。

 一方、観念構成的メタファーには、名詞化が関わってくる。前者の例で言えば、「太郎はそれを知っている<u>かもしれない</u>」は、観念構成的メタファーで言えば、「太郎がそれを知っている<u>可能性</u>（公算・恐れ・見込み）がある」というように、名詞表現で言い換えたものが観念構成的メタファーである。以下、例である。

 可能性：
  彼はそれをやり抜くことが<u>できる</u>。→彼はそれをやり抜く<u>能力</u>がある。
  そんなことは起こり<u>えない</u>。→そんなことが起こる<u>可能性</u>は低い。
 志向性：
  どうも彼女は自分の中に引きこもり<u>たがる</u>。→どうも彼女は自分の中に引きこもる<u>傾向</u>がある。

義務性・必要性：
　　落ちこぼれ学生の面倒を見なければならない。→落ちこぼれ学生の面倒を見る義務がある。
　　かさばる荷物は置いていった方がよい。→かさばる荷物は置いていく必要がある。

1.3　指向表現

　従来の日本語モダリティには見られない特色として、Halliday（1994）が、それぞれのモダリティタイプの表現のされ方を「指向（orientation）」として設けていることがあげられる。指向表現というのは、(1) 命題を主観的に言い表すか客観的に言い表すか、そして (2) 命題を暗示的に言い表すか明示的に表すか、に関わる表現で、モダリティのそれぞれのタイプが、どのように認識されるかに影響を及ぼす表現形態である。(1) の場合、命題の内容とは別に、発話時に、先述の文法的メタファーのように、「～と思う」というように、話し手のコメントであることが明示されていれば「主観的」であり、話し手の関与が示されず、「きっと～だ」というように、命題内容の一部となっていれば、「客観的」となる。

　(2) の明示的に言うか暗示的に言うかの区別に関しては、明示的に述べるためには、命題は命題として独立したものとして残し、投射節で示すことである。例えば、「彼がそれを知っていることは確かだ」というように、

表 4-2　主／客観的表現と明／暗示的表現

範疇	具現のタイプ	例
主観的		
(a) 明示的	～と（私は）思う・～と（私は）確信している	太郎はそれを知っていると（私は）思う。
(b) 暗示的	かもしれない・だろう	太郎はそれを知っているかもしれない。
客観的		
(a) 明示的	～ということはありうる・～ことは確かだ	太郎がそれを知っていることは確かだ。
(b) 暗示的	多分・確かに	太郎は多分それを知っている。

（加藤, 2015）

命題である「彼はそれを知っている」を「〜ことは確かだ」という投射節を用いて、命題を明示的に残す表現である。一方、暗示的に述べる場合には、「彼はそれを知っているかもしれない」というように命題自体にモダリティ表現が付与される。これらをまとめると表4-2のようになる。

これら2つの指向表現を分析上区別することは、対人的相互作用のストラテジーを考える上で、有用な情報を浮き上がらせる。改めて後述する。

2 テクスト分析の中でモダリティを考える

それではサイコセラピーのプロセスにおいて、話者のモダリティ表現を観察することでどのような情報が得られるのであろうか。セラピーで特に注目すべき類型項目はあるのだろうか。以下に考えてみたい。

2.1 フェイス補償としてのモダリティ

モダリティ表現を用いることによって、命題をyesとnoの間に置くことは、発話の断定性が和らげられるため、FTAを軽減する文法資源として働くことになる。命題をyesとnoの間に置くことでもたらされる命題の曖昧性が、対人的やりとりにおいて、交渉の余地を残すため、FTAが緩和されるのである。そもそもセラピーは、臨床家がクライエントの内界に立ち入った質問を発しながら、クライエントの自己開示を求める過程であり、クライエントの方は、ある程度フェイスの維持を諦めなければならない。よって臨床家にクライエントのフェイス補償を行う必要性が出てくる。モダリティ表現は、この場合の補償行為にあたる言語行動となる（加藤, 2009）。

なぜ補償行為となるのか。それを見るためには、モダリティ表現の数とそのフェイスへの影響との相関関係を見てみるとよい。ここでは、臨床家がクライエントに与える指示文を例に見てみたい。

（例 4-6）

丁寧度 −

(1) 不安に思うことを話してください。（モダリティ：ゼロ）
(2) 不安に思うことを話すことが<u>必要</u>です。（必要性）
(3) 不安に思うことを話すことが<u>必要かもしれません</u>。（必要性＋蓋然性）
(4) <u>多分</u>、不安に思うことを話すことが<u>必要かもしれません</u>。（蓋然性＋必要性＋蓋然性）
(5) <u>多分</u>、不安に思うことを話すことが<u>必要かもしれないと思われます</u>。（蓋然性＋必要性＋蓋然性＋蓋然性）

丁寧度 ＋

　１つの文の中でどれだけの数のモダリティ表現が用いられるかによって、指示の間接性のレベルが違ってくる。モダリティ表現が多ければ多いほど、その指示性が薄まり、文の丁寧度が増してフェイス補償につながる。（例4-6）で、(5)になるとほとんど指示とは判断できない。もし聞き手が仮に指示と判断しても、従いたくない場合は、それが指示とは判断できなかったとして、従わないための有効な理由付けにすることができる（Perkins, 1983:118）。

　このようにモダリティを用いることによって、発話の間接性を指向することは消極的ポライトネスにあたる言語行動である（131ページを参照されたい）。相手に負担をかけなければならない場合は、間接的であること、儀礼的であることで、侵入的な行為・要求による負担を軽減することができる。

　ヘイヴンス（2001）は行為を促す言葉を、「それを語りかけるだけで行いが為されるような働きかけのことば」とし、「…してください」といったクライエントを強制的に動かす命令の言葉とははっきりと対照をなすものとしている。これなどは、臨床家の言葉遣いの間接性を支持するものであろう。

　中井（1985:354-355）はSullivanを引いて、「患者の安全保障感を増大させ

る作戦は、大部分、間接的なものであると思う」とし、相手を傷つけそうなもの、安全保障感を損ないそうなものは極力避けると、そこにコミュニケーションのチャンスが生まれるとしている。その際の言語使用は、できるだけありふれた言葉で、しかも肯定と否定の中間がよいとしている。これなどは、モダリティ表現によるフェイスの補償行為と考えられる。このことは、セラピーに限らず、通常の対人的相互作用全般にも通ずるものと思われる。

モダリティ表現の自在な駆使は、ぜひとも臨床家の重要なレパートリーとしたい資源である。

2.2　セラピー設定で注目すべきモダリティ表現

(1) 通常性の高低位

セラピーで注目すべき類型項目の１つに通常性のモダリティがある。通常性は頻度を問題とするモダリティで、ある行動がどれだけ頻繁に、あるいはどれだけ時たま起こるかを言い表す。単純に、１つの行動が極端に頻繁であると見なされる場合、「正常の域を超えている」(Muntigl, 2004) ということで、問題としてよい。しかし、単純に頻度がわかるというだけにとどまらない。特定の行動に対するクライエントの肯定的、否定的評価・判断を含意する場合があり有用である。通常性のレベルの高低位から、クライエントがその行動がどれだけ正常であるか、あるいは、どれだけ常軌を逸したものであると見なしているかが含意されるため、セラピー・プロセスにとって有用な情報となりうるからである。（例 4-7）は、クライエントの問題を、高位の通常性による頻度で浮き上がらせている例である。

(例 4-7)
C　何かあると、ものすごく焦って、追い立てられてる気持ちになるんですね（ウウン）。それもたまんないんです。それが後で何でもないことだったりすると（ハイハイ）。<u>いつも</u>こう追い立てられてるようで……。

低位の通常性の表現もまた問題部分の特定につながる場合がある。この

場合、クライエントが進行中の話題に注目されるのを避けるために、意図的に低位の通常性表現を用いることで、その事象を目立たなくしてしまうという心理が働くことである。例えば次のような例である。

(例 4-8)
T　お母さん、いつも（通常性）こんな感じで飲んでるの？
C　たまに（通常性）かな。
T　たまに（通常性）なの？
C　まあ……。

(例 4-8) では、クライエントが母親が昼間アルコールを飲んでいたのを見た話をしたのを受けて、臨床家がクライエントに「いつも」という語彙を投げて頻度を探ろうとするが、クライエントの「たまに」という返答に、疑念を向けている。臨床家は、こうした低位の通常性の観察によって、意図的に緩和がなされていないかどうか、追及すべき問題かどうかの判断が求められることもある。このように通常性のモダリティは、通常性の度合いを低いものに抑えることで、話し手は自分の感情的な関わり合いを目立たないものにしたり、隠したりすることができるため、臨床家には、注意深い観察が求められる（加藤, 2009）。

(2) 義務性と志向性

義務性、必要性、志向性もまた注目してよい項目である。加藤（2009）は、セッションにおける臨床家とクライエントのモダリティの使用を計量比較し、義務性、志向性とも臨床家の発話では頻度が低く、患者の発話では比較的高い頻度で観察されたことを報告している。この観察結果から何が引き出せるであろうか。

「…してはならない（you must not〜）」や「…しなければならない（you must）」は義務性の主観的指向性の表現にあたるモダリティ表現であるが、Havens（2001:233）は、クライエントの行為を促す場合、臨床家はこれらのモダリティ表現が持つ意味合いを含ませないように注意が必要であるとしている。前者は自罰的な超自我に、後者は完璧主義者の理想に結び付け

られる表現であるからである。よって、不可能な理想であるクライエントの「私は〜してはいけない（I must not〜）」という言動に対して、臨床家の「あなたはしなければならない（you must）」や「あなたは……してはいけない（you must not〜）」といった表現の応酬に陥ってしまいがちになることをHavens（2001:237）は危惧する。こうした応酬によって、すでに葛藤に苦しんできているクライエントが、さらに一層相克する葛藤の場に置かれることになるからである。クライエントの内界ですでに強制力を発揮している力に働きかけても対立が生じるだけで、解決とは程遠くなる。クライエントの内界から発せられる懲罰的命令や完全主義的命令の罠に臨床家がはまらないようにしなければならないということである（加藤, 2009）。

　むしろ義務性の客観的・明示的指向表現にあたる「…しないことが望ましいですね（it is not expected that 〜）」と否定的な願望として語りかけるのが、行為を促す言葉として適切であるとする。この否定的な願望による語りかけは、超自我を追加することになるため、注意点として、Havens（2001:237）は、適用するには、希望をしっかりと持っているクライエントが向いているとしている（加藤, 2009）。

　神田橋（1990:71）は、患者の行動・言語の領域だけで行う診断法として、「〜たい」と「〜べき」という2つの言葉を用意するとしている。前者は、モデュレーションの「期待」表現であり、後者は同じくモデュレーションの「義務」表現である。「〜たい」は、欲求の表出として、生体のわがまま性を映し出す表現であり、「〜べき」は、理念の表出として、生体と乖離したコトバ文化の尺度を反映する表現であるとしている。この2つの表現を、患者の行動・発言内容に当てはめてみて、「〜たい」と「〜べき」どちらに由来するのかを見てみる。そこで、「〜べき」が多い患者ほど、コトバ文化により生体が無理を強いられているとし、また両者の混合ケース、例えば、「〜べき」を「したい」人や、「〜たい」を「〜すべき」の人は、複雑な病態を持つ、「厄介な症例」であると診断してよいとしている。

　志向性に関しては、臨床家による使用頻度は低いが、患者の発話では比較的高い頻度で観察されることは先述した通りである。臨床家が注意を払わなければならないのは、セラピーの最終段階におけるそれである。患者

に自分が理想とするものに向けて行動していこうとする意志が芽生える段階で、患者の発話に志向性のモダリティ表現が頻出する。以下の例は、変化期に過去を振り返った自分が、「〜ねばならない」という義務性に縛られていたこと、それと対比させて、現在の自分の志向を志向性のモダリティで表現している。

(例 4-9)
C 何しろ学校へ行って友達と話す時に、あと、授業の時に、何のためにこんなこと聞かなくちゃなんないんだろうかとか（ウン）……もうまるで学問をするっていう態度じゃないなと自分で感じるんですね（ウゥンウン）……。友達と話している時も、なんでこんなこと話してる、こう内心を隠して（ハイ）、こんなことに調子を合わせて話さなきゃなんないんだろうなんて考えると、たまらなくなってくるんです…（7秒）…。

C はい。あの、勉強も普段、その、何か考えただけでうんざりしちゃうんです。フランス語なんかも3回も授業さぼっちゃったんですけれども、それに追いつくために毎日毎日行って（ウゥン）、とった友達に聞くってそういうのやらなくちゃいけないのに（ハイハイ）……（ウーン）。

(例 4-10)
C はい。だけども、何かそれも、もう恐くないですね（ウンウン）。それで自分の授業も好きなのをとろう（志向性）っていう気になりましたし、人から離れても、自分で選んで決めていこう（志向性）っていう気になりましたし（ウン）。そして去年は、その人は、こうすることは、たとえば社会学の場合だと、社会学に有益だなんていうと、もうそれとらなくてはいけない（義務性）ような気がしてたんですけど（ウンウン）、今でもそういうことでとても心が動揺するんですけど（ハイ）、でも結局決定するのは自分だっていう感じが（ウーンウン）持てて。

面接の最終段階は、患者の発話の自主性が重んじられ、臨床家は患者の言葉遣いをできる限り保持したまま、相互作用がなされる。この段階の志向性を示す表現が、患者の今後の自主的な行動指針を示すものとなるからである。

3 指向表現

Halliday (1994) はモダリティに、指向表現というカテゴリーを設け、主観的指向と客観的指向、明示的指向と暗示的指向表現とに分けている。これらを臨床家が戦略的に使い分けることによって、クライエントの経験世界の認知に有用な影響をもたらすことができるが、指向性の違いによって生み出されるものは何なのか、セラピー上の概念とからめて、以下に見てみたい。先ずは、主観的/客観的指向表現から見ていきたい。

3.1 ゲームとしての主観的/客観的指向表現

クライエントが発話の中でモダリティを使用するかどうか、そしてどのようなモダリティを使用するかという点に注意を払うことは、臨床家に有用な情報を提供する。Halliday (2001) は、一般にわれわれ話し手の心理として、確信がない時に限って、確信があると言うというパラドックスを指摘する。例えば、花子が出かけたとわかっていれば、単に「花子は出かけた」と言うが、「花子は確かに出かけた」や「花子はきっと出かけた」「花子は出かけたはずだ」というように蓋然性のモダリティ表現を使って言った場合は、命題内容に対して話し手が100%確信しているわけではなく、いくばくかの疑わしさを抱いていることを表出させることになる。セラピー設定では、クライエントが発話の中で用いたモダリティに注目することで、命題に対するクライエントの心的態度を推し量ることができるが、さらにそこからクライエントの問題部分がトレースできることも少なくない。

ここで注目したいのは、モダリティの表現方法である指向表現である。Halliday (1994:355) は、話し手は、発話において、通常、自分の観点を際

立たせたいと思うもので、際立たせ方として、1つは、「(私は)〜だと思う (I think〜)」として、自分の主張としての命題を提示する話し方である。これが163ページで述べた主観的・明示的指向の組み合わせである。もう1つは、「〜だということはありうることだ (it's likely that〜)」といったように命題が自分の見解ではないかのような装いをとる言い方である。これが同じく163ページで述べた客観的・明示的指向表現である。前者がはっきりと「これは私がそれをどう見るかである」と述べるのに対して、客観的指向表現は、個人的な見解にいかにも客観的な確信であるかのような装いをとらせる。Halliday (1994) は、対人的相互作用の日々のこぜりあいの中で、「人々が競うゲーム」の大部分は、客観的指向表現に拠っているとする (加藤, 2009:144)。

　セラピー設定においても、こうした表現上のゲームを持ち込むことは、セラピーの戦略を考える上で有用である。それはどのような展開なのであろうか。以下に見てみたい。

3.2　主客指向表現と対人的距離

　主観的/客観的指向表現によってもたらされる違いは、対人的距離のとりかたである。それによって、セラピーのプロセスに及ぼす影響も変わってくる。客観的指向表現で距離をとることは消極的ポライトネス戦略となり、主観的指向表現で距離を縮めることは積極的ポライトネス戦略となる。2つの指向表現を使い分けることが、セラピーでは、戦略的に有用である。以下にそれを検証してみたい。

　「思う」といったような思考動詞を使って、「(私は)〜だと思う」といったように、はっきりと個人的な見解として述べるやり方と、「〜だということはありうることだ」といったように、実際は個人的な見解にすぎないものを、いかにも客観的な見解であるかのような装いをとらせる言い方の違いがもたらすものは、対人的距離のとりかたに関与することである。前者は聞き手との距離を縮め、後者は距離を置く表現である。セラピー設定では、クライエントとの距離の操作はセラピーを進める上での重要な要素である。実例を示して見てみたい。(例4-11) の (2) は (1) を客観的指

向表現に言い換えたものである。

(例 4-11)
(1)（近） （あなたは）その時、急に不安になって、そんな行動をとったんだと思います。
(2)（遠） （あなたが）その時、急に不安になって、そんな行動をとったんだということは、ありうることです。

(1)は二者間の距離が近く置かれ、(2)では遠くに置かれる。(1)は主観的見解となって距離が引き寄せられ、(2)では動作主が隠れることにより客観的見解となって、臨床家クライエント間の距離が引き離される。この距離のとりかたは、セラピーにおける相互作用において、どのような心理的作用を持つものであろうか。

(1) 主観的指向表現がもたらす臨床上の心理的作用

関与しながらの観察 (participant observation) というのは、Sullivanが提起した概念である。Sullivanによれば、精神疾患とは、「自己組織」が対人関係において何らかの問題を起こし、破綻したものであると考える。従ってその治療法は、破綻した対人関係の場を取り戻すことに主眼が置かれ、それは対人関係の１つの形態である治療者との相互作用の場、つまり面接の場において実現されるとしている。その場合臨床家が問題を認識、明らかにする方法は「関与しながらの観察」であり、その際に患者との対人的相互作用に巻き込まれずに患者の行動の特徴パターンを認知することはできないとする。一方で、クライエントとの距離を維持する観察者でなければならないという主張である。関与しながらの観察者であるためには、臨床家がちょうどアコーディオンの蛇腹を操作するように、クライエントに近づいては離れ、離れては近づくというプロセスを踏みながら進むことを意味する。このプロセスは言語を媒体とするわけで、その距離調節の役割を果たす語彙−文法資源の１つがモダリティの主観的／客観的指向表現である。この場合、主観的指向性は距離を近付ける働きをし、客観的指向性が臨床家とクライエントの間に距離を置く働きをするわけである。

サイコセラピーでは、クライエントに対人的な出来事を語らせていかなければならないが、対人的な出来事は、クライエントの情動を伴いながら語られる。対人的な出来事、それにまつわる情動についてやりとりをする場合、共感的言語行動が求められるわけで、それにはクライエントに近づく表現、つまり主観的指向表現がふさわしいということになる。一般にクライエントは、他者と健康で好ましい対人関係を築くという経験を欠いているため、他者への対人的アプローチに対して臆病になっている。従って、この種のクライエントにアプローチをはかるには、臨床家が対人的距離を詰める表現が望ましいのである。

(2) 客観的指向表現がもたらす臨床上の心理的作用
客観的指向表現は、i) 発話を外在化し、ii) 投影や転移に対抗する言語資源となる。以下に見てみたい。

i) 発話の外在化
客観的指向表現は、現行の問題に関して客観的な視点を獲得させるために、問題を外在化させる作用を持つ。次の例で、どちらが問題を外在化させる表現であろうか。

(例 4-12)
(1) (あなたは) そんなことを言われて、とてもがっくりきたでしょうね。
(2) そんなことを言われたら、意気消沈するのも無理はありません。

問題となる対象が外在化された発話は、(2) である。(1) はモダリティ表現の主観的・暗示的指向表現で、命題が主観的に発話されているのに対し、(2) は客観的・明示的指向表現で、言われたことに対する反応のあり方として、当然のこととして客観的に述べられている。また人称代名詞を避けることで、主体が隠れ、言及はあくまで意気消沈する原因についてなされているため ((1) では、日本語の習慣で主体が省かれてはいるが、省かずに明示すれば主体は「あなた」である)、クライエントが自分の属性としてではな

く離れたところから問題を眺め、しかもそれを臨床家が共有するという立ち位置がとられている。こうして発話が客観的な視点から述べられることで、問題が外在化されることになるのである。

ii) 投影あるいは転移に対抗する言語行動

投影もしくは投射（臨床心理学上の概念で、文法上のそれとは区別する）は、「自分の心の中にある感情や資質、欲望を、他者が持っているものと認知する現象」（井上, 1992:982）で、人が自分自身の受け入れられない、あるいは望ましくない想念および感情が他者にある（投影する）と考える防衛メカニズムのことである。例えば、生い立ち上、確執を抱いてきた自分の母親を思い出させるような他者を忌避したり、自分の前の配偶者を思い起こさせる他者を憎悪したり、また過去に良好な関係を結んだ友人を思い起こさせる他者に執着したりといった心理行動である。クライエントのこうした心理行動が、セラピー設定で臨床家に向けられた時、転移が生じる。投影には破壊的性質があるため、臨床家はクライエントの投影に気づいた時、転移を回避するために、クライエントとの治療関係からそれを逸らし、外の対象に向けて外在化する技法が必要である（Havens, 2001）。この場合、客観的指向表現が有用な言語資源となる。

（例4-12）の例を借りれば、(1) が共感的な語りかけであるのに対して、(2) が、i) で述べられたのと同じ理由で投影に対抗する表現になる。(2) の表現をとることにより、投影を生じさせている原因事象、あるいは原因人物にクライエントの注意を集め、その事象あるいは人物を臨床家がクライエントとともに眺め、それが引き起こす敵意、憎悪といった感情を共有するといった手法である（Havens, 2001:197）。投影に対抗するための発話は、投影を外在化する表現を用いることで、怒り、愛情、憎悪などの否定的な感情を対処可能なレベルにまで軽くすることができるのである。

サイコセラピーは、言語によって、臨床家とクライエント間の関係を、「近」と「遠」という二極の間で微妙な位置付けを操作しながら進むプロセスである。客観的指向表現は、聞き手と距離をとる表現で、クライエントの現在の生活状況に投影という形で持ち越されてきたクライエントの過

去の体験に対して、客観的な視野を獲得させ、再考を促すものとなるのである (Havens, 1986)。

Sullivanは大抵、患者の右か左かどちらか10フィート離れたところに座り、約90度のところに視線を置いた (Chapman, 1978)。患者と向き合うと威圧感を与えるので、患者を横から見るようにすれば、不快感が軽減されると判断したのである。この座り位置を、ヘイヴンズ (2001:6) は、対人関係の世界を3人称の対象世界として客観的に見やすくするものと捉えている。モダリティの客観的指向表現は、この座り位置が言語行動で表されるものと考えられる。

3.3 明/暗示的表現と交渉性

もう1つの指向表現は、明/暗示的の別である。明示的に述べるか暗示的に述べるかの違いは、命題の提示の仕方にある。明示的に述べるということは、命題は命題として独立したものとして残し、投射節で示すことである。一方、暗示的に述べるということは、命題を独立させないで、命題自体にモダリティ表現が付与される表現である。従って、臨床家とクライエントのやりとりでは、臨床家がクライエントの発話内容の語結合・文法形態をそっくり留めたまま、投射する動詞に臨床家の捉え方を織り込んだ方が、クライエントに交渉の余地を残すことになり、結果、抵抗が起こりにくくなるのである。以下、例を見ながら考えてみたい。

(例4-13)
C 私が気にくわなくて、最初から私をいじめようとして、意図的にあんなこと、皆の前であんなこと言って、私のこと、皆が嫌うように仕向けたんですよ、きっと。そうすればサークルに居づらくなるからと思って。
T でも、Cさんを始めから傷つけようなんて思ってなんかいなくて、
(1) <u>Sさんの意図は、単にちょっとだけからかってみようとしたのかもしれませんよ</u>。ちょっと注意を引いてみようっていう？
(2) <u>多分、その程度の軽い気持ちだったのかもしれませんね</u>。

C　かもしれない？　そうでしょうか。

　（例4-13）の（1）では、最初のクライエントの主張を、セラピストが「かもしれませんよ」と、主観的・暗示的表現を用いると同時に、交渉詞「よ」を用いて交渉性を狭めている。暗示的表現は、投射節を用いないため、相手の発話で用いられた語結合をあまり、あるいはほとんど残さず、そのため交渉性を狭める。また交渉詞「よ」（95ページを参照されたい）は、話者の判断や意志を強く相手に押し付ける働きを持つため、著しく交渉性をそいでいる。同様に、（2）もまた暗示的表現を用いているが、こちらは「ね」という交渉詞を操作的に用いて、話者の考えと聞き手の考えが同一であることを演出している。なお、客観的指向を示す「多分」と主観的指向を示す「かもしれない」が同時に用いられているため、主観的/客観的指向の観点からは、中間的立ち位置を示すものと言える。

　一方、（1）と（2）のセラピストの主張を、明示的指向表現で表現すると以下のようになる。

（例4-14）
　（1）'（主観的・明示的）最初からSさんをいじめようとして意図的にそんなことを皆の前で言って、Sさんを皆が嫌うように仕向けたわけではないと思います。
　（2）'（客観的・明示的）最初からSさんをいじめようとして意図的にそんなことを皆の前で言って、Sさんを皆が嫌うように仕向けたというのは考えすぎです。

　（例4-14）では、（1）'、（2）'とも臨床家がクライエントの発話で用いられた語結合を投射節を使って維持しながら明示している。それによって、クライエントは明示された命題について交渉する余地を与えられている。しかし（1）'の例が、主観的指向表現のため、あくまでセラピストの主観としてコメントされているのに対して、（2）'の客観的指向表現は、疑問の余地のない証拠に基づいているかのような装いをとるため反論しにくい印象を与えている。

臨床家とクライエントのやりとりでは、臨床家がクライエントの発話内容がそっくり語結合・文法形態を留めたまま、投射する動詞に臨床家の捉え方を織り込んだ方が、クライエントに交渉の余地を残すことになり、結果、抵抗が起こりにくくなる。一方で、クライエントの現実世界の捉え方を矯正する必要がある場合は、交渉の余地を狭める暗示的表現が用いられるということである。

　以上、指向表現について述べてきたが、指向表現の別を計量すると、臨床家の面接スタイルが浮き上がる。このことは異なる臨床家のそれを比較してみるとよくわかる。加藤（2009）は、Sullivanによる面接と他の臨床家による面接のモダリティ表現を計量比較しているが、Sullivanの面接では、主観的指向表現の頻度が他臨床家のそれより高く、客観的指向表現の頻度が低いことを報告している。このように指向表現を観察することにより、臨床家のスタイルの一面が概観できるのである。スタイル比較の1つの方法として活用できよう。

4　待遇表現とサイコセラピー

1　待遇表現とは何か

　125ページでセラピーの安全な環境設定のために、ポライトネスというストラテジーを提示した。ポライトネスとは、フェイス補償のためのストラテジーとして言語行動を工夫する方略である。しかし日本語文化では、ストラテジーを考えるだけでは不十分で、セラピーという相互作用を円滑に進める上で、臨床家が形式的言語資源をどのように運用するかという点にも注意を払っておく必要がある。いわば、言葉の包装の工夫である。簡易包装でよいか、それともきちんと包装して見栄えよくするのがよいかについてである。日本語文化は、こうした形式的な部分に細かな要求をしてくるので、包装を考えることの重要性は高い。例えば、セラピーで、30代の臨床家が20代のクライエントを相手にする場合と、40代のクライエントを相手にする場合とで、両クライエントに対して、それぞれ異なる言語行動上の配慮が必要であろうか。

　この点についての対処を考えるのが待遇表現である。待遇表現とは、「同じ事態を述べるのに対人関係や場面差などに配慮して使い分ける表現」（日本語記述文法研究会, 2009:227）のことを言う。言い換えれば、相手との上下親疎、また教える側教わる側、雇う側雇われる側といった立場関係を斟酌して、それを言語資源の選択に反映させること、またその表現のことを言う。つまり立場関係を考慮して、相手をどのように待遇するかを言語で表すことであるから、「待遇表現」ということになるのである。待遇表現には、敬語、謙譲語、丁重語、美化語、丁寧語、その他、自発的（自然発生的）表現や、意図性を回避する表現、断定性を回避する推量表現、ぼかし表現、否定疑問文などがあげられる。また話し手の待遇意図には上向き待遇、中立、下向き待遇がある（日本語記述文法研究会, 2009:227）。

(1) 上向き待遇

　　敬語のように体系的な専用の表現。上扱い（敬意の有無）・遠ざけ（距離の調節意識）、あらたまり（場面差に対する配慮）、丁寧（言葉遣いに対する品格意識）を示す表現や否定疑問文・推量表現・自発的（自然発生的）表現など。

(2) 中立
(3) 下向き待遇

　　語彙的なものが多い。下扱い・親しみ・くだけ・ぞんざいさを示す表現や断定性・意図性を避けた婉曲的・間接的表現など。

彭飛（2004）は、待遇表現のカテゴリーを図4-6のようにまとめている。上から相手を上位・対等・下位に遇するかの順で並べられている。よって上位に敬語を置き、また丁寧表現と配慮表現に関しては、相手を上位に遇する場合と対等に遇する場合との両面がある。また軽卑傲慢表現は相手を下位に遇し、さらに下位に遇するものが罵倒非難表現となる。彭飛（2004:30）によれば、「待遇表現とは、対人の接し方を示し、様々な人間関係を反映する総称」であるから、「厚遇」のみならず、「冷遇」も含まれる

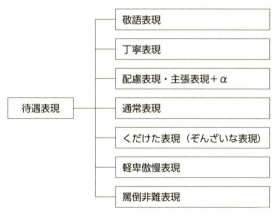

図 4-6　待遇表現のカテゴリー
（彭飛, 2004:29 より修正）

表 4-3　待遇表現の選択に関わる対人関係の類型

上下関係（目上－目下）	親疎関係（親密か疎遠か）	立場関係（強いか弱いか）
年齢の上下 身分の上下 役割的上下（職階・家族制度上の役割） 経歴の長短（先輩－後輩）	社会的親疎関係（身内か非身内か・職場内か職場外か） 心理的親疎関係（親しいか親しくないか）	教える側か教わる側か 雇う側か雇われる側か 買う側か売る側か 与える・貸す側かもらう・借りる側か 頼まれる側か頼む側か

（日本語記述文法研究会, 2009:233）

のである。図4-6で、配慮表現と並べて置かれる主張表現とは、自己の主張を強く表現するもので、「明瞭に説明する表現」「はっきりとした反論・反駁表現」「相手を説得する表現」「聞き手の心を動かす強力な表現」のことをさしている。

　表4-3は待遇表現の選択に関わる対人関係の類型である。日本語文化では、常にこうした対人的位置関係に考慮して、適切な言葉の包装を心がけることが、スムーズなコミュニケーションのための要件である。

　日本語を話す時、話し手はこれらの対人関係の類型に関わる情報を瞬時に判断して表現を選ぶわけである。これらが総合的に判断されて、話者は表現を選択する。例えば、聞き手が目下であっても、心理的に距離が遠い場合は、丁寧形が選択されるといったようにである。

　セラピーでは、どのような総合的判断の仕方があるのか。ここで43ページで述べた言語使用域のうち、役割関係についてもう一度、振り返ってみたい。役割関係のうち、社会的位置関係は専門家である臨床家 vs. 初心者であるクライエントで、権威と専門知識というパワー変数を基盤とした不平等な関係である。社会的距離は治療構造上の関係であり、態度もしくは感情は肯定的でかつそれらは一時的なものである。この他に変則的要因が加わる。臨床家がクライエントより年齢が上の場合もあれば、下の場合もある。また、社会的地位の上下、経歴・学歴といった様々な位相の違いも視野に入ってくる。言語資源の選択に際して、これらをどう総合的に判断するのかは、臨床家の裁量に任されている。本節では、待遇表現の基本的なところを押さえておきたい。

2 敬　語

　敬語は上向き待遇で、相手と距離をとる資源である。立場の上の人、あるいは心的距離のある人、疎の関係にある人に対して使われる。日本語の敬語のシステムは、人々が社会生活を送る中で人間関係を微妙に結び、複雑なやりとりを彩るためになくてはならないものであり、それをなくしては、対人的相互作用が成り立たないものと考えられる。井出（2006:114）はこれを、「わきまえの源泉」とし、わきまえを、「相手と場面に応じて相対的に自分の位置を知る、社会での自分の位置を知る」ことであるとする。そして、「敬語を使ったり使わなかったり、また呼称、人称詞などいろいろな言語形式や表現の使い分けによって、その場に居合わせる人々の位置を指標するということが日本の言語使用の中で求められている」とする。敬語選択に際しては、日本語話者は複雑な諸要因を勘案した上で、語彙選択を行うことが求められる（加藤, 2014）。菊地（1994:30-60）は、敬語も含めて待遇表現の使い分けを決める要因として、以下をあげている。

(1) 社会的要因
　　A　場および話題：①その場の構成者　②場面の性質など　③話題
　　B　人間関係：①上下の関係　②立場の関係　③親疎の関係　④ウチソトの関係
(2) 心理的要因
　　A　待遇意図：①ごく一般的な待遇意図　②「恩恵」の捉え方　③「親疎」の距離のとりかた　④「ウチソト」の捉え方　⑤その他、特殊な待遇意図　⑥待遇意図が働く以前の心理状態で述べる場合
　　B　さらに背景的な要因：その人物に対して持つ心情・場面等に対して持つ心理・社会的な規範や礼儀をわきまえるという気持ちから・話し手自身の品格を保持するという動機から・人間関係を円滑なものにしよう・社会的制裁を恐れる気持ち・一種のステータス・シンボルを示したいという動機・ただの「飾り」としての慇懃さを示そうとする意図・話し手の「育ち」あるいは言語生活歴・敬語の習熟

度（の個人差もかなり大きい）
　　C　表現技術・伝達効果の観点からの考慮

　日本人はこれらの要因を一瞬のうちに勘案し、待遇表現を決定する。こうしたことがルール化された社会では、自己と対照させた相手との位置関係（親疎・地位・上下関係）についての情報をいち早く得ることに関心が向く。そして得られた情報が言語行動においていち早く表出するのである。日本人は、コンテクストの考慮のための細かなメタ・コミュニケーションの諸ルールを飲み込んだ上で、対人的相互作用に臨まなければならない。その諸ルールは複雑で、これらに落ち度なく従うためにくだく日本人話者の神経は常にストレスにさらされる。そしてそれに従わなかったり、あるいは適切な運用ができなかった場合、期待されたものとは異なる言語行動をとってしまった場合は、否定的な人物評価を受けたり、人間関係に支障をきたしたりする。最悪、周囲から孤立したり、うまくやっていけないという事態となる。日本語文化社会が持つこうした対人相互作用の制約をうまく理解できないために、話すという行為を苦手とする者が少なくないことは十分頷ける。一方、そつなく運用できる人には、社会的に「できた人」との評価が下される。まことにストレスフルな社会と言える（加藤, 2014）。

　なお、敬語は上向き待遇とされるが、敬語を使う必要性のない場面で、あえて敬語を用いると、慇懃無礼として軽卑傲慢表現となる。また井出（2006:95）は、敬語に交渉詞を付加することにより、距離を詰める働きを共存させることができるとする。例えば、「先生、お忘れです」に交渉詞「よ」を付与して、「お忘れですよ」とすることで、相反する機能概念である丁寧と親しみとを共存させることができるとしている。敬語も用い方によって、逸脱的な機能を発揮するという例である。

3　丁寧体と普通体

　日本語で話す場合に、真っ先に選択を行わなければならないのは、丁寧

体にするか普通体にするかという点である。それをやらないと発話ができない。丁寧体は、対人的距離を置く働きを持ち、普通体は距離を縮める。鈴木（1989, 1997）は、丁寧体は、「主にあまり親しくない聞き手に対してあらたまった場面で使用するものであり、聞き手の領域に踏み込まないこと、決定権を聞き手に与えることなど、消極的な丁寧さを与える」としている。また堀（1985）は、デス・マス体を丁寧語としてよりもむしろ、対人的距離を保つbubble^{2}の役目を果たし、特に親密かあるいは明確な上下関係がある時以外の状況、つまり普通の関係の状況で選択される形態であるとしている。つまり、デス・マスはその意味で無標であり、普通以外の関係で選択される言語形式を有標とする。よって、デス・マス程度の丁寧語では積極的に敬意を表すのは無理で、むしろそれらを選択しないことで生じる相手への不快感を避けるために使用されているのが実情であろうとしている。普通レベルの親密度の対人関係で、デス・マスを使用しなければ、相手のなわ張りへの侵害になり、相手への侵入感を引き起こすことになる。よって、そうした摩擦を避けるために、デス・マス体を使って、対人的距離を保つことになるのである。

　実際の様々な相互作用では、丁寧体を基調とする場面で普通体が、あるいは普通体基調の対話に丁寧体が混在することはよくあることである。丁寧体を基調とする談話の中で普通体が用いられる場合、特殊な表現効果が生じる（日本語記述文法研究会, 2009）。

（例4-15）
　T　今、ちょっと面接始まったばっかりですけど。今日は大体1時間ぐらい？　今から、大体1時間ぐらいで、うん、何かね、少しでも、ま、アドバイスができればなあって思って<u>ます</u>けどね、うん。…そうね、和美ちゃんは、お父さんやお母さんは、ほら、和美さんが学校、行けないって言うんでさ、行けない？　行かない？　よく<u>わか</u>

2　堀（1985）によれば、「人が自分の周囲にはりめぐらせている目に見えない空気の泡のことで、これによって自分を外界から無意識のうちに守っている」（Hall, E. T. and Hall, M. R. 1971. The sounds of Silence. *Language: Introductory Readings*. St. Martin's Press.）

んないけど、それで、お父さんやお母さんは困って、心配で、今日、こうやっていらしてるけど、ご自分ではどうなの？　緊張してるけどさ。どんなふうですか？　困る件…。

　（例4-15）では、丁寧体（1重線）と普通体（2重線）とが混在している。普通体を用いることで相手との距離を縮める効果が生じている。ざっくばらんさを演出しクライエントに親近感を与えることが意図されていると思われる。感情の共有の時、「悲しいですね」と丁寧体にするよりも、「悲しいね」と普通体にする方が共感度が高い印象を受けるのは、普通体にすることによって話者間の距離が縮まるからである。相手をリラックスさせ、また親近感を抱かせる効果、また話し手の心の動き（ふざけ・動揺・非難）を表して、一時的な発話キャラクターを演出する効果もある（日本語記述文法研究会, 2009:276）。
　井出は、話の内容的なものに夢中になっている時は、年齢、地位といった位相によって言語行動を使い分けるというルールから解放され、それまで用いていた「です・ます」調が脱落して、普通体に代わることがあるが、それが相互作用によい効果を生むとしている。

　　　話に夢中になっている時、すなわち、話の内容に焦点があるときは、話の舞台が話し手のいる場より一段上がったところのものになり、場面のわきまえを気にする必要がなくなる。年齢差、初対面など心的距離を大きく取らねばならない社会言語学的要素を指標せよ、というルールから解放された談話は、新しい有標の意味を創造する。その意味とは、対話者の連帯感ともいうものであろう。（井出, 2006:111）

　同じことがセラピーにも適用できよう。このような場面が生じるのは治療同盟の形成とも無縁ではあるまい。
　なお、この逸脱的丁寧体の使用は、文を言いさすことによっても実現できる。丁寧体の完全文は、対話相互作用者間に距離を置く表現なので、必要に応じて、言いさしにすることによって、丁寧体スピーチモードをカモ

フラージュすることができる。つまり文末まで言わないことによって、丁寧体であることの表出を回避できるのである。

　逆に普通体基調の談話に丁寧体が現れる場合の効果として、話し手の意識が聞き手に向かっていることを示したり、心的距離を置いたりする効果がある。よって、普段親しく打ち解けた聞き手に丁寧体を使用した場合、話し手のその時の聞き手に対する心理的距離の変化を表出させることになる（日本語記述文法研究会, 2009）。また依頼ごとなどがあって、下手に出る場合にも用いられる。また丁寧体基調での普通体使用の時と同様に、一時的な発話キャラクターの演出効果となる場合もある。

　普通体は聞き手にとって必ずしもプラスの印象ばかりとは限らない。「馴れ馴れしい」「儀礼的なものが足りない」として、かえって不快感を与える場合もある。待遇表現への配慮が足りないために、セラピーがドロップアウトに終わったなどということが起きないとは言えない。こうした周辺的な言語行動が、臨床家に対する印象形成に及ぼす影響は決して小さいとは言えないのではないだろうか。

　あいづちである「はい」と「うん」に関しても同様のことが言える。例えば、年配のクライエントの発話に、若い臨床家が「うん」「うん、うん」といったあいづちを打つのと、「はい」と打つのとで、クライエントの受け止め方に違いが生じるかもしれない。無頓着なクライエントもいれば、違和感で捉える向きもあろう。しかし場面が変われば、例えばクライエントの共感を示す場面で使われる場合は、ポジティブに受け止められることもあろう。こうした待遇表現から逸脱した言語行動は、コンテクストに応じて、許容される場面があるということである。以下に井出（2006:199）を引用しておく。

　　上位者の先生が「うん」と発言し、ソトの関係をぶちこわす。それにつられて学生も敬語を使わなくなる。この場の雰囲気の切り替えがいともスムーズに自発的におこなわれるのは、会話の内容のクライマックスという瞬間には、社会言語学的上下認識より、会話の全体像の認識の方にプライオリティーが移るからである。話し手が、自分の

身を置く場に関する分別のことである。場とは、マクロ的に見れば、社会の中での分別としての年齢、ジェンダー、職業、役割などであり、ミクロ的に見れば、その場に関係があると認識される相手との関係、場のあらたまり、会話の目的、話し手の意思や感情などである。場は刻々変化するものであるので、さまざまなわきまえの分別のうちどれがその瞬間にプライオリティーをもって意識されるかは、その場に応じて刻々と変化する。自然発話の中で敬語が使われたり脱落したりするのは、会話の進行に従ってソトの人間関係を認識することと、話の内容に集中してソトの関係を無視し親密さを創り出すことのどちらにプライオリティーがあるかが変化するからである。

4 硬い表現とやわらかい表現

対人的距離の操作資源として言語表現を考える場合、あらたまった表現とくだけた表現という観点から捉えることも可能である。石黒（2015:16）は、あらたまった表現とくだけた表現の対立要因として次の点をあげている。

（1）素材敬語（尊敬語・謙譲語）を用いるか否か。
（2）対者敬語（丁寧語）を用いるか否か。
（3）授受表現（例：「くださる／いただく」）を用いるか否か。
（4）疑問表現（例：「～できますか」）を用いるか否か。
（5）断定回避表現（例：「おもいます」）を用いるか否か。
（6）語りかけ表現（例：「よ／ね」）を避けるか否か。
（7）公的な人称表現（例：「～さん／私」）を用いるか、私的な人称表現（例：「呼び捨て／俺」）を用いるか。
（8）標準的な語形（例：「このご飯、とてもおいしいです」）を用いるか、俗語的な語形（例：「このめし、まじうめっす」）を用いるか。

上述から、あらたまった表現は間接的で婉曲的、一方、くだけた表現は

直接的であることを特徴とすることが窺える。石黒（2015）はこのあらたまりとくだけ表現の対立軸の他にもう1つ、硬さとやわらかさの対立軸を設けて、前者を社会言語学的な配慮の問題として、そして後者を情報の伝達に関連し、言語の対人的な側面ではなく、伝達内容の厳密さとわかりやすさを問題とするとしていると言う。これら2つの座標軸を設けることで、例えば、あらたまっていながらもやわらかい表現を位置付けることができるとしている。

　そこでここではもう1つの軸、言葉の硬さとやわらかさについて少し考えてみたい。セラピー設定は臨床家から情報を提供する場でもあるということである。その際にわかりやすい表現を選ぶことは重要である。それでは硬い表現、やわらかい表現とはどのようなものを言うのであろうか。石黒（2015:17-23）から見てみたい。

(1) オノマトペは、現象を主観的、感覚的に表現するので、やわらかい印象を与える。「だんだん」「どんどん」「ぐんぐん」「はっきり」は、硬い表現で言うと、それぞれ「次第に」「次々に」「急激に」「明確に」となる。

(2) 一般に漢語は硬い表現とされるが、例外が漢語副詞である。和語副詞と比較するとわかる。例えば、「全然」vs.「全く」、「全部」vs.「すべて」、「一番」vs.「最も」、「多分」vs.「恐らく」、「絶対」vs.「必ず」などが例であるが、前者が漢語、後者が和語である。

(3) 接続詞は「硬い/やわらかい」の差が比較的はっきり出る。例えば、「だから/したがって」「だって/なぜなら」「それから/また」「それに/しかも」「でも/しかし」「けど/だが」などがあげられる。

(4) 接続助詞であれば、「から vs. ので」「たら vs. ば」「けど vs. が」

(5) 複合副詞であれば、「について」「に対して」「において」「にとって」「をめぐって」「をつうじて」「をとおして」「として」は、格助詞「に」「を」「と」でも言い表せる硬い表現である。

　この他、名詞と動詞について、「硬さ/やわらかさ」を演出するものに、

(1) 上位語と下位語、(2) 多義性、(3) 抽象性、(4) 専門性、(5) なじみ度、(6) 語種、(7) 意味喚起力、(8) 表記、(9) 名詞性（動詞が名詞形で使われた場合、硬くなる。例：農作物の生長は、「日の射す時間」（あるいは「日照時間」）と密接な関わりがある）をあげているが、これらの観点に共通する基盤として、硬い語彙・表現は、文脈依存性が低いという点をあげている。「前後の言語文脈やその場の状況、日常感覚から得られるイメージなどに頼らず、その語自体が有する厳密な概念性から意味が規定できるような語」（石黒, 2015:24）が硬い印象を与え、「日常的によく使われ、感覚的なイメージに依存でき、前後の言語文脈やその場の状況から意味を絞りこむタイプの語」（石黒, 2015:24）がやわらかいということである。

　言葉の硬さ・やわらかさの観点から、クライエントへ投げかける言葉を考えることも、臨床家にとって有用である。

5　語形式以外の考慮要素

　上述は、語形式に基づく丁寧さについての考察であった。例えば、30代の臨床家が50代のクライエントに対して、「その時、どんな気持ちだったか話してくれる？」と言った時に失礼な印象を与えるのは、語形式上の問題であって、「その時、どんな気持ちでしたかお話し頂けますか」と敬語を入れた丁寧体にすれば解決することである。しかし、145ページで述べたように鈴木（1989）は、聞き手の私的領域に話が及んだ時には語形式の修正だけでは解決できないという問題を提起している。

　私的領域とは、聞き手の欲求願望・感情・感覚のことをさすが、日本語文化ではこの範疇のことに関して、質問したり話し手の判断を述べるのは非礼とされている。例えば、臨床家が、「(あなたは)、その時相当、イライラしていたようですね」と言った場合、「あなたはその時、相当、イライラしていましたね」とした場合と比べて、「よう」という証拠性の表現を付与することで、修正がはかられているので、神尾の主張であれば、適切文となるはずである。一方「私的領域」の視点から捉えると、相手の私的領域に言及するわけであるから非礼文となる。セラピーの場は職業的専門

領域に属するため、専門家である臨床家が、私的領域に踏み込むことが許容されるとしても、そうした枠組みをとれば、本来、私的領域の侵犯となることを、臨床家が常に心しておくことが重要である。このことを心しておくことで、セラピーの場が「治療的対話の暴虐 (tyranny of therapeutic dialog)」(Solos, 2000) となることを防げるからである。これは、301ページで述べる臨床家とクライエントの力の不均衡性に関わる問題なので心したい。

また鈴木 (1989) は、聞き手に対する評価を口にすることは、基本的に聞き手が目上である場合は、失礼になるとする。例えば、「先生、今日の講義はとてもよかったです」と学生が言う場合、講義の評価が聞き手の私的領域周辺のことで、「判断の権利」は聞き手にあるとするためである。判断の権利がどちらに属しているかを考えることで、失礼かどうかが説明される (鈴木, 1989:66)。同様に考えて、セラピー設定では、聞き手が問題とする事項についての評価は、聞き手の私的領域周辺のことなので、「判断の権利」は聞き手であるクライエントにある。それをセラピーという治療構造が、臨床家に評価の権利を容認しているだけであることを臨床家は忘れてはならない。

6　配慮表現

ここでは、図4-6で示された待遇表現の下位カテゴリーである配慮表現について見てみたい。配慮表現の定義は、彭飛 (2004:3) によれば、ヨコの人間関係における対人的な表現で、相手に敬意を示すよりも、相手を傷つけないように、相手に好ましい印象を与えることに重点が置かれる表現である。

配慮表現は、Brown and Levinsonの言うポライトネス・ストラテジーにあたる。彭飛 (2004:59) は、ポライトネス理論には、「自分が相手に誤解されないように配慮する」「相手を喜ばせる配慮」という視点がないことを指摘する。また、ポライトネス理論の規範が聞き手のフェイスの侵害に焦点を置いているのみで、話し手自身のフェイスを守る視点が明示されていないとしている。配慮表現は諸言語に普遍的なものであるが、日本語の

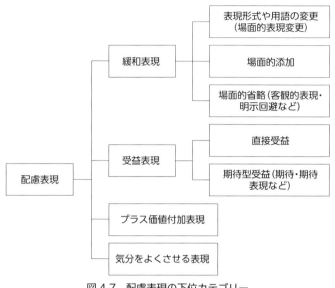

図 4-7　配慮表現の下位カテゴリー
(彭飛, 2004:6 より修正)

場合、その使用頻度がとりわけ高い (彭飛, 2004)。

　敬語や丁寧体か普通体かの選択は、文法として構造化された言語資源からなされるが、こうした専用の文法資源に拠らずに上向き待遇を表す表現が配慮表現である (彭飛, 2004)。つまり、敬語表現も配慮表現も対人的な気配りにおいて言語資源の選択がなされるが、敬語表現が文法として構造化された表現であるのに対して、配慮表現は、「文全体によってもたらされる相手に対する配慮、品位ある接し方」(彭飛, 2004) などが含まれるところに両者の違いがある。

　彭飛 (2004:6) は、配慮表現の下位分類を図 4-7 のようにまとめている。これに沿って、簡単に説明する。

　先ず、緩和表現であるが、緩和表現は、相手に負担をかける、またはかけるかもしれないと想定される行動をとる場合、言語行動上、工夫を凝らして相手への心理的負担を軽減する表現である。131 ページで述べた消極的ポライトネス戦略に相当する言語行為である。yes と no の間の表現であ

るモダリティなどは、緩和表現として機能する資源であることは 159 ページで述べた通りである。

　次に受益表現は、「相手から直接的に、あるいは間接的に恩恵・利益を受けたこと、または相手から恩恵・利益をこうむったわけではないのに恩恵・利益を受けたかのような言い方」(彭飛, 2004) のことを言う。「お世話になっております」や「おかげさまで」といった感謝表現、「もらう」「いただく」(来てもらう・来ていただく) といった「やりもらい動詞文」、「あずかる」表現 (お褒めにあずかり……) や、「わざわざ」「いろいろと」「いつも」などを付加して「受益」を強調するような表現である。

　プラス価値付加表現は、相手に好印象・好感を抱かせる表現で、「新鮮さ」(老人クラブをシルバークラブと呼ぶ、など) や「親しみ」を持たせたり、相手を安心させる語彙‒表現である

　「気分をよくさせる表現」は、積極的ポライトネスに共通するストラテジーである。128 ページを参照されたい。なお、彭飛 (2004:45) は、同情表現は、配慮表現の範疇で考えることができるとしているが、セラピーにおける共感を表す表現もつまるところ、配慮表現を基盤とする言語行動と言える。

　上述、それぞれの項目に、具体的にどのような表現があるかは、彭飛 (2004) が詳細に網羅してあるので、そちらを参照されたい。

まとめ

　セラピーでは、クライエントの自己開示を促すには、安全な環境を補償することが優先される。対人的相互作用において安全な環境を補償するということは、セラピーに限らず対人的相互作用一般に共通するものである。
　ポライトネスの戦略は、この対人的相互作用者間の安全な環境の保全という基本的な側面を理論化したものである。このポライトネス戦略は、日頃、人々が直感的に履行している言語行動であるが、理論化された体系に通じることで、対人的相互作用の真髄がより明確に把握できることと思われる。臨床家の言語トレーニングに取り込み、臨床家の必修理論、いわばコモン・センスのようなものとして扱われるべきである。そしてここで述べられた戦略を基に、各項目に関して臨床家それぞれが、具体的言語戦略のレパートリーを増やしていくのがよいであろう。
　そもそもポライトネス理論は、対人的距離を遠くしたり近くしたりといった言語行動に基づく理論である。対人的距離の操作には、情報のなわ張り、そして私的領域という概念が絡む。前者は、発話が聞き手のなわ張りを守って発話されなければ、聞き手に侵入感を与える非礼な発話となってしまうという主張である。対人的距離の操作を考える場合は、このなわ張りの認識が基本となる。さらに、日本語文化では、私的領域の尊重という点を考えなければならない。私的領域に言及すれば、相手に侵入感を与えるということである。セラピーは、他者の心理という私的領域に言及するプロセスであることを、臨床家は常に心に留めておくべきである。従って、ポライトネス戦略に基づくフェイスの補償は必須となる。
　本章では、このフェイス補償の言語資源の１つとして、モダリティについて言及した。モダリティは、経験的意味を伝達する際の話し手の心的態度を表す手段の１つで、yesとnoの間の意味領域を表す表現手段である。モダリティで特に注意を払いたいのが、主観的/客観的指向表現と明示的/暗示的指向表現である。前者は、命題に対する話し手の関与の度合いを、後者は命題の交渉性を扱う資源として注目したい。
　こうしたストラテジーがあれば、待遇表現のような包装紙の役目をする

言語行動は不要ではないかという考え方があるが、文化に基づいた言語行動のルールに従うという別の要請を満たさなければならないため、不要という認識はあたらない。人にものを贈る時、日本人は伝統的に贈るものを見栄えよく包む文化を育んできた。ちょうどこの贈る「もの」を言葉と置き換えて考えるとよい。日本人は、伝えたい命題を決して裸のまま提示することをしない。そこに必ず何らかの包装をかけないと、スムーズに「伝える」という行動が受け入れてもらえないのである。日本文化を共有する人たちが皆この慣習を共有するわけで、このことはセラピーの場でも免れない。本章では、こうした待遇表現の視点からもセラピーの相互作用を捉える必要があることを示唆した。

第 5 章

評価資源から捉えるセラピー

1　はじめに

　評価的意味とは、話し手/書き手の視点を通して表現される自己、他者を含めた対人事象、出来事、物事に対する感情あるいは査定のことを言う。あらゆるテクストに共通したこの評価言語の全般的な重要性は、評価が、(1) 話し手/書き手の意見を表現し、そうすることで、話し手/書き手とその所属コミュニティの価値体系を反映、(2) 話し手/書き手と聞き手/読み手の間の関係を構築、維持し、そして、(3) ディスコース（談話）を組織する（Thompson and Hunston, 2000:6）という点にある。対人的相互作用における評価は、様々な形態で所定の相互作用上のいかなるところにも現れ、音声的、語彙的、統語上、ディスコース上、いかなる言語的構造形態をもとりうる。Linde（1993）は主な副次的評価として、パフォーマンスをあげている。これには強勢、躊躇、身振り、笑い、音声的なものなどがある。またそれは声の効果、異なる声のトーン、感情的な潤色を含む。これらは重要な評価要素ではあるが、本章は、扱う対象を言語表現に限る。

　発話には、評価を通じて、話し手のパーソナリティが投影されるが、サイコセラピーでは、臨床家はクライエントが経験世界をどのように捉えているかを見る。クライエントのその評価のありようが、クライエントの態度、感情、性格、経験世界の捉え方を発現させるもので、セラピーを進めていく上で、有用な情報を提示する。またそれに対する臨床家のフィードバックがなければ対話は成立しないが、そこでも評価語彙は重要な相互作用上の役割を果たし、さらにクライエントの経験世界観の修正を交渉する場面では、臨床家の評価言語行動が不可欠である。臨床家・クライエントの対人的関係性はこうした評価の交換・交渉によって構築される。よって、もし、サイコセラピーにおける発話がいかなる評価語彙－表現も持たなければ、それらは単なる報告あるいは要約にすぎず、そこにはいかなる関係性も展開しない。

　Martin and White（2005）は、この評価言語の対人的機能に注目し、SFLの枠組みよりアプレイザル（Appraisal）理論を組み立てた。アプレイザル理論は第2章で述べた3つのメタ機能のうち、対人的メタ機能の構成

要素に入る。態度評価、程度評価、評価スタンスを表す言語を扱い、話し手/書き手がそれぞれの命題・提言を対人的に位置付ける言語資源を体系化したものである。この言語資源を用いることによって、話し手/書き手は間主観的な次元からイデオロギー的な次元まで幅広い見解を表現し、意味の交渉を行う。

　本来、このアプレイザル理論は、英語の評価表現を基に、英語のテクストへ適用するために構築されたものである。この個人的な感情、査定を伝える「評価言語」という分野における言語学的研究は比較的新しく、日本語テクストに適用させた研究には、Sano（2006）、White and Sano（2006）、Sano（2008）、Thompson, Fukui, and White（2008）、佐野（2010）、佐野（2011）などがあるが、新聞、医療現場における患者の語りなど適用テクスト・タイプは限られている。心理療法テクストに応用した研究では加藤（2009, 2011, 2013b）がある。本章では、加藤（2012a, 2013b）で行われた研究結果を基に、実際的な応用を提示したい。

2　アプレイザル理論の理論的枠組み

　アプレイザル理論は評価資源として、(1) 態度評価（Attitude）、(2) 程度評価（Graduation）、(3) 評価スタンス（Engagement）という3つの意味資源から成る。簡略化して言えば、態度評価は何がどう評価されているかを担う意味表現で、(2) の程度評価はそれに意味上の強弱をつける資源、(3) の評価スタンスは主に構文から見解スタンスを述べる資源である。図5-1 は、アプレイザル理論の体系網である。本節では、このうちの態度評価を紹介する。

　態度評価とは、話し手/書き手が間主観的な価値あるいは評価を示すことによって、感情的な反応や文化的価値観システムを表す意味資源で、(a) 感情（Affect）、(b) 判断（Judgment）、(c) 観照（Appreciation）の3つのカテゴリーから成る。それぞれ下位基準が設けられていて、以下にその定義を示す。

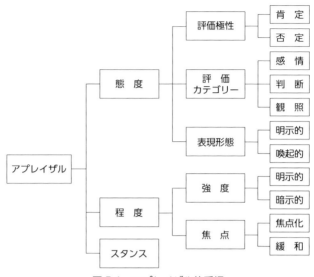

図 5-1　アプレイザル体系網

(a) 感情

　評価者の評価対象に対する感情的な反応を表出させたもので、評価者がある現象によって感情的にどのように影響されたか、そして感情を表す語彙‐表現を用いて、どうその現象を査定するのかを表す。感情は、主に評価者の内的心情となる。

【希求】[1] 物事・人物に対する好悪の感情 (例：好き・嫌い)。

【情動】喜怒哀楽といった感情の起伏を表す (例：嬉しい・悲しい・楽しい・怒る)。

【心状】精神的な安定・不安定を表す (例：心配・不安・安心・恐がる)。

【満足】満足・不満足の程度を表す (例：満足する・納得する・飽きる・諦める)。

---

[1] Martin and White (2005) には設けられていないカテゴリーで、佐野 (2011) が設けたカテゴリーである。本章で例示する研究例 (加藤, 2011, 2013b) には本カテゴリーは設けられていない。

(b) 判断

　制度化された規範、社会的・道徳的判断に基づく人の行為やパーソナリティの評価カテゴリーである。評価対象は人の行為・性格などで、それらが倫理的かそうでないか、法に適ったものかそうでないか、社会的に容認できるものかそうでないか、または正常か常軌を逸したものかを査定する。文化的あるいはイデオロギー的な価値観によって査定されるため、同じ評価語彙が、異なる文化的コンテクストでは異なる査定となりうる。感情が文化・社会の違いを問わず普遍的な性質を持つのと対照的である。行動規範と社会的評価がある。

(ⅰ) 行動規範

　合法性あるいは道徳体系に関わるもので、対象となる人物の行動・パーソナリティが社会的規範に沿うものであるか、そうでないかを評価する。多かれ少なかれ文化によって明示的に体系化された規則・規約の集まりと言える。2つの下位区分がある。

　【倫理】倫理・道徳的見地から見てそれに従うものか、逸脱するものかを表す（例：人道的・正当な・不謹慎・不正・不当・理不尽・邪悪）。

　【誠実性】誠実さ・正直に関する評価語彙群（例：真面目・純朴・不貞・誠意・健気・忠実）。

(ⅱ) 社会的評価

　対象の行動・パーソナリティが社会的に、あるいはその人物の所属コミュニティの評価基準に照らして、望ましいかそうでないかに関する評価資源であるが、法的、あるいは倫理的な含みはない。3つの下位区分がある

　【特殊性】その人物がどれだけ標準からかけ離れているか、あるいはその行動がどれだけ慣習に則ったものであるかを表す（例：数奇な・奇抜な・希有な・偏屈・名高い）。

　【能力】その人物がどれだけ有能かを表す（例：卓越した・熟達した・優れた・劣った）。

【信頼性】その人物がどれだけ信頼できるか、あるいは社会的に好ましい性向を有しているかを表す（例：信用できる・頼もしい・軽率な・信実）。

(c) 観照

　審美的あるいは社会的価値観から査定される事象・具象に対する評価カテゴリーである。生産物、プロセス、存在に対する人間の感情が、1つの価値体系として慣習化されたものと見なすことができる。従って、判断が人間の行為を評価する基準であるのに対して、観照評価は、一般に生産物、製造物といった実体的なもの、また抽象的な構築物に対してなされる評価である。人間についての評価も含むが、その場合は行動主体としてよりは実体的な存在として捉えられる。

　【反応】対象に対する反応（例：面白い・つまらない・興ざめ・刺激的・啓発的）。
　【構成】対象の構成・バランスについての評価（例：均整のとれた・複雑な・論理的な・単純な）。
　【価値】様々な社会的慣習の見地からの評価で、対象となる内容の価値・有効性・真偽的観点からの評価（例：信憑性のある・無意味・重要・意義深い・有効）。

　時枝（1941）は、形容詞の中にはある対象について、属性を形容したものと、またその対象が刺激となって起こる発話者の情意を表すことができるものがあるとしている。例えば、「面白い」と言った時に、私の情意を表したものという解釈と、「私」の感情を刺激した「この本の筋」の属性を表したものという2通りの解釈が成り立つ（宇津木, 2005:99-100）。前者の場合は、感情カテゴリーへの分類となるが、後者の場合は、観照となる。分類上の注意点である。

(d) 肯/否定的カテゴリーと表現形態

　評価は一般に肯/否定的カテゴリーを持ち、嬉しい/悲しい・楽しい/

つまらない、といったような対照的なペアをなす。一致した評価表現は形容詞を通して具現され、一致しない（形容詞以外の表現形態）表現として、例えば、名詞によるもの（例：哀しみ・喜び・悔恨・憤怒）、副詞によるもの（例：楽しく・寂しく・恨みがましく・苦々しく・嬉々として）、動詞によるもの（例：悲しむ・恐がる・喜ぶ・笑う・憐れむ・案ずる・厭う）などがある。

　表現形態のカテゴリーとして、明示的評価（inscribed appraisal）と喚起的評価（evoked appraisal）の別が設けられている。明示的評価は、「賢い子供」「邪悪な政府」のように、態度評価を表す評価語彙によって明示的に示され、喚起的評価は、「よく本を読む子供」「蝶の羽をむしり取る子供」のように、明確な評価語を含まず、行動情報、出来事や状態を指し示すことによって間接的に表現される。以下は明示的評価の例である。

　（例 5-1）
　　　T　うーん、うーん、うん、それは悲しいね。

　明示的評価の場合は、意味に解釈の幅が生じることは少ないが、喚起的評価の場合、聞き手／読み手の解釈に幅があり、恣意性が生じやすい。またどれを評価語彙と見なすかには、細心の注意と繊細さが求められる。例えば、形容詞；悲しい話（感情：情動）、憂慮すべき事態（観照：評価）のような明らかに評価的と見なせる語彙は問題ないが、評価的かそうでないかを識別するのが難しい語彙群もあるからである。文脈に高く依存するため、解釈には注意深い読み取りが必要である。例えば、以下のような例である。

　（例 5-2）
　　　M　んー、結構、和美も言うから。（喚起的）

　（例 5-2）では、「言うから」という表現自体に評価的な意味はないが、文脈から、ここでは「負けじと」あるいは「負けず嫌いで」という評価的意味が含意される。また、コンテクストに応じて、異なる読み取りが必要な場合がある。以下のような例である。

　（例 5-3）
　　（1）T　まあ、中学生ですもんね、

(2)　T　まあ、まだ、ね、<u>中学生</u>だからわかんないけど、…

　「中学生」という語彙だけとれば、評価語彙とはならないが、コンテクストによっては、(1)と(2)のように評価的意味を持つ場合がある。(1)は、コンテクストから、難しい年頃という評価的意味合いになり、(2)は未熟者という意味合いで用いられている。喚起的評価についても同様のことが言える。喚起的評価は特にコンテクスト依存性が高く、聞き手/読み手の解釈に幅があり、細心の読み取りを要する。

　また文化的コンテクストも、状況に応じて考慮が必要となる。異なる文化的コンテクストに置かれれば、異なる意味合いを持つものとなりうるからである。例えば日本語の「恥ずかしい」という語彙は、一般に欧米諸国のそれとは違った意味合いを持つとされるが、これについては、外国語によるセッション記録と日本語によるそれとの比較研究の場合、深慮しなければならない点である。しかし国境を越えないまでも、同国内における地域文化差という点から、注意を要する語彙も見られる。例えば、関東と関西では「馬鹿」という語など、含蓄される意味合いが異なる語彙もあるからである。

　その他に、同じ語が異なる話し手によって異なる意味に使われたり、また話し手がすでに知っている語に新しい意味を付与したり、使用法を話し手自身が学んで、異なる意味合いを持たせたりすることなどから、評価語彙を時間軸の中で判断する必要性が出てくる場合もある。代替解釈を常に念頭に置き、それらが相互作用の流れの中で、どのように交渉されているのかを考慮する必要がある。

　以上が、アプレイザル理論の概略であるが、そもそもMartinによる分類カテゴリーは、英語圏の中産階級のメディアの分析に基づいて設けられたものである。本章ではMartin and White（2005）の分類をとっているが、これを日本語テクストにそのまま適用することには、議論の余地があろう。Whiteが「評価は文化的価値観に依存するものであり、文化を反映するものであり、文化を反映する言語の違いによって評価表現の分類は大きく異なる可能性がある」（White and Sano, 2006；佐野, 2010a）としているように、

日本語による相互作用には、日本語文化の価値基準に合わせた組み立てが必要であろう。またジャンルに合わせた組み立ても可能である。例えば、サイコセラピーにはその臨床概念を取り込んだジャンル特有の枠組みでの分類カテゴリーの設定があれば、セラピーの現象の特定が精緻化されるかもしれない。本章では先ずはMartin and Whiteによる分類に基づいた方法論を例示したい。

3 面接テクストへの応用

本章では、加藤（2011, 2013b）による家族療法テクストにアプレイザル理論を応用した研究より、その実際的有用性を提示したい。分析データは、DVD『解き明かし・私の家族面接』（日本家族研究・家族療法学会, 2010）より、セッションのトランスクリプトである。ケース概要を述べれば、相談者の家族構成は公務員の父親、パート勤務の母親、そして不登校の長女の3人で、長女の今後を案じ、3人で臨床心理士養成大学院の相談室を訪れた。同じ設定で、異なる臨床家によるA、B、C、3セッションが行われた（グラフでは個別セッションを表す時はSと略記し、AセッションであればASと記載する）。これら3セッションについて、態度評価のカテゴリーに従って、各セッションで用いられる評価語彙−表現を分類し[2]、そこから観察できる現象を見てみたい。

3.1 セッションを俯瞰する

評価語彙・表現を計量すると、セッションが俯瞰できる。例えば、総発話語数を出すと、Aセッション（9478語）＜Bセッション（10584語）＜Cセッション（18285語）という数値順になる。図5-2は、総発話語数の話者

---

2 語彙の抽出は、佐野（2011）による『日本語アプレイザル評価表現辞書』（語義アノテーション付き新聞コーパスに基づく岩波国語辞典第5版を基にしている）を基に、筆者がサイコセラピーに特化した評価語彙辞書を作成した。従って、語彙抽出には自動化がはかられるが、最終的に2人の作業者と筆者のマニュアル作業による意味のコンテクスト照合を行った。意見が分かれた場合は、協議の上、分類を決定した。

別内訳を示したものである。M、F、C[3]の発話量は、3セッション間で大きな違いは見られないが、臨床家の発話総語数は、Bセッションの臨床家、Cセッションの臨床家の発話総語数が他3人の各家族員の倍以上であるのに対し、Aセッションの臨床家は3人の臨床家の中で最も発話量が少なく、にもかかわらずセッション内他家族員の発話総語数は他2セッションとほとんど違いが見られない。図5-3は各セッションにおける発話総語数に占める評価総語彙－表現数の割合を話者別に出したものである。これを見ると、話者ごとの評価割合が俯瞰できる。例えば、各臨床家間の発話総語数に占める評価語彙－表現数を比べると、B＞C＞Aセッションの順で大きく、発話総語数ではCセッションが最も多いのに、評価語彙－表現数の割合では、C・Bセッションで順位が逆転する。このことから、Bセッションの臨床家が最も評価的であることがわかる。注目したいのは、Bセッションの臨床家、Cセッションの臨床家において評価語彙－表現量が他家族員よりも著しく多いのに対して、Aセッションの臨床家が少ない点である。セッション内でMと比較すると、その半分である。このようにAセッションでは臨床家の評価総量が最も少ないのに、他家族員（MとF）の発話総語数が他2セッションとほとんど違いが見られない。セッション

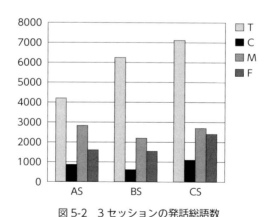

図5-2　3セッションの発話総語数

3　T（臨床家）・C（娘）・M（母親）・F（父親）である。グラフではこれらの略称を用いる。

第5章 評価資源から捉えるセラピー

図5-3 3セッションの発話総語数に対する評価割合

発話総語数に占める各家族員の発話総語数では臨床家が最多であったのが、評価総量ではMとFより少なく、順位が逆転していることから、M・Fとも発話総語数に対して、評価の割合が相対的に高いことが窺われる。

また計量データは、どのような評価が議論されているかをマッピングすることができる。例えば、図5-4は、各セッションごとに、197ページで述べた分類カテゴリーに従って用いられた評価語彙−表現を分類し、セッション内評価総語彙−表現数に対する割合を出したものである。図5-5、図5-6、図5-7は、A、B、Cセッションそれぞれで、話者ごとの評価語彙−表現をセッション内評価総語彙−表現数に対する割合として出したものである。図5-4から図5-7まで、肯否極性を入れて出しているが、肯定評価と否定評価の間の項目は、肯定とも否定ともつかないものを分類している。このマッピングによって、どのメンバーがどのカテゴリーについて語る傾向があるのかが俯瞰できる。

これらの計量結果を基に、3セッション間で、臨床家によって引き出される他家族員の評価語に違いが見られるかどうかを統計的に確かめることも可能である。加藤（2012a, 2013b）では、感情の満足／否定と肯定、判断の倫理／否定に違いが見られた[4]ことが報告されている。そしてこの違いが各セッションのどういった特徴を反映しているのかが論じられている。

---

4 一元配置の分析に先立って、等分散性の検定を行ったところ、倫理の否定については10％の有意確率で、セッション間の分散が等しくないとの仮説は棄却されなかった。また満足の否定については、ほぼ5％（0.048）水準で、セッション間の分散が等しくないとの仮説は棄却されなかった。

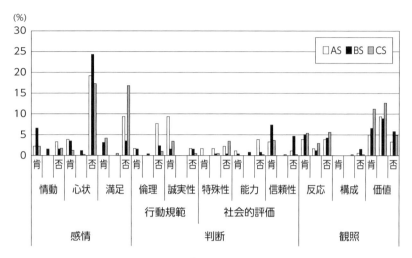

図 5-4　3 セッションの評価カテゴリー別評価総語彙－表現数に対する頻度

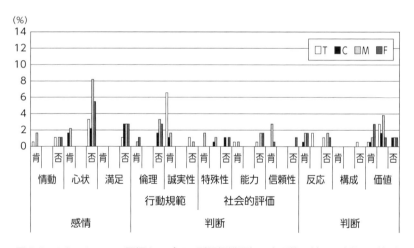

図 5-5　A セッション：評価カテゴリー別評価総語彙－表現数に対する家族員別頻度

第5章 評価資源から捉えるセラピー

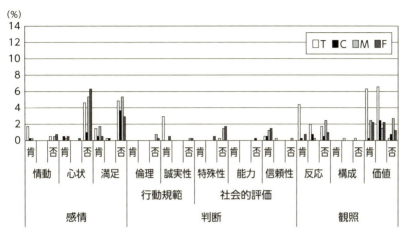

図5-6 Bセッション：評価カテゴリー別評価総語彙－表現数に対する家族員別頻度

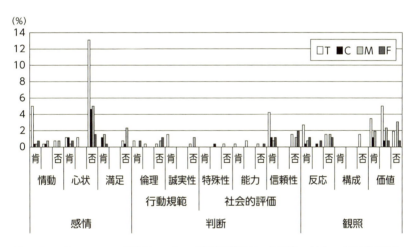

図5-7 Cセッション：評価カテゴリー別評価総語彙－表現数に対する家族員別頻度

207

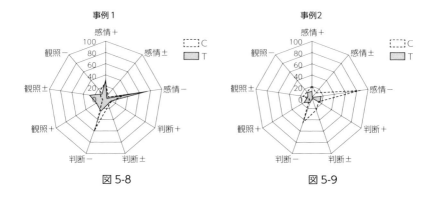

図 5-8　　　　　　　　　　　図 5-9

　例えば、Aセッションでは他2セッションと比べて相対的に判断評価の割合が高く、特に倫理の否定的側面が引き出される傾向にあり、特にMによる否定的倫理評価の割合が高い。判断評価は評価対象が人の行為・性質となり、否定的倫理判断は問責的性質を帯びる。他2セッションでは倫理的評価はほとんど見られないのに対し、Aセッションだけが高い割合を示しているのは、そこにこのセッションに、特定の家族員に問責的評価を誘因する要因があると考えられることを指摘している。

　判断評価は、所属コミュニティの価値判断が反映されると同時に、評価者の年齢、ジェンダーといった社会文化的な背景要因が反映されやすい。従って社会文化的所属集団の異なる話者間では、評価の共有が困難になる可能性が高い。対人的関係性の構築という意味からは、社会文化的な違いを問わず共有度の高い感情評価と違って、連帯には貢献しにくい評価カテゴリーと言える。

　個人療法であれば、図5-8、5-9、5-10のような表し方もある。臨床家とクライエントの評価の解離がよりグラフィックに表示される。

　図5-8は、クライエントと臨床家の評価の解離が大きい。クライエントが判断系に傾いているところ、臨床家は感情評価を主体としているため、話がかみ合っていない展開が窺われる。評価をめぐって意味の交渉が行われていることが窺われるが、このようなケースはミクロのレベルで、発話機能をマッピングして交渉のプロセスを分析することで、興味深い情報が

第5章　評価資源から捉えるセラピー

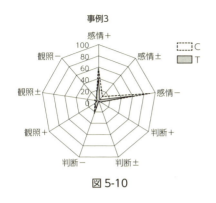

図 5-10

得られることであろう。また、図5-9は、クライエントの評価割合と比べて、臨床家のそれが、極端に低くなっているが、これなどもミクロのレベルの分析が興味深い情報を提示しよう。図5-10はクライエント中心療法（佐治ケース）である。アプローチに違わず、クライエントにぴったりと寄り添った評価がなされていることがわかる。このようにそれぞれ、臨床家のアプローチを示すものであることが観察できる。この現象に関連して、Welkowitz, Cohen, & Ortmeyer（1967）、Beutler（1981）が、クライエントと臨床家の価値観が類似していればいるほど、治療効果が高いことを報告していることを加えておく。

図5-11は、各話者がどの話者についての評価を話しているのかを、セッション内評価総語彙−表現数に対する割合として出したものである。これを見ると、Aセッションの臨床家の評価対象がMに向けられる傾向が強いことが窺われる。Bセッションの臨床家、Cセッションの臨床家では当事者Cへの評価が最も高くなっているのと対照的である。またBセッションで評価対象が外部に向かう傾向が観察できるが、特に臨床家のそれ

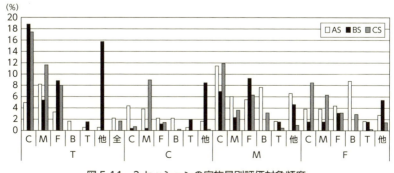

図 5-11　3セッションの家族員別評価対象頻度

209

が著しく強くなっている。

　以上、マッピングを俯瞰してきたが、こうしたセッションの俯瞰情報から何を読み取るか、どの部分をとりあげ掘り下げるかは研究者それぞれである。そして掘り下げ方次第で、多くの有用な情報が引き出せることであろう。

3.2　評価語彙数の多寡が意味するもの

　前項で見た評価語彙数の多寡は何を意味するのであろうか。2点が考えられる。先ず第1に、評価語彙－表現数が多ければ、臨床家にとってそれだけ相互作用の操作に用いることのできる資源数が増すということである。評価語彙－表現は、(1) 新旧情報を巧みに織り込むことによって、(2) 含みを持たせる語彙を織り込むことによって、そして、(3) 2人称主語を持つ関係過程節あるいは心理文を用いて判決機能を持たせることなどによって、操作に用いることのできる言語資源であるからである（加藤, 2009）。従って、単純解釈でいけば、評価語彙－表現が少なければ操作資源が少なくなることを意味する。このことから、Aセッションは潜在的操作性が低く、Bセッションは高いことが言える。評価を織り込まないことで操作性が生じる場合もあるが、この点については後述する。

　第2に、評価量が少なければ、相互作用の流れが阻害され、対人的関係の構築にも影響を及ぼすということである。評価は対人的関係の構築に重要な役割を果たす。評価によって、話者の意見、思考形態、価値観が示され、それについて意味の交渉が行われ、関係構築に不可欠な連帯（solidarity）が形成されるからである。

　それでは、評価的意味は話し手と聞き手の間で、いかにして交渉されるのであろうか。サイコセラピーは参加者が非対称的な役割を担って進行するが、基本的に意味の構築は共同でなされる。一方が質問し、片方が答え、さらにそれにフィードバックを与えるといったように、相互作用によって、意味の構築、再構築がはかられていく。一般に相互作用の形態として、話し手は聞き手のフィードバックを期待するが、聞き手のフィードバックには評価語が織り込まれ、聞き手が何を理解し、またそれをどのように理解

したかを話し手に知らせることになる。話し手が受ける聞き手からのフィードバックに聞き手からの評価が織り込まれることによって、話し手の評価に対する修正がなされ、さらに話し手がそれに異論を唱えることで交渉が行われる。こうした交渉のプロセスはサイコセラピーの設定にも当てはまる。評価語彙が織り込まれた臨床家のフィードバックによって、クライエントの意味の構築、再構築がはかられていくが、そうしたプロセスを踏むことによって、意味の交渉が成り立ち、それに伴って対人的関係性が構築されていく（加藤, 2012a, 2013b）。以下のやりとりを見てみたい。

(例5-4)
M　いやあ、どう接したらいいのか、(ウン) やっぱりちょっとわからなくなる時があるんですね。そして、イライラしている様子も伝わってきますし、(ウン) 腫れものに触るようではいけないんじゃないかな、親なんだし、って思うんだけど、でもどうしたらいいのかわからなくて、ちょっと腫れものに触るような形になってしまったり、(アー) どう接したらいいのか、毎日、毎日悩んでいる感じでしょうか。
T　<u>ああ、そうですか</u>。

(例5-5)
C　(上略) 会話が通じないっていうのかな、何か会話が何だかちゃんと、お互い、成立しないっていうのかな、そういうのがあるからか、ちょっと面倒臭くなってきちゃって。
T　<u>あら、まあ</u>。

(例5-6)
M　入ったんだと思いましたけど。でもねえ。お友達と、仲のいいお友達と一緒だったんです。小学校の頃から、(ウンウン) だからいいんじゃないって、んー、思いましたけど。ただ、テニスできるのとか思いましたけど。
T　<u>って言ってますよ</u> (後略)。

3例とも家族員の発話に続く臨床家のフィードバックに評価が欠落している。そのため家族員はいわゆる、言わされっぱなしの状況に置かれ、それ以上のやりとりの進展がそがれる。各家族員の発話の後の臨床家による応答に評価語がない場合、相互作用の維持、命題の進展性がそがれる。臨床家が評価語を入れた情報を返すことによって、そこから新たな相互作用の展開が生まれるからである。サイコセラピーのように一方が専門的知識を持った権威者となる場合、もう一方は相手からフィードバックが得られなければ不安に陥る（加藤, 2012a, 2013b）。

Mishler（2000）は、医者と患者のインタビューでは、両者がフィードバックを交わし合い、相互に意味の再構築をはかっていくというプロセスの中で、質問と答えを形成するとしている。このプロセスの中で、答える側は面接者から、答え方、どれだけディテールを与えるか、どう話すべきかを学ぶ（加藤, 2011, 2013b）。（例5-4）〜（例5-6）ではその手掛かりが失われている。単純に、コミュニケーションのあり方として考えた場合はストレスフルな相互作用と言えるが、ストラテジーとして評価語をあえて織り込まないとする見方も可能である。一方、（例5-7）に示すように、臨床家のフィードバックに肯定的な反応評価が織り込まれる場合は、対人的関係性構築にとって力強い戦略となる。評価の共有は人を近付けるからである。

（例5-7）
 M （中略）途端に何かもう、ほんとに<u>大変</u>なことになってしまい。
 T あ、その時はやっぱ<u>大変</u>だったんですよね、きっとね。

臨床家のフィードバックのあり方として、Sullivanは不適切あるいは不必要な言語使用は、避けられなければならないとしている。例えば、"I see"、"I understand"、"That's right" のようなフィードバックでは、何がわかったのかということについては何も言及されていないので、クライエントから情報を引き出すものでも、探査すべき新しい領域を発展させるものでも、またクライエントに有用な指示を与えるようなものでもなく無意味でかつ空虚であるとする（Chapman, 1978）。そうではなく、臨床家は

"I see why you were *panicked* by that"、"I understand why that *puzzled* you" といったより具体的な陳述に頼るべきだとしている (Chapman, 1978)。この中で、'panicked' や 'puzzled' が評価語彙である。評価語彙をこれらのフィードバックの中に織り込むことで、クライエントの応答を誘導的に探索することが可能となる。「隠れた説得者 (hidden persuader)」(Thompson and Hunston, 2000) としての評価の重要性を、臨床家のフィードバックが担っていると言える。

臨床家による評価を織り込んだフィードバックの欠如により、途絶 (abortion)、強引なターンテーキングが生じる例を見てみたい。途絶とは、命令、あるいは提案に対して、マイナスの志向性を暗示、あるいは表して対話を中断する言語行動のことである (Martin, 1992:31-91)。例えば、呼びかけや挨拶、行為、または情報のやりとりに対して拒絶的な反応を示したり、無視することで対話自体を終わらせることである。

(例 5-8)
- M　(上略) 私も働いているもんですから、あれこれと細かいところまで、見てやれなくて……(ァー)、なので、こんなふうにひどくなっているなんて、(ァー) 気づく余裕もなくて。もっと、早く気づいてやれば……。
- T　(父親に向かって) あの、ご両親の年齢を伺わせて頂いてよいですか。A (娘) さんの年齢はわかりましたが。

(例 5-9)
- T　(上略) お母さんが心配されていることはわかりましたが、それじゃあ、このような感じが見られるようになったのは、いつ頃なんでしょうかね。始まりはいつ頃だったんでしょうかね。
- M　はい、そうですねえ、あの…。
- T　それじゃ、A (娘) さん、その辺のところ教えてくれますかね。

サイコセラピーのように一方が専門家という権威者となる不均衡な社会的対人場面設定では、もう一方は相手からフィードバックが得られなけれ

ば不安に陥る。クライエントは、臨床家のフィードバックから、答え方、ディテールの与え方、話し方を常に学ぶが、フィードバックが得られなければ、答え方の手掛かりが失われるからである。またセラピーに限らず面接は基本的に、面接者が導入したい話題を選び、被面接者がそれに情報を提供することで成り立つが、被面接者が提示する情報が必ずしも面接者にとりあげてもらえるとは限らず、面接者からの途絶に遭う場合もある。こうした言語行動が重なると、参与者の不安水準があがることが想定される。大坊（1998）は会話で、個人の不安水準よりも話者間にある不安度の落差の有無が、発話量に影響を及ぼすことを報告している。理由として、話者間のパーソナリティの違いが互いの行動理解・推測を困難にするため、そこに緊張が生じ、その緊張軽減のために意図的に発言量が活性化されるというものである。大坊の実験では、発話者相方の発話量が増加することが報告されているが、セラピー設定のような権威に基づく非対称的な役割関係が基盤になる場合は、どちらか一方の発話量だけが増大する可能性は十分ありうることである。

　なお大坊の実験では、単純に発話量の増減だけを問題とし、評価言語のそれは視野に入れられていないが、評価言語の有無を含めた検証はさらに興味深い情報を提示することであろう。

　途絶によって、そこにターンテーキングが生じるが、ターンテーキングを通してプロセスのコントロールをはかることは、臨床家にとって強力な戦略となる。

　そもそも面接の基本構造は、臨床家が面接を始め、質問する権利とそれを終わらせる権利を持つが、その際に質問はコントロールの手綱を握る発話機能資源となる。質問の選択を通して、臨床家は導入したい話題を選び、被面接者がそれに情報を与えるが、その情報が必ずしも面接者にとりあげてもらえるとは限らない。フィードバックを与えられなかったり、途絶に持ち込まれるなどの方略に遭ったりすれば、被面接者にとってはストレスフルな状況となる。一方で、こうしたストレスフルな状況創生を面接者の有効なストラテジーとみなすことも可能である。

　こうした臨床家の言語行動は、適切量の情報を与えていないという意味

で、グライス（Grice, 1975）の会話の公準でいう量の公準（妥当な情報量を提供するが、必要以上のものは不要であるという公準。詳しくは135ページを参照されたい）を犯した発話となるが、このようなプロセスは、家族員をして臨床家の見解に対する修正あるいは反対見解を述べることを困難にする。

こうした考察から、異なる見解を持つメンバー、あるいは個人療法のクライエントによる異議申し立てがどの程度開かれているのか、といった研究テーマ設定も可能である。

3.3　交渉の焦点－感情

図5-4～5-7より、相互作用の参与者間で何が交渉されているかの概括が可能である。図5-7より、3セッションとも、感情の心状／否定の値が著しく高い。Cセッションでは満足／否定も同様に高い。心状評価は不安か不安でないかの評価カテゴリーで、家族員間で不安について語られていることが窺える。これらの結果より、セラピーの常道とも言える感情の交渉が大筋を占めるといった図式が概観できる。ジャンルによって、変数の優先項目に違いが見られる。例えば、アカデミック・ライティングでは、評価の中心となる機能は、知識の主張に付加される確実性の度合いを査定することで、確実性変数に沿った評価が、また人物照会など何かの価値査定が中心的機能となるジャンルでは、善悪変数が重要となる（Thompson & Hunston, 2000）。家族療法に限らずサイコセラピー一般で軸となるのは、感情変数と言える。サイコセラピーのプロセス・効果に関する先行研究は、臨床家がクライエントと感情的に関わることが、拠って立つ理論アプローチにかかわらず、成果をもたらす傾向があることを示してきている（Greenberg & Safran, 1982）。評価の主要な機能の1つとして、対人的関係性の構築と維持があげられる。一般に対人的関係性の構築には連帯が不可欠で、連帯の確立には、感情の共有をはかることが有効な手段となる。このことは家族療法という場にも当てはまり、そこでは間主観的に負荷される感情評価が重要な言語資源となる。話し手は、感情を表す表現で事象を評価し、聞き手にその感情的反応を共有するよう促す、あるいは少なくともその感情的反応が聞き手にとって理解できるものとなるよう聞き手と感情の交渉

を行う。図5-5、5-6、5-7よりセッションごとに家族員の評価カテゴリーを見ていくと、こうした言語行動の意図が反映され、Aセッションを除いて、B、Cセッションでは、臨床家の感情評価量が他家族員と比べて極度に高いかあるいは等量であることがわかる。以下は感情の交渉例である。

　（例 5-10）　＊＋は肯定的；±は中庸的評価
　　C　びっくりした。
　　T　ああ、そう。
　　M　びっくりだよね？　お父さんいっつもいないしね。
　　F　3人で出かけるなんて久しぶりだったので。
　　T　びっくり、どうびっくりしたの？　お誕生日の何かサプライズみたいな？（笑）
　　M　嬉しいびっくりだった？（笑）

（例 5-10）で、臨床家は、意味の強制を避けるために疑問形をとりながら、Mによる中庸の「びっくり」という旧情報を、「サプライズ」という肯定的な評価語で言い換えている。Hoey（2000）は、評価語彙が節の意味的支柱となっていなければ、介入するのが難しく、そのため面接プロセスを操作するのに有効に働く手立てとなりうるとしている。例えば、最終文のように節の中で提示される旧情報（びっくり）が、評価的に述べられている（「嬉しい」が付与されている）のがよい例である。さらに、語用論的意味の考察より、「びっくり」が日本語ではどちらかと言うと否定的な意味合いを含蓄するのに対して、「サプライズ」は肯定的な意味合いを持つ言葉である。こうした語用論的な肯否極性を持つ語彙を用いることによって、話し手は含意された形で、話し手自身の評価を示すことが可能となり、意味の交渉の操作に役立てることができる。

（例 5-11）の交渉では、臨床家は「サプライズ」を持ち出すことによって、父親の行動に対する評価を肯定的な意味合いに転じるのに成功している。

　（例 5-11）
　　T　うーん、じゃあ、お母様としては、来たことも、これもサプライ

ズ？
M　びっくりですね。
T　うーん、それはどう、どうびっくりですか？　お嬢さんはちょっと嬉しいようなびっくりだけど、お母さんは、どうびっくりですか？
M　私たちが、日々悩んでいることとかに、ああ、関わり合っている余裕もなければ興味もないっていうふうに感じていたので…。
T　うん、うん、うん、そうじゃないんだってことがわかってびっくり？
M　うーん、それもありますし、（中略）
T　うーん、うん。でも、まあ、こういうやっぱり、あの、お子さんのね？　ピンチの折々に、うん、やっぱりお父様が顔を出してくれたりするっていうのは、とっても大事だと思うんですよ。だからやっぱり、いいサプライズじゃないですかね？　ううん。

　最初の臨床家の「サプライズ」に対し、Mは「びっくり」と言い直し、それに合わせて、臨床家も一旦「びっくり」に戻し、最後に駄目押しのようにすでに旧情報となった「サプライズ」に「いい」という評価語を付与している。この「いい」は節の意味的支柱とはなっていないため、交渉対象として意識されることはなく、ために誘導効果を発揮している。
　感情に関する評価語彙項目が多いということは、一面、共感が交渉されているとも言える。それは臨床家が、サイコセラピーの初期の段階で重要とされる傷つき防衛的になっているクライエントと共感関係を築こうとする段階で必要とされる交渉である（Havens, 1986）。共感的な言葉、クライエントの情緒的状態をなぞる言葉をかけることで、クライエントとの距離を縮めようとするアプローチとなる。連帯は評価の共有を通して実現されるが、特に感情評価の共有が不可欠である。一般に感情の共有は、人々を結び付ける力がある。感情共有のための交渉が重ねられることによって共感的なつながりが確立されると、相互作用者は互いの立場についてより広い観念上のレベルにおいて心を開いていく。

ヘイヴンス（2001:1-2）はサイコセラピーにおける言葉の使い方を、3つの段階、(1) 共感、(2) 対人関係、(3) 行為の言葉に分けているが、それによると、(1) の共感の言葉は、傷ついた、あるいは傷つきやすい自己を隠し、防衛的になっているクライエントとの関係を築くための言葉で、(2) の対人関係の言葉は、クライエントと適度の心理的距離を保つための言葉遣い、そして (3) はクライエントに行為を促すための言葉遣いである（加藤, 2009）。Havens (1986:41) は、(1) の共感的な言語使用として、クライエントが傷つき、あるいは傷つきやすい状態にあり、本来の自分らしい状態でいることができない時、先ず、優しい思いやりのある言葉遣いで接し、後にクライエントが次第に恐がらなくなり、自分らしさを保てるようになってきたら、強い言葉、つまり積極的にクライエントと関わろうとするアプローチの言葉で、接近していくのがよいとしている（加藤, 2009: 235）。前者の段階における言葉遣いとして、気持ちをなぞる語りかけが重要であるが、それは臨床家がクライエントと感情を共有していることを示しながら、クライエントに寄り添うことで、クライエントを穏やかな気持ちにさせるために用いられる言葉遣いである（Havens, 1986）。また後者の段階では、Havens (1986) は共感を示す感嘆文に用いられるような感情を端的に表す語彙を連ねていくのがよいとしている（加藤, 2009）。但し、形容詞を用いた共感はしばしば的をはずし、クライエントの感情に対して見当はずれの表現となる場合もあるので、常にクライエントの反応を注意深く観察しながら、その過程で修正を加えながら進むことが肝要であるとしている（ヘイヴンス, 2001）。
　フランク（2007:90）は、流派を問わず、セラピーの成功の可否はクライエントの情動が喚起されるか否かにかかっているとし、情動の喚起は態度の変化を促し、環境の影響を受けやすくさせるとしている。例えば不快な情動は、積極的に援助を求めるよう患者を駆り立てるが、これが治療の場では、クライエントを臨床家に対して依存的にする。その情動喚起が極度に強烈な場合は、臨床家への依存がさらに強いものとなり、人格組織の古いパターンを壊して、良好なパターンを創生することになるとしている。

3.4　明示的評価と喚起的評価の別からわかること

　明示的評価は明確な評価語彙を用いて直接的に評価する表現で、喚起的評価は明確な評価語を持たず、間接的に評価を述べる表現であることは、201ページで述べた通りである。加藤（2011, 2013b）では、明示的評価と喚起的評価がどのようにセッションに影響するものなのかが計量データを基に報告されている。図5-12は、セッション間における明示的評価と喚起的評価の各家族員の評価総語彙－表現数に対する割合を出したものである。また、どちらの表現形態を用いる傾向があるのかセッション間の違いを調べたところ、統計的にA-Cセッション間に違いが見られ、Aセッションが明示的表現傾向を持つことを報告している。

　明示的表現傾向が強いということは、直接的な評価語彙－表現が多用されることを示すものであるが、その直接性のため、FTAとなる可能性を常にはらみ、否定的な評価が多ければ、ストレスフルなやりとりの展開となる。明示的評価を多用するということは、言語による表現のための計画性が希薄で、手っ取り早く明示的評価語に頼るあまり、分析的な説明を欠く場合も多いということが言えるであろう。一方、喚起的評価が多いということは、行動／出来事情報による評価が多いということである。行動／出来事情報は明示的評価と比べて解釈の幅が大きく、その分、間接的となりFTAを軽減する。よって、臨床家が喚起的評価を多用すれば、家族員の自己開示が引き出されやすくなるであろうということは言える。FTA

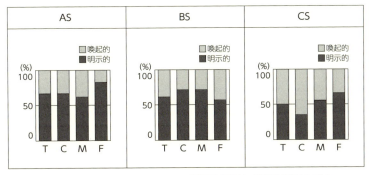

図5-12　3セッションにおける明示的評価と喚起的評価の割合

となる可能性をそぎ、また説明的な評価になる傾向が高く、クライエントにとってじっくりと納得のゆく相互作用となろう。Sano (2006, 2008) は、「新聞など広い読者層を確保する必要がある媒体や説得文など自分とは異なる立場の読み手を自分の立場に誘導するために書かれたテクストでは、喚起的評価が多用される傾向がある」としているが、セラピーにおいても同様のことが言えよう。

上述は、傾向として述べただけで、どちらがよくてどちらが悪いということではない。それぞれの長所短所を把握した上で、やりとりの状況に応じて、適宜、明示的・喚起的評価を使い分けることが肝要である。

また図5-12を見ると、CセッションでCの表現形態に喚起的評価表現が多いことを示しているが、A、Bセッションでは同じCのそれに明示的評価表現が多くなっている。またFに関しては、Aセッションで明示的表現傾向を示すものの、B、Cセッションでは喚起的表現が増大している。これらの結果より言えることは、臨床家に応じて、同一家族員にコード変換 (code switching) が行われていることである。セッションによって同一話者にこうしたコード変換が生じることは、臨床家の評価語彙－表現が家族員の言語選択に影響を与えることを示すものである。こうした言語選択の違

表 5-1　明示的評価語（出現頻度が4回以上の語彙）

Aセッション	Bセッション	Cセッション
心配	いい	いい
大丈夫	びっくり	頑張る
厳しい	心配	大変
面倒	早い	忙しい
落ち着く	大丈夫	変わる
悪い	不安	多い
違う	忙しい	変化
好き	いじめる	大事
遅い	嬉しい	よい
喋る	刺激	一杯
びっくり	女の子	楽しい
甘やかす	多い	いや
頑張る	大事	余裕
期待	男の子	落ち着く
小さい	孤独	元気
	身構える	
	難しい	

いは、セッションの中でのそれぞれの家族員のアイデンティティ形成に違いを生じるであろうことが想定され、それが当然、結果（outcome）にも反映されるであろうと考えられる。

このアイデンティティとは、とりも直さずセッションにおける社会的相互作用を通して醸成されるものである。相互作用のコントロール権を握る臨床家が違いを生じさせる変数となる。

なお、実際、どのような明示的評価語彙が選択されているかを表5-1にあげておく。

3.5 判決的評価

評価語彙は、関係過程節、2人称主語を持った心理文のような特定の語彙 - 文法資源と結びついた時、判決的（verdictive）な威力を発揮する。判決的というのは、オースティン（Austin, 1975）が評価する言葉として用いた語で、文字通り、陪審員、仲裁人、審判などが下す判決に相当するものという意味で使われる。サイコセラピーの文脈では、臨床家が専門家という立場であることから、その発言は判決者の発言として威力を持つことになる（Havens, 1986）。判決的評価は通常、関係過程節を用いてなされる（関係過程節については258ページを参照されたい）。関係過程節はある2つの別個の事物の間に打ち立てられる関係を、「あるもの」が「別のあるもの」で「ある」と表す節である。簡単に言えば、日本語で、「〜は〜である」という節形態のことを言う。属性／同定的という2つの意味様式があり、前者は「aはxの属性である」で、後者は「aはxと同一である」という意味様式である。次は臨床家による属性的関係過程節と同定的関係過程節の例である。

属性的関係過程節

（例 5-12）

　　T　お母さん、ちょっとうんざりしてきた<u>よう</u>ですよ。
　　　　お母さん、何か、<u>つまんなさそう</u>な顔になってきましたよ。

(例5-13)

　　T　（上略）お父さんは<u>知らん顔</u>してるようですけど（後略）。

同定的関係過程節
(例5-14)

　　T　だって、あなたはものすごく<u>考えてなさってる</u>方ですし（後略）。

　Havens（1986）は、もし表現が属性的性質を表すものであれば、Cに及ぼす判決的威力は増幅されるであろうとしている。但し、日本語話者の場合、人物属性の表象形態が欧米語族の話者に比べ、エピソード的な行動情報をとる傾向があり（唐沢, 2007）、関係過程節の他、様々な過程型（節構造）をとりうる。（例5-14）で言えば、「ものすごく考えてなさってる」は行動情報による喚起的評価に該当し、「慎重だ／思慮深い」といった明示的評価語彙に換言できるが、行動情報の表現は判決的評価としては、関係過程節を用いた明示的評価よりもインパクトは弱い。行動情報による評価は、明示的表現によるあからさまな評価を避けるという日本語文化が好む婉曲的表現傾向の現れである（加藤, 2012a, 2013b）。

　（例5-15）の2人称主語を持つ心理文も、侵入感を伴うことで、判決的性質を持つ表現形態である。

(例5-15)

　　F　（上略）ま、5、6回ということですけれども、大体、あの、間隔はといいますか。
　　T　そうですよね。（エエ）何か、ものすごく<u>急いでますね</u>、お父さんね。

　心理文については、143ページで述べたが、神尾（1990）の定義で人の心理状態を表す文のことを言い、日本語では使用が1人称主語の文に限られる。例えば、特別の状況設定を除き、「あなたは楽しい」「課長はうらめしい」などの2、3人称のさす人物の心理状態を話し手が理解するのは不可能で、そのような文が用いられた場合は、聞き手に侵入感を与える。通

第 5 章　評価資源から捉えるセラピー

常、2・3人称主語を持つ心理文は不適格とされる。(例 5-12) 〜 (例 5-15) はすべて 2、3 人称主語を持ち主語の心理に言及した文である。(例 5-14) の「お母さん」は呼びかけで、日本語に通例である主語（ここでは「あなた」）が省略されていると見ることもできるが、「お母さん」自体を主語と見なすことも可能である。

　(例 5-15) の「お父さん」は対称詞（聞き手をさし、「あなた」と同義）主語ともとれるし、他称詞（3 人称詞の総称）主語ともとれる。または呼びかけと言う解釈も可能である。他称詞主語ととれば、聞き手のことを 3 人称的に表現することになり、聞き手に対して皮肉を述べるという解釈も可能で、その場合、消極的ポライトネスとなる（消極的ポライトネスについては、131 ページを参照されたい）。「よう」（〜しているよう）が入っているため、不確実な証拠に基づく発言であることを表明することで修正がはかられているが、内容的に「私的領域」（145 ページを参照されたい）に入るので非礼な文である。(例 5-14) では「あなた」という人称名詞主語を省略せずに使っているが、「あなた」は対称詞としては直示的すぎて、ポライトネスの観点から目上の人には使えない。日本語の対称詞は対人関係の親疎、社会的関係によって選択されるが、臨床家が M に対して「あなた」を対称詞として用いていることから、臨床家の M に対する優位感を表出させている。しかし年齢的に臨床家が上である場合、「あなた」は比較的気軽に用いられるかもしれない。人称代名詞の選択は、話し手聞き手間の対人関係に応じて選択されるため、必然、当事者が相手をどのように見なしているかという観点が選択に表出するのである。こうした点は、英語で聞き手主語が常に「you」であるため、話者の聞き手に対する位置付けが表出されることはないのと異なる点である。英語で固有名詞、あるいは家族での役割関係、相性などを示す人称詞を用いる場合は、通常呼びかけ位置に限られる。

　書き言葉と違い、対話では聞き手は話し手によって述べられる評価に異議を唱えることができるという裁量の余地が残されている。勿論、そうするためには回りくどい相互作用が行われなければならず、それは対話のスムーズな流れを阻害する。特に相手が権威者であるというような非対照的な役割関係では、通常あまり起こりえない展開である。例えば、(例

5-13)の臨床家の発話に対してFが、「待ってください、先生。私のどこが知らん顔なんですか」などと述べる手立てはあるが、起こり得る可能性は低い。

　（例5-12）～（例5-15）はすべてFTA（4章参照）となる言語行動である。（例5-12）（例5-13）は、否定的内容の判決文になっていること、また修正されているとはいえ、心理文をとっていることからしても、聞き手の消極的フェイスにとってFTAとなる言語行動である。否定的な判決的評価は、消極的フェイスの脅威となるが、（例5-15）では、「急いでいるようですね」などの修正処置はとられていない。基本的にサイコセラピーでは、クライエントは自分たちの消極的フェイスにとって脅威となる自己開示を行う必要があるため、ある程度フェイスを諦めることが求められることは先述した通りである。一方、（例5-16）のように肯定的な評価語が織り込まれれば、同じ2人称主語を持つ関係過程節・心理文でも積極的ポライトネスとなる。判断評価の場合に特に当てはまる。（両例とも2人称主語である「あなた」が省略されている）。

　（例5-16）同定的関係過程節
　　　T　（あなたは）役に立つお嬢さんで、ずっといられた人だものね。

　（例5-17）同定的関係過程節
　　　T　（あなたは）でも合わせられた人なんでしょうね、きっとね。

　また、ヘイヴンス（2001）は問題を一般化する方向で、共感的発話を示すことが重要であるとしている。次の例を見てみたい。
　（例5-18）
　　　T　（中略）それは悲しいね。

　（例5-18）を、「○○さん、悲しかったね」として特定の個人人称詞を用いるよりも、非人称の「それは」とすると、個別性を超えた客観化された感情として捉えられる。そうすることによって、それがクライエントのみが感じることではなく、誰もが共有し感じ取れるもの、自然で共感できる

ものという安心感のようなものをクライエントに与えることができるとしている。共通理解が可能な現象という確約のようなものをクライエントに与えることになる。感情の外在化がはかられるわけである。そうすることによって、転移、投影も避けられることになる。態度評価の範疇で言えば、一般化した評価語彙を用いることも同じような効果を生み出す。Bセッションの臨床家は「女の子・男の子・女子・中学生」といった評価語彙を用いることによって、クライエントの問題行動、あるいはクライエントを悩ませている事象を一般事象として提示し、客観的視点を導入している。

(例 5-19)
　T　まあ、まだ、ね、中学生だからわかんないけど（後略）。

4　まとめ

　評価的意味とは、話者/書き手の視点を通して表現される自己、他者を含めた対人事象、出来事、物事に対する感情あるいは査定のことを言う。評価言語は、意味の交渉において欠かすことのできない重要な要素で、臨床家・クライエント間の評価の共同構築が対人的関係性構築に果たす役割は大きい。対人的評価活動は相互作用者の共同作業によって成り立つもので、それはクライエントの経験世界に対する評価に対し、臨床家のフィードバックを通して具現される。さらにそこから双方による意味の交渉が行われ、クライエントの経験世界観の修正がはかられたり、さらなる話題の発展へとつながったりする。

　本章では家族療法から臨床家と家族構成員が、それぞれ社会的パーソナリティを表出させ、評価言語をいかに駆使するかをマッピングした。このマッピングから、研究者がそれぞれどの部分に焦点を当てるかによって、引き出せる情報も違ってくるであろう。いずれにしても、評価言語から引き出せる情報は、量的にも質的にも、研究者に有用である。

第6章
名詞化表現のマジック

1 はじめに

　本章では、5章で述べたアプレイザル理論の感情評価に再び着目する。感情評価がセラピーにおける評価語彙の中で、最も頻度割合が高いことは5章で述べた通りである。セラピーの場では、感情評価の意味を交渉しながら、臨床家とクライエントが感情的反応を共有し、それを互いに理解し合えることを確認することで二者間の連帯が確立されていく。こうした意味の交渉の過程で、古い情動体験が処理され、新しい情動と認知の統合がなされる。この場合の情動処理とは、クライエントが体験した情動をどの程度象徴化して語れるかによってなされる。岩壁（2011）は「もし感情に言葉をつけて考えることができなければ、その感情体験は消化されないまま蓄積され、ついには身体的症状として表れるかもしれない。感情を言葉にすることによって、クライエントは、その感情に圧倒されるのではなく、象徴的なコントロールを得ることができる」として、クライエントがその情動体験を言語化して自己の語りの中に取り入れる必要性を説く。その象徴化機能の役割を担う語彙−文法資源の1つが名詞化である。情動体験を名詞化して語ることにより、クライエントの古い情動が象徴化され、問題解決に向けて役立てていけることになる。

　本章では、アプレイザル理論の感情評価に着目し、意味生成の発達という観点から、(1) クライエントの経験世界の再構成を促す意味生成資源としての名詞化表現、(2) 臨床家に求められる言語能力について考えてみたい。

2 文法的メタファーとしての名詞化

　加藤（2015）は、異なるアプローチによる個人療法の数事例で、面接初期とクライエントの症状に改善の兆候が見られる転換期のセッションの態度評価を比較し、初期よりも転換期において、名詞化された感情評価語彙が有意に増えたことを報告している。このことは何を意味するのであろうか。この現象について述べる前に、SFLにおける文法的メタファーについ

て改めて説明しておきたい。

　文法的メタファーについては159ページで、モダリティ表現にまつわるケースについて述べたが、ここでは名詞化に関与するそれについて説明したい。文法的メタファーとはHalliday（2001:537-538）による導入概念で、「意味の表現の仕方の転移」のことであることは先述した通りである。つまり、同じ意味を表すのに2つ以上の文法的に異なる表現が可能な場合、どちらかを、あるいはどれかを文法的メタファーと見なす。その際の表現形態として、直線的に無標の形で表現される形態が一致した表現または整合形（congruent）でそれ以外の一致しない表現または非整合形（incongruent）の形態を文法的メタファーと呼ぶ。例えば、「私は悲しかった」という発話があったとすると、これが一致した表現、または整合形である。つまり整合形は、変形操作を受けていない「主語＋動詞」の形態をとる形態である（安井, 2007:8）。一方、「悲しみ」あるいは「私の悲しみ」というように変形操作を加えたものが、文法的メタファーということになる[1]。いわば、「品詞の転換」とも言え（安井, 2007:3）、動詞・形容詞を名詞化するケースが主となる。この名詞化がサイコセラピーではクライエントの感情処理に重要な役割を担うと考えられる。

　整合形の節が名詞化されると、機能上、どのような違いが生じるのであろうか。先ず、節ではなくなるということで主語が除かれる。主語が除かれるということは、行為者性が剥奪されるということである。また、動詞がなくなることで、時制も除かれ、もともとの節に組み込まれていた情報が隠される。これによって行為は特定の個人から離れ、また時間軸からも離脱することで「もの」化され、それによって一般化・概念化・抽象化が起こる。図6-1はこのからくりを示したものである。

　「もの」化するということは、プロセスとして捉えてきたものを、「もの（thing）」あるいは「静止画像」として捉えることで、いわばプロセスの捉え直しということになる。「もの」化することを通して、クライエントは

---

[1] 通常用いられるメタファーが語彙中心で、そこでは意味が問題とされるのに対し、SFLの文法的メタファーは意味の方を固定し文法的表現形態を問題とすることに注意。

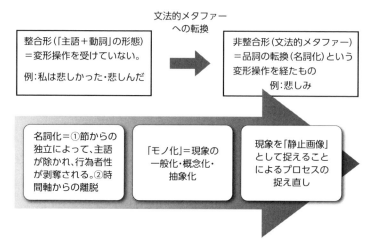

図 6-1　名詞化によってなぜ概念化・抽象化が起きるのか

自分の問題情動が、自分に本来備わっている属性としてではなく、客観的現象として見なすことができるようになる。クライエントが問題情動を自分の属性として見なしている限り、変えようのないものとして、ただ無力感に陥るだけで解決法を見出しにくいが、問題情動を自分自身から切り離して、外在化された現象として捉えることで、解決へ向けた新たな視野が獲得される（加藤, 2015）。以下に、セッションより例をあげてみたい。

(例 6-1)

C 　(中略) で、私のことをすごく感情的だって言うんですね。確かにその人は頭もいいし、理性的だと思うんです。でも私どうしたって、そんな考え方しかできなくて、本当に苦しく (感情/心状) ってたまらなく (感情/心状) って……そういう人間はやっぱり落ちこぼれていくより他、しょうがないのかなと思うんです (感情/満足)。

T 　今もうすでに自分は落伍者 (感情/満足) である……。

(例 6-2)

C 　決して私自身の体験なんていうのは、他の人は内面的な体験なん

ていうのはできないのに、ただ頑張れとか何とか言うのはすごく勝手だっていう気がしちゃったんですね。
T　本当の自分の**辛さ**（感情/心状）、**やりきれなさ**（感情/心状）、**空っぽさ**（感情/心状）、それは誰にもわかってもらえない。ただ頑張れ、頑張れって言っているだけ。

（例6-1）では、クライエントの陳述の下線部分を、「すでに」と明確化した上で、「落伍者」という名詞を当てて判決的に評価を下している（判決的評価については、221ページを参照されたい）。また、（例6-2）では、臨床家はクライエントが用いた「体験」という語彙を、「辛さ」「やりきれなさ」「空っぽさ」といった抽象名詞を用いて具体的な例示をはかっている。こうした抽象名詞を用いることで、クライエントの体験の一般化がはかられている。クライエントの発話は喚起的評価（201ページを参照されたい）が中心となっているが、喚起的評価は現象の一般化とは遠い位置にある表現方法であることに注目したい。

名詞化された語彙には、しばしば評価語彙が伴われる。以下のような例である。

（例6-3）
C　昼間１人でいると悶々として、今頃２人で、私の知らないところで会っているんじゃないかとか、もう帰ってこないんじゃないかとか、もう考え始めると<u>何も手につかなくなって、寝込んでしまいそうになります</u>（感情/心状）。
T　<u>根拠のない妄想的**勘ぐり**</u>に負けてしまう。

（例6-4）
C　これまでにも性格的に合わないなっていうことが時々ありましたけど、こうなってしまうと、この先やっていけるんだかどうだか。
T　通常、**夫婦によくある軽い性格の不一致感**を克服できるかどうか不安。

(例6-3) では、臨床家はクライエントの行動情報の解釈を名詞化した「勘ぐり」に、「根拠のない」と「妄想的」という「勘ぐり」を否定する評価語彙を織り込むことによって、クライエントの否定的感情が根拠のないものであることを示そうとしている。(例6-4) の「性格の不一致感」も同じく、クライエントの現状に対する喚起的評価を、臨床家が「性格の不一致感」という一般化した名詞表現でクライエントに提示し、総括しやすくなるように充てがっている。同時に、「性格の不一致感」という否定的情動が、特殊な現象ではなく一般にありふれたものであることを示すために、「夫婦によくある」と「軽い」といった評価語彙をさりげなく挟むことによって、クライエントが深刻な葛藤にはまることから救っている。

　評価語彙は介入が難しいため、このように含みのある評価語彙を随所にさりげなく織り込むことで、クライエントの生活体験に対する認知を徐々に変えていくことが可能な資源である (加藤, 2009)。通常の対話において、話し手が用いた評価語に聞き手が異議を差し挟むことは稀で、大方は、一瞬ひっかかりを感じても素通りしてしまうからである。(例6-3) で言えば、臨床家の「根拠のない妄想的」に対して、クライエントが、「私の言うことが根拠がなく、妄想的だというのですか」と異議を挟んでくることは、通常あまり考えられない。なお名詞化された語彙には、「非生産的で、意味がなく、能天気で、あっけらかんとして……」など評価的形容語彙を無限に付与できる。こうした利便性は、行動・出来事情報を「こと」化することによって可能になるものである。臨床家はうまく活用されたい。

　(例6-5) は同格節としての前修飾を伴って機能する名詞形態である (主名詞は太字、埋め込み節は斜体で示してある)。

　(例6-5)
　　C　いきなりガタガタって。本当に<u>うまく</u>(感情/満足) いっていると思ってました。よそ様のいろんな問題を聞くたびに他人事だと思ってて。自分は<u>違う</u>(感情/満足) んだって。自分はうまく (感情/満足) やっているんだって思ってました。
　　T　[*自分はうまくやっている*]っていう**自己満足**(感情/満足) に、つゆほども疑いを持たなかった。

第6章 名詞化表現のマジック

　(例6-5)では、「自分はうまくやっている」というクライエント自身が用いた表現に、臨床家によるクライエントの情動の解釈である「自己満足」という名詞表現が、同格表現として連結されているため、クライエントがその発話に介入、あるいは異議を唱えるのを特に難しくしている。このようにクライエントが用いた表現をそのまま用いることによって、一見クライエントの見解を残すかにみせながら、それの同格表現として臨床家自身のクライエントとは異なる解釈を示す評価を織り込むやり方もまた、クライエントの体験認知をさりげなく修正していくことを可能にする操作手段である。

　こうして臨床家は、臨床家による経験世界の解釈・認知に対するクライエントの反論あるいは介入の余地を狭めることで、クライエントがそれを受け入れざるを得ない状況を創出していく。ゆっくりと外堀を埋めていくプロセスとでも言えるであろうか。名詞化表現は、それに付与できる評価語彙も含めて、いわば、「隠れた説得者 (hidden persuader)」(Thompson and Hunston, 2000) としての機能を担っていると言える。臨床家による名詞化された表現にクライエントが介入してくることは必ずしもありえないことではないが、名詞化された意味を解き開くためには、回りくどい (時に対決的な) 相互作用が求められるため、多くの場合見送られ、結果、臨床家の言い換えによって示される意味・解釈の容認という事態がもたらされる。これはセラピー設定に限らず、一般に多くの対人的相互作用の場で共通して言えることである。こうしてクライエントは臨床家によって自己の情動反応が命名されるわけであるが、それは名詞化作用によって客観的視点が導入された情動となる。須藤 (2003) は、上述の名詞化の機能が、アメリカ政府の政策提案文書に巧妙に取り込まれることで、マスメディアの操作が意図されるさまを論じているが、同じ操作意図が、サイコセラピーでは善意に活用される。

　評価語彙が、同定/属性的関係過程節、2人称主語を持った心理文のような特定の文法資源と結びついた時、判決的 (verdictive) な威力を発揮することは、221ページで論じた通りである。判決的というのは、文字通り、陪審員、仲裁人、審判などが下す判決と同じで、セラピー設定では、専門

家である臨床家の発言が判決者の発言として威力を持つことになる。特に属性的性質を表すものであれば、その威力は増幅される（Havens, 1986）。以下のような例である。

(例6-6)
C　あれもこれもすべて完璧にわかっていないといけないんだと思ってきたのが、他の皆もそれほどわかっていないんだって思えてきて。だから他の人だってわかってないんだから自分もわかんなくったって平気なんだって思えてきて。言い訳みたいですけど。
T　(i)　[自分もわからなくていいって開き直る]ことは、考えように
　　　　　（トークン）
　　　よっては、ずるい妥協かもしれない。
　　　　　　　　　　　（バリュー）
　　(ii)　しかし確かに［そういう考え方ができるようになった］こと
　　　　　　　　　　　　　　　　　　　　　　　　　　　（トークン）
　　　は、自分で大きな変化だっていうふうには受け取れるわけですよ
　　　　　　　　　　　（バリュー）
　　　ね。

（例6-6）では、臨床家の発話の（i）（ii）とも判決文である。(i) では、クライエントが「自分もわからなくって平気」と評価したことを受けて、臨床家がそれを「自分もわからなくていいって開き直ること」として「こと」化して、トークン（Token：「xはaである」文のxにあたる部分）の位置に置き、それに対して「ずるい妥協」という否定的評価で結んでいる。同じく（ii）では、トークンの位置に「そういう考え方ができるようになったこと」を置き、それに「大きな変化」という評価を与えている。このようにクライエントの経験世界の解釈を、臨床家が属性的関係過程節（「xはaである」文）と同定的関係過程節（「aはxと同一である」という文）とを用いながら、生活史のエピソードとそこに生じる情動の定義を次々とマッピングしていくわけである。先ず、クライエントによって整合形で表現されるクライエントの生活史のエピソードとそれに伴う情動は、臨床家が属性的関

係過程節を用いることによって分類され、同定的関係過程節によって定義される。その際に、(i) に示すように、同定的関係過程節のトークンの位置に、クライエントの問題行動と見なされる陳述を「もの」化して埋め込み、バリュー（Value:「x は a である」文の a にあたる部分）の位置で名詞化表現によって抽象化するという工程となる。

　名詞化を用いたこうした概念化によって、古い情動体験が処理され、新しい情動と認知の統合がなされる。この情動処理とは、クライエントが体験した情動をどの程度象徴化して語れるかによってはかられる。Greenberg and Safran (1987) は、感情の情報処理は情動と認知が統合され、新しい認知 − 感情的意味構造が構成されることで完了するとしている。人は情動を経験すると、その意味を探索しようとするもので、情動の経験と認知的な探索や内省の過程が統合されて、初めて1つの情動体験が処理されたと言えるとする。その際の情動処理の進行具合は、自らの情動経験をどの程度象徴化して語り、そこに意味を見出し、今後の問題解決に役立てられるかなどに反映される（伊藤, 2006）。こうした象徴的コントロールは、クライエントをがんじがらめにしている特定の感情を抽象化・概念化することによって、自己のアイデンティティから切り離すことでなされる。抽象化が認知を促すのである（加藤, 2015）。

　フランク（2007:67）は、クライエントが言葉に表せなかった体験に名前を与えることで、クライエントの保全感や統合感を増大させるとして、言語を人間がその体験を分析し組織化するための主要なツールであるとしている。無意識、または言語化不可能と思われていたことが一旦、言語化されると、これらの意識に備わる恐怖喚起力が低下するということである。また、問題解決を求めて言語的な推論を利用することも、選択の自由があるという感覚を高め、コントロール感を強めるとしている。

　ワクテル（2004:171）は、クライエントの生育歴上の重要な他者が、クライエントの否定的な感情体験を受け入れるのを拒絶したり退けたりしたために、クライエントは否定的な感情体験の対処の仕方を学習する機会を奪われてきたとしている。従って、クライエントはそうした情動体験を命名したり、コントロールしたりすることができないまま現在に至っているの

である。それまでの人生でクライエントは自らに感情を表に出すことを禁じてきたが、セラピーを通して、クライエントは感情を表すことを奨励され、それが許されることを面接室で学ぶ。これは1つの変化として歓迎されるべき点である。フランク（2007:197）は、クライエントが感情を体験し、それを臨床家に開示できるということは、臨床家への信頼感が増していることを示すものであること、また同時に変化への動機付けが生じていることを示唆することが多いとしている。

岩壁（2011）は、臨床家がクライエントの感情の言葉に注意を向け、それを受け取ろうとし、その上でクライエントが、自身の体験にぴったりする言葉を当てがうのを手伝うとしているが、その役割を担うのが臨床家の言い換えである。以下、例である。

(例 6-7)
 C 自分は学生時代、何やってたんだか。成績だってさっぱりぱっとしないし、サークルやってたわけじゃないし、今は小さな会社でつまんない事務して、これからもこんな感じで結婚もできずにずっと生きていくと思うと、一気に気持ちがダウンして、今週は起き上がれなくて（中略）。
 T <u>世俗的な敗北感に圧倒</u>されるのですね。

(例 6-7) では、クライエントの情動体験にぴったりする言葉として、「敗北感」「圧倒」という名詞を当てがっている。臨床家はさらにそこに「世俗的な」という評価語彙を差し挟むことで、クライエントの敗北感が世俗的な見方であって、「世俗的」ではない見方をすれば「敗北感」に再考の余地が生まれることを示唆している。このように、名詞化によって自分の情動が命名され、それが象徴的コントロールとして働く。ここからクライエントは象徴化された情動体験を問題解決に向けて役立てていけることになる。こうした積み重ねを経て、セッションの経過とともに臨床家の意味がクライエントの中に蓄積されていき、転換期にはクライエント自身が名詞化された感情評価語彙を用いるようになる（加藤, 2015）。以下は、その例である。

第 6 章　名詞化表現のマジック

（例 6-8）
　　C　自分に対する幻滅感（感情/満足）が大きかったっていうそんな感じがするんです。今は何か、希望（感情/希求）っていうか、楽観視（感情/心状）してるっていうのか…。

（例 6-9）
　　C　誰に対しても、そういう恐怖感（感情/心状）っていうのがないんですね。

（例 6-10）
　　C　（前略）それ自体にそれほど敗北感（感情/満足）を感じなくてもいいんじゃないかなっていう気がしてきましたね。

　ワクテル（2004:229）は、「クライエントに自らの人生の真実は直面し難いものだと思わせてきたのは、まさにその真実の主観的な構成のされ方であることも多い。リフレーミングされることによって、現実はしばしばより容易に接近されうるものとなり、否認と歪曲をそれほど必要としない生き方が可能となる」としている。
　その他付随的な機能について簡潔に触れておくと、名詞化は個人の行為者性をなくすことでFTAを軽減するフェイス補償行為につながるという点があげられる。名詞化は表現を形式的なものにする。叙法が取り除かれることで、主語あるいは行為者が隠され、ある特定の行為者への帰属が避けられるが、それによって客体化あるいは一般化が生じ、表現が形式化された内容となるからである。そこで聞き手との間に距離が生じ、フェイスにとって脅威とはならなくなる。これは消極的ポライトネスにつながる（加藤, 2015）。
　テクスト形成的メタ機能（39ページを参照されたい）の側面からは、名詞化はクライエントの生活史のエピソードを、主題あるいは新情報として際立たせる点があげられる。例えば、名詞化された表現をマッピングしていくと、そこにクライエントの問題がトレースできるということである。名

詞化表現は、その抽象化・一般化機能からこれらの出来事を問題として強調することになるからである。このことから、繰り返し起こるテーマとして、臨床家はそれらをクライエントの問題情動として特定できよう。

3　臨床家に求められる言語的コンピタンス

　言語獲得という観点から言えば、文法的メタファーは素朴な整合形にひねりを加え、一段高次の抽象度のより高い段階における記号操作であるため、整合形より難易度が高い（安井, 2007）。また文法的メタファーには漢語が多用されるが、この漢語は極めて利便性の高いものであるものの、それを自在に使いこなすにはそれなりの知識が必要である。必然、臨床家には高い言語的コンピタンスが要求されることになる（加藤, 2015）。以下は、言語的コンピタンスがあまり高くないと思われる臨床家とのやりとりの例である。

（例 6-11）
　　C　（中略）また<u>仕事やめる</u>って言ったら、きっと「あんたってほんとにだめだね」って呆れ返られて<u>軽蔑されてしまう</u>だろうなって。今からそんなこと考えてしまって。考えないようにって思うんだけど、つい<u>考えてしまっ</u>て。それが<u>辛くって</u>。
　　T　今度仕事やめた時に、家族に<u>呆れ返られて</u><u>軽蔑されてしまう</u>ことを<u>考えてしまう</u>んですね。それは<u>辛い</u>ですね。

　（例 6-11）では、臨床家はクライエントと同じ次元の表現レベルで、つまりクライエントが用いた喚起的評価表現のまま、単にクライエントの発話の下線部分を一文にしたにすぎない。つまり整合形のままで構文上のレベル転位はない。また語彙的にもクライエントが用いた語彙がそのまま借用されている。そこには何らクライエントの注意を喚起するものは見られず、クライエントは臨床家による自らの発話の反復を聞かされるだけという状況である。
　以下も感心しない例である。クライエントがここ数日、家の中にこもっ

て、何もする気が起きずに、1日中、眠ってばかりいると話した直後の臨床家の応答である。

(例6-12)
　T　何かプレッシャーとかストレスがあったりすると、寝てしまったりするのかな。
　C　はい。多分、現実逃避なんでしょう。
　T　今の生活から、すごく逃げたいと感じているんですね。

　(例6-12)では、クライエントが自分の情動行動を「現実逃避」としてすでに一般化した表現で捉えているにもかかわらず、「今の生活から逃げたい」と臨床家がわざわざ整合形に戻している。クライエントの意味生成の発達を促すのとは逆行する流れとなっている。
　クライエントと臨床家の意味作りの能力は、Bernstein (1971)のコード理論から端的に引き出せる。Bernsteinは、イギリスの中産階級の子供たちと労働者階級の子供たちの話し方を比較して、労働者階級の子供たちは「限定コード (restricted code)」(299ページを参照されたい)のみを、中産階級の子供たちは「精密コード (elaborated code)」(299ページを参照されたい)を使用するが、限定コードも用いることができることを報告した。精密コードというのは、聞き手が自分と同じ視点を持つとは限らないという前提のもとに、相手にも通じる説明的、分析的かつ抽象化された話し方であり、限定コードというのは、特定の集団のみ、あるいは自分と状況を共有する集団にのみ通用する話し方のことを言う。教授的談話としてのサイコセラピーでは、臨床家が専門家として、クライエントを指導するという関係構造として捉えられる。必然、臨床家には「精密コード」が求められる。臨床家は、クライエントのいかなる言語表現に対しても、言い換えて対応できるだけの語彙‐文法的レパートリーを備えていることが必須要件である。最も望ましくない組み合わせは、クライエントが「精密コード」を、臨床家が「限定コード」を用いる組み合わせである。サイコセラピーは言語使用の観点から言えば、問題にがんじがらめになったクライエントの限定コードを拡げ、精密コードに近付けるプロセスである。同じコンテクスト

をコードを変えて構築することによって異なる意味を創造するプロセスで、臨床家がクライエントの意味作り、あるいは話し方のレパートリーを拡げるのを指導するわけである。必然、臨床家に精密コードが求められるのは言うまでもないことである。

4 まとめ

　本章では、感情評価の名詞化表現の増加がサイコセラピーのプロセス上、どのような意味を持つかについて述べた。

　名詞化表現の機能をまとめると、経験世界の解釈を作り上げる機能面からは（1）感情の一般化・概念化あるいは抽象化機能、対人的相互作用の観点からは（2）介入の余地を狭める、（3）FTAの緩和、また（4）問題の俯瞰が可能になる、という4点があげられる。本章では特に、（1）の機能に着目し、名詞化表現の概念化あるいは抽象化機能が、クライエントの情動体験処理の役目を果たすことを中心に述べた。

　サイコセラピーを教授的談話と見なせば、クライエントは臨床家による指導のもと、意味作りの発達が促される。必然、指導者としての臨床家には、言語的コンピタンスが求められる。特に名詞化表現は言語獲得の観点から、高次の言語的コンピタンスが求められる意味生成資源である。

　本章では、もしセラピーがうまくいけば、クライエントの意味生成資源の変化がサイコセラピーの流れを通して観察されるということを論じたわけであるが、大事なのは、面接でのクライエントの記号上の発達が、セッション内だけでなく面接室の外においても、クライエントの意味生成上の成長をもたらすかどうかという点である。

第 7 章
TCM

1　はじめに

　本章では、第5章で論じたAppraisalを利用して、著者がプロセス研究の手法としてErhard Mergenthaler教授の協力を得て開発したTherapeutic Cycles Model（以後、TCM）の日本語版を紹介する。

　TCMはサイコセラピーの面接においてクライエントと臨床家との言語的相互作用に表出する感情と認知プロセスを示す語彙に統計的処理をはかり、グラフィックに描出するコンピュータによるテクスト分析の手法である。確立されたプロセス研究の分析手法として、治療アプローチの違いを問わず、様々な実証的な研究に応用されている。著者はこの手法を日本語臨床に導入すべく、日本語用改訂版、JTCM（Japanese Version of Therapeutic Cycles Model）を開発した（加藤, 2012b, 2012c）。本章ではJTCMの日本語による面接テクストへの応用性とプロセス研究の手法としての可能性について述べる。

2　TCMの理論的枠組み

　TCMは、Mergenthaler（1996）によって開発されたコンピュータによる面接テクストの情報成分の統計的分析手法で、臨床理論に基づいて構築された手法である。

　感情はサイコセラピーにおける1つの中心的な概念である。セラピー・プロセスで、クライエントの感情は、他の様々な媒体同様、言語表現にも表出する。Mergenthaler（1996）は、言語表現に表出する感情表現をトレースすることで、クライエントが変容を体験するのに感情と認知上一定のサイクルを経ることを特定し、それをモデル化してTCMとした。

　TCMは、クライエントとセラピストの言語的相互作用に表出する感情（emotion）と認知（cognition）プロセスを示す語彙を統計的に計量し、グラフィックにクライエントの変化の局面（critical moment）を描出する。言語の抽出には、データベースとしての辞書が作られていて、その辞書に基づいて、ECP（Emotion-Cognition Patterns）が特定される。この手法によって、

セラピーの4つの段階（phase）、（1）減退期（Relaxing）、（2）体験期（Experiencing）、（3）連結期（Connecting）、（4）熟考期（Reflecting）が特定される。成功事例では、これら4つの段階をサイクルとして繰り返しながらセラピーが進行するという規則性が見られること、特に（3）の連結期がクライエントの変化を導入するのに不可欠な段階であるというのが、統計的に確証されている。4つの段階の詳細は以下である。

段階（Phase）Ⅰ：減退期（Relaxing）
ほとんど感情的になることもなく抽象思考期でもない（little emotion tone and little abstraction）状態である。クライエントは、くつろいでいる状態にある。問題の核心部分には直接的にはつながらない内容について話し、熟考するというよりはむしろ状況描写あるいは状況説明の段階である。

段階（Phase）Ⅱ：体験期（Experiencing）
感情的なものが優勢で、抽象思考ができない（much emotion tone and little abstraction）状態である。クライエントは、感情を体験している状態にあり、問題となる症状について報告したり体験を語る段階である。相反する題材をあげ、それを感情的になって体験していることもある。

段階（Phase）Ⅲ：連結期（Connecting）
感情指向と抽象指向がせめぎ合う（much emotion tone and much abstraction）状態である。クライエントは相反する題材に感情的にアプローチし、それを熟考できる状態にある。感情的なものと抽象思考をつなごうとする状態で、感情的体験を熟考し、やがて洞察に至る。心的態度の変化のきっかけとなる段階という意味で、セラピー・プロセスにおいて重要な段階である。クライエントの言語表現に現れる抽象的表現基調と感情的表現基調の共存は、クライエントの変容をもたらすのに必要な段階であるという臨床概念に基づいている。

段階（Phase）Ⅳ：熟考期（Reflecting）
感情的なものが影を潜め、抽象思考が優勢である（little emotion tone and much abstraction）状態である。クライエントは感情的緊張が引き、体験を抽象化して話せる段階にある。知的思索（Intellectualizing）として知られる

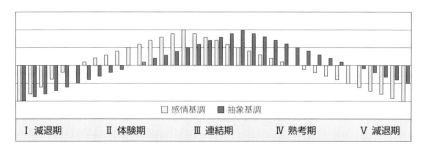

図 7-1　基本的な TCM の流れ

防衛表現であることもあるので注意を要する。

　TCM は、テクストの中の感情基調の語彙と抽象化基調の語彙を割り出し、それを平均からの標準偏差として描出する。抽象化基調の語彙とは、名詞、または名詞化された表現である。あらかじめ、様々なコーパスより収集した統計データに基づいて辞書が作り出されており、その辞書に基づいて、感情−抽象パターン（Emotion-Abstraction Patterns）を表す語彙を抽出することになる。辞書から、ET（Emotion Tone：感情基調）と AB（Abstraction：抽象基調）を示す語彙を抽出し、あらかじめ定められた観察記録単位（scoring units）としてセグメント化されたワードブロックごとに標準偏差を出し、感情−認知プロセスを時系列に表示する。

　セラピーにおける感情と抽象化の概念は、セラピーのプロセスを相関的に示すものとして、言語行動に表出するというのが前提となっている。描出されるパターンには規則性があり、一定のサイクルを描いて繰り返される。そのパターンが先述した 4 段階のパターン、減退期、体験期、連結期、熟考期である。図 7-1 は、理想的な TCM の流れを示したものである。

　理想的な EAP（Emotion-Abstraction Pattern）は、減退期、体験期、連結期、熟考期、そして再び減退期というサイクルを描くとされるが、実際の臨床ディスコースでは、必ずしもこのプロトタイプに従うとは限らない。サイクル特定の最低限の要件は、減退期から次の減退期までの枠組み内に連結期が存在するかどうか、少なくとも連結期が 1 ワードブロックに 1 つは存

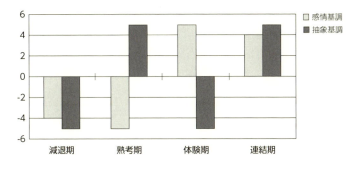

図7-2 基本的な段階のパターン

在し、また、ET あるいは AB が1標準偏差よりも大きいことである。なお、サイクルの有無は、マクロ（1事例全セッションを通して）とミクロ（単一セッション内）の両レベルで特定することが可能である。

図7-2は、基本的な段階のパターンを示したものである。

描出されたサイクルの読み取りには、サイクルの有無の他に、各発話者の発話割合（speech proportion）を調べる必要がある。該当ブロック内で、臨床家とクライエント、どちらの発話者の発話が支配的かをサイクルと照合しなければならない。サイクルを特定しても、それがクライエントの発話ではなく臨床家の発話が支配的なワードブロックであれば、適切な特定とは言えないからである。よって、TCMのマッピングには、各ブロックごとに各話者の発話割合、さらにスピーチがポジティブ基調かネガティブ基調かが付与される。図7-3は、Mergenthaler（2007）による反応性鬱病クライアントとのブリーフ・セラピーの成功例であるシェフィールド・ケース（Sheffield case）より、第4セッションのTCMを描出したものである。最上段の図は、クライエントの発話のみを扱ったもの（各話者ごとにサイクルを見ることもできる）、2段目は、各ブロックごとに各話者の発話量をパーセンテージで表したもの、3段目は、クライエント・セラピスト両者による発話をTCMにしたもの、そして最下段は、各ワードブロックがポジティブ基調かネガティブ基調かを標準偏差で表したものである。このポジティブ／ネガティブ基調を見るのは、次の理由による。

Schwarz（1990）は、人が自分の感情状態に基づいて、物事を判断、評価する傾向があり、ポジティブな感情状態の時は、肯定的・楽観的な評価・判断を、一方、ネガティブな感情状態の時は、否定的・悲観的な評価・判断を行う傾向があるとする。その理由についてForgas & Bower（1987）は、「その感情ノードに伴う情報が活性化することによって判断が感情と一致した方向に歪むからである」としている。Isen（1990）は否定的感情を、問題事象に対する思考を深め解決に向けて準備する状態とし、また肯定的感情を、思考・言動を拡張させ、問題解決へ向けた意欲的な状態としている。Mergenthaler（2008）は、これをセラピー・プロセスのコンテクストに適用し、否定的感情が支配的な状態を問題についての思考の活性化をはかる状態、肯定的感情が支配的な状態を問題解決を積極化する状態と捉えている。否定的感情が支配的な間は、セラピーで取り組まれるべき問題構築のために、面接の場では問題エピソードの報告が積み重ねられる。一方、肯定的感情が支配的な状況では、思考の拡張により洞察が可能となり、問題解決に向けた新たな道が生成されやすくなる。セラピー・プロセスでは、否定的感情状態を十分経た上で、肯定的感情状態へのスムーズなシフトがはかられることが理想で、こうしたプロセスを経ることがセッションを成功へと導くとしている。成功事例ではこうしたシフトがはかられていることが観察されるが、失敗事例ではクライエントは初期の否定的感情を持ち越したまま、シフトがなされない（Mergenthaler, 2008）。

　シフトには、シフト・イベントが必要で、シフト・イベントは、ETがネガティブからポジティブへシフトする部分で起こっていると考えられ、連結期の前、あるいは連結期に起こる（Mergenthaler, 2008）。ナラティブ、夢の報告、共感的応答などがシフト・イベントとして考えられる。失敗事例では何らかの理由で、シフト・イベントが行われない、あるいは機能しないことがその失敗の原因として考えられる（Mergenthaler, 2008）。

　上述をまとめると、TCMは、図7-4に示すように、3つのデータを総合的に診断した上で、特定されるということになる。

第7章 TCM

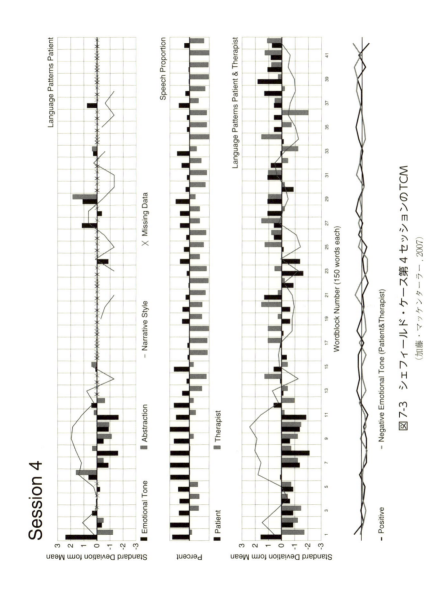

図7-3 シェフィールド・ケース第4セッションのTCM
(加藤・マッケンターラー，2007)

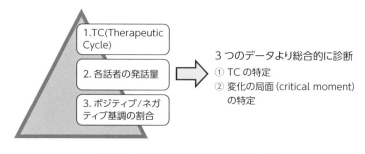

図 7-4　TCM が特定される総合データ

3　日本語版 TCM の開発

　セラピー・プロセスの段階とクライエントの変容の時期の特定が可能になることで生じる研究上のメリットは極めて大きい。確立された分析手法として、TCM はアプローチの違いを問わず、様々な実証的な研究に応用されている。著者はこの手法を日本語臨床に導入すべく、日本語用改訂版、JTCM の開発を行ったが、日本語への適用にあたり、①データベース辞書の構成は、アプレイザル（アプレイザルについては、第5章を参照されたい）の理論的枠組みに基づいた理論建てに改組したこと、②喚起的表現（220ページを参照されたい）を含めたこと、③ワードブロックを拡大したこと、など改定点を加えている。以下に概説したい。

①データベース辞書の構成を、アプレイザルの理論的枠組みに基づいた理論建てに改組したこと

　TCM はマーカーワードの辞書を作成し、それに基づいて語彙抽出の自動化がはかられる。オリジナルの辞書は、現在、ドイツ語・英語・スペイン語・イタリア語版が作成されているが、これらは英語版を自動的に翻訳したものである。日本語は、これら欧米語族とは全く異なる言語構造を持つため、日本語版の開発にあたっては、異なる抽出法が必要であった。

　マーカーワードの辞書は、感情を表す語彙（emotion tone：ET）と抽象概念を示す語彙（Abstraction：AB）からなる。ET は名詞化されない語彙で、

図7-5　アプレイザルの評価カテゴリー

主に形容詞、動詞、副詞である。ABは、名詞、あるいは名詞化された表現ということになる。ETの段階では、まだ感情は抽象化されていないが、やがてABの語彙数が増えて、ETのそれと拮抗する状態になると、連結期と見なされる。さらにABが優勢になる段階が熟考期である。AB、つまり名詞、または名詞化された表現が増えるということは、感情の一般化あるいは抽象化が進むということであるからである。名詞または名詞化された表現が情動の処理につながることは、第6章で論じた通りである。

　改定点は、SFLのアプレイザルを基本的な理論的枠組みとしたことである。Martin and White (2005) の概念では、判断・観照評価は感情を基盤にして慣習化またはコード化されるもので、判断は評価者の感情に基づく人の行為やパーソナリティに対する提言 (proposal)、観照は評価者の感情に基づく物事に対する命題 (proposition) である。つまり図7-5に示すように感情が核心にあり、この核心部から方向を違えて派生する評価基準が他2つのカテゴリーと言える。Tangney (2003) は、人間の感情はその人間の評価的過程が影響しているとし、1次的評価として特定イベントに対する個人的な肯/否定的な意味合い、2次的評価として、そのイベントに対処できるかどうかの評価・査定によって感情が形成されるとして、常に自己との関連性における評価が感情形成の母体であるとする。

　Lewis et al (1989) は喜び・悲しみ・恐れ・嫌悪・興味・怒りを1次的感情、そして内省を伴う共感・同情・恥・羨望・罪悪感・誇り・後悔を評価的自己意識感情として2次的感情と名付け、1次的感情と区別している。岩壁 (2009) も感情を1次的、2次的感情に分けているが、1次的感情を

「ある場面において個人が最も初めに体験する感情」、2次的感情を「1次的感情に対する反応として、ある認知プロセスや心的プロセスに続いて起き、対人関係における感情表出に関する暗黙のルール、性の役割や上下関係などといった社会的慣習や規範から個人が身につける価値基準と関わっている」としている。両者の議論から、2次的感情はいわば社会化された感情と言え、これをMartin and Whiteの評価システムに適用すると、これら2次的感情の特定部分が判断（下位分類は倫理・誠実性・特殊性・能力・信頼性）と観照（下位区分は反応・構成・価値）評価に相当することになる。従って、例えば、恥や罪悪感に関する評価表現はMartin and Whiteの評価カテゴリーでは判断に分類される。また1次的感情は、おおむね感情評価に相当することになる。

②喚起的評価表現を含めたこと

オリジナル版では、全作業工程が自動化されるため、語彙抽出にあたっては、コンテクストとの照合がなされない。また抽出される語彙は単一語彙のみとなり、複数の語彙による表現は抽出されない。アプレイザル理論では、単一語彙による分類を明示的評価表現とし、暗示的になされる表現を喚起的評価表現として区別する。オリジナル版では、明示的評価表現のみが抽出対象となるが、日本語版では、喚起的評価表現も抽出範囲に含めた。日本語の相互作用では、221ページで示したように、喚起的評価表現の占める割合がかなり大きいからである。喚起的評価表現の抽出は、マニュアル作業による語彙とコンテクストの照合によってなされる。よって、改訂版では部分的に自動化されても、オリジナル版のように全面的な自動化作業とはならない。

③ワードブロックを拡大したこと

Ekman（1984）、Izard（1993）、Tompkins（1962）ら従来の心理学では、感情は生物学的なものと見なされ、喜怒哀楽といった基礎感情は、人類に普遍的なものとして捉えられてきた。しかし、Kitayama & Markus（1994:159）、Kitayama & Masuda（1995）、Russell（1991）などが、感情を社

会的プロセスで捉えようとする文化心理学的アプローチを主張している。北山 (1994:159) によれば、感情とは、(1)「生理的、主観的、行動的要素を持ち」、また (2)「社会・文化的に構成された社会的現実に埋め込まれ」、また「これらの現実そのものを作り出している、あるいは文化に住む人々が広く共有する典型的行動様式…スクリプトであると考えられる」。このことから、北山 (1994:159) は、喜怒哀楽のような基礎感情とされてきたものが、例えば日本の「甘え」のように特定の文化に固有の情動と比較して、より基礎的であるとかといった捉え方は意味をなさず、基礎感情の定義は、文化的コンテクストと相対的に行われるべきであるとしている。

こうした文化心理学的アプローチによれば、文化は感情経験の形成に重要な役割を担う。よってその表出のされ方にも当然、違いが出てくる。例えば、日本人は欧米人に比べ、感情体験の表現が少ないこと、また感情表現のための語彙選択も欧米人のそれと異なることが諸研究で報告されている。例えば、Kitayama and Markus (1990) は、日本語から感情を表す20語を拾い、それらの半分が英語にも見出されたが、残り半分は見出されず、これら見出されなかった語彙が日本文化に固有の語彙であることを報告している。またMatsumoto et al. (1988) は、アメリカ人と比べて日本人が怒りを表現することが少なく、あるいは怒りを避ける傾向にあることを報告している。Matsumoto and Ekman (1989) は、日本人はポジティブな感情よりもネガティブな感情を抑制する傾向があるとしている。これらの文化的違いに鑑みて、改訂版ではブロックのセグメント化の幅をオリジナル版より拡げている。

4 日本語面接テクストへの応用

ここでは、実際のセッションに適用し、データを読み込んでみたい。図7-6は第6章でとりあげた家族療法のセッションにJTCMを適用した例である (加藤, 2012c)。解釈はMergenthaler教授の協力を得て行われた。

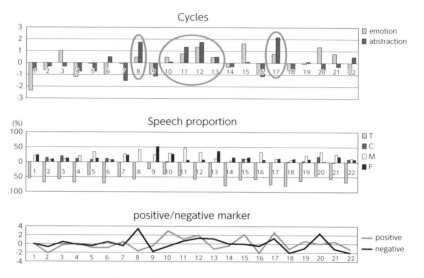

図 7-6　家族療法セッションBへの適用例

小サイクルの特定：WB8、WB17 ／大サイクルの特定：WB10 〜 13

(WB = word block)

① WB8：明らかに「問題の活性化 (deepen-and-provide)」の時期にあたる。否定的 ET が最も高い。原因として M（母親）の発話が影響している。

② WB9 で臨床家の発言は少なく、WB10、11、12 へと向かって大きくなっている。WB9 が「問題解決期」の始まりで、WB12 に至るまでに増え、強い連結期に至る。しかし解決には至らない。WB13 に強い否定的 ET が見られるからである。

③ WB17：肯定的／否定的 ET が生じ、強い連結期を迎えるが、ここには臨床家の発言が影響している。

④ WB1 〜 20：クライエントと M（母親）による発言から、「問題の活性化期」が始まるが、AB が極度に少なく、熟考の兆候は見られない。

⑤ WB1 〜 5 は問題となるトピック探索過程。WB2 〜 5 の流れの中で、

WB3で否定的ETのピークを迎えたということは、トピック提供があったということである。

総合的診断
① 全体として成功したセッションである。始まりは多少、進行が鈍かったが、セッションの真ん中で明白な進歩が見られ、そして次回セッションへの希望的つながり予測の兆候が観測される。
② セッションの中程で、臨床家に極めて支持的な態度が窺われ、臨床家の介入が重要な鍵となっている。
③ 始めの3分の1と最後の3分の1ほどの期間において効率性が多少落ちる。

日本語以外のバージョンでは、TCMは確立された分析ツールとして、他の分析ツールと比較照合させて、様々な療法に適用されている。主なものをあげれば、例えば、Lepper and Mergenthaler (2005) は、TCMを集団療法へ適用し、TCMによって特定された各段階で、何が起きているかを会話分析と照合して質的分析をはかっている。またMcCarthy, Mergenthaler, Schneider, and Grenyer (2011) は、TCMが特定するクライエントの変化誘導のためのセラピストの介入と、Heidelberg Structural Change Scaleを組み合わせたセラピストとクライエントの相互作用のダイナミズムの探査を行っている。Buchheim and Mergenthaler (2000) は、TCMによるアタッチメント障害の患者との面接を分析、Gelo and Mergenthaler (2012) は、メタファー使用と感情、感情認知との関連を、またMergenthaler and Bucci (1999) は、サイクルに表出する言語現象と非言語現象との照合を行っている。

なお認知行動療法への適用に関して、Lepper (2006) は、精神力動的精神療法 (psychodynamic) と比較してサイクルが異なる形態をとることを指摘している。それによると、減退期から開始するというより、熟考期からスタートするのが通常であるという。また、加藤・マッケンターラー (2007) では、先にあげたシェフィールド・ケース (Sheffield Depression Study) の分析で、サイクルと相互作用の結束性の疎密に相関関係が見ら

れることが明らかにされている。

5 まとめ

　TCMが特定するのは、(1) プロセスの段階、(2) クライエントの変化の局面（critical moment）である。これらは、TC、話者の発話量、肯否基調という3つの側面からなされる。量的分析として、TCMはセッションを概観し臨床的に重要な局面を特定する。これは地勢図（geographical map）に例えられよう。研究者にとっては言うまでもなく、一般の臨床家にとってもセッションの変化のプロセスが特定できることは、効率的なセッションの運営につながる。また変化が特定できなければ、「なぜ変化の局面が見られないのか」といった原因究明の端緒を開くことになる。

　一旦、TCが特定されれば、次の段階は、そこで一体どのようなやりとりが行われているのかを明らかにするための質的分析に移行する。このプロセスを積み重ねることによって、変化のプロセスがより精緻にマッピングされよう。

　TCMの基本的な分析ユニットは単一セッションであるが、個々のセッションの結果を複数セッション、あるいは全セラピーに適用して、マクロの視点から、TCをマッピングすることも可能である。日本語以外のバージョンでは、すべて自動化がはかられているので、より大きなデータベースの観察が容易に実現できる。日本語版の場合は、自動化が可能なのは全工程の半分のみとなるため、手間が必要だが、単一セッションでも全セラピーにしても、相互作用の変化のプロセスを把握し、クライエントの変容の時期（critical moment）を特定するのに有用である。

　欧米語族用に開発されたTCMをJTCM（日本語版）に改訂するにあたり、大幅修正を加えたため、これらの修正が日本語セッションにおいて、クライエントの変容の時期を反映するものなのかどうかについて、その他の臨床分析手法による結果との照合をはかりながら、その信憑性を確かめていくというステップを踏むことが必要である。その過程で、辞書の修正をはかっていくというプロセスを踏みながら、手法を精錬し続ける必要がある。

第 8 章
過程構成または経験世界の切り取り

1　はじめに

　若い人がよく使う「きれる（キレる）」という表現は、話者の経験世界に対する視点を表出させる言葉である。何気なく使われるこうした表現が、言語学的に見ると、話者の現実世界解釈の視点を表出させ、それが臨床上、注目を要するものとなる場合がある。それでは、人間は経験世界を言語でどのように切り取るのであろうか。クライエントは自身の経験世界をどのように言語で切り取るのであろうか。これが本章のテーマである。

　人間は言語を単なるコミュニケーション以上のものとして使う。言語は現実の心的イメージを作り出し、維持し、われわれが内的に経験するものだけでなく、まわりに見えるすべてのものの意味を理解することを可能にする。この現実の心的イメージは、節の文法の中で具現される。SFLでは節の構成を過程構成という用語で呼ぶ。やわらかく言うと、文をどのような要素を使ってどのように組み立てるかという構成である。クライエントが経験世界をどのように組み立てるか、その組み立て方がクライエントの態度、感情、性格、経験世界の捉え方を表出させるもので、この過程構成を観察することは、サイコセラピーを進めていく上で、有用な情報を臨床家に提供する。

　組み立てには、組み立てに際して立脚する視点が反映される。日本語は視点を表出させる言語資源が豊富である。視点を明らかにするということは、行為者性（Agency）の問題を考えることにつながる。行為者性の問題は、欧米の臨床心理の研究において重要な課題となっているが、行為者性をどう促すか、そのプロセスを明らかにしようとする研究はあまり進んでいない。本章では言語学の見地から、日本語では行為者性をどのように捉えているのか、そしてそれがクライエントの現実世界の捉え方にどのような影響を及ぼしているのかを考えたい。

第 8 章　過程構成または経験世界の切り取り

2　過程構成の理論的枠組み
2.1　過程構成

先ずは、構築の仕方の文法の方から見ていきたい。SFLは、人間の経験世界を処理、解釈構築するのに、物質（〜する doing）、心理（〜感覚する sensing）、関係（〜である being）という 3 つの基本過程に分け、さらにこれら 3 つの過程型の境界上に、行動、発言、存在という副次的過程型を設けている。過程型の過程というのは、簡単に言えば動詞のことである。図 8-1 はこれらの過程型を示したものである。現実世界はこの 6 種類の動詞類型で表現できるということである。またSFLは、人間の経験を 3 つのレベルの構成要素、過程中核部（Process）、参与要素（Participant）、状況要素（Circumstance）に分けて組み立て、それを過程構成と呼んでいる。この

図 8-1　英語における過程型
（Halliday, 1994:108）

257

うち過程中核部というのは、動詞部分で、参与要素は、その過程中核部に参与するもののことを言い、名詞群によって表される。また状況要素は、過程中核部と関連した空間、様態、原因、役割関係、あるいはwhen、how、whyなどで表されるもののことを言う。例えば、「花子は図書館で勉強している」という節があるとすると、「勉強している」が過程中核部で、「花子」が参与要素、「図書館で」が状況要素ということになる。参与要素と状況要素は、過程型によって呼び名が異なる。これらを以下に概括してみたい。

(1) **物質過程**（material process）
　物理的な動きを表す動詞類がこの中に入る。「起こる」系と「する」系とに分かれる。SFLは図8-1に示すように物質過程に、「生じる」の他に、「生じさせる」を設けて項目を別にしているが、これら2項目が、後述する起動的解釈において、ちょうど中間態・実効態の関係を成すものと解釈され、著者はどちらも「起こる」系として統合させた。
　　　起こる系：　ガラスが割れた。
　　　する系：　　私は英国へ行った。
　　　参与要素：　行為者（Actor：行為をする人あるいはもの）
　　　　　　　　　対象（Goal：行為が向けられる対象）

(2) **心理過程**（mental process）
　感覚体系である知覚、認識、要望、情緒など感覚者の意識に入ってくる現象を表現する動詞類型である。認識系・情緒系・知覚系がある。
　　　認識系：　私は彼の話が本当だと信じている。
　　　情緒系：　私は彼のパーソナリティが好きである。
　　　知覚系：　何か変な物音が聞こえる。
　　　参与要素：感覚者（Senser：何かを「感じる」人あるいはもの）
　　　　　　　　現象（Phenomenon：「感じられる」「感じ取られる」もの）

(3) **関係過程**（relational process）
　「～である being」「所有する having」「～にある being at」の意味領域を表現する動詞類型である。属性的と同定的、象徴とがある。

属性的：　私の息子は賢い。
　　同定的：　彼女はクラスで一番できる子だ。
　　象徴：　　フランス国旗は、自由・平等・友愛を象徴している。
　　参与要素：体現者（Carrier：属性的の場合、属性が帰せられる事物）
　　　　　　　属性（Attribute：何らかの性質）
　　　　　　　トークン（Tokenあるいは同定者Identifier：同定するもの）
　　　　　　　価（Valueあるいは被同定者Identified：同定されるもの）

(4) **行動過程**（behavioral process）
　物質と心理過程との境界に位置する動詞群で、行動として発言したり感じることを表す動詞類型である。
　　彼はいつも何にでも<u>文句を言う</u>。
　　参与要素：行動者（Behaver：行動する人）行動（Behavior：行動）

(5) **発言過程**（verbal process）
　「……言う」を表す動詞類型である。
　　彼女はそれをやってもらえるかどうか<u>尋ねた</u>。
　　彼は喉が渇いていると<u>言った</u>。
　　参与要素：発言者（Sayer：発話する人あるいはもの）
　　　　　　　受信者（Receiver：言内容が言われた人あるいはもの）
　　　　　　　言内容（Verviage：言われた内容）

(6) **存在過程**（existential process）
　何か存在するもの、あるいは<u>生じている</u>ものがあるということを表示する動詞類型である。
　　椅子の上にネコがいる。
　　参与要素：存在者（Existent：存在するものとして提示されている事物や出来事）

　以上が概略だが、本章後半部分で改めて触れることにして、網羅的な動詞群のリストについては、Matthiessen (1995) を参照されたい[1]。

1　本章では、Hallidayの英語を基にして作られた上述の分類をそのまま日本語に適用する。日

2.2. 現実世界解釈の視点──図地反転

「過程を引き起こすものは何か」(Halliday, 1994:162)、つまり、「過程がみずからの内部から引き起こされるのか、それとも外部から引き起こされるのか」(Halliday, 1994:162) といったように、過程が生じる因果関係を視点として、Halliday (1994) は起動的解釈（ergativity）を導入している。

例えば、「おもちゃが壊れた」という文があるとすると、おもちゃが独りでに壊れるはずがない。誰かがあるいは外的要因が関わったから壊れたのである。しかし意味の仕方において、自ら引き起こされたものとして表示される。そこで、過程を引き起こすものは何か、自らの内部から引き起こされるのか、それとも外部から引き起こされるのかといった因果関係を視点として過程型を捉えるのに、SFLでは起動的解釈を導入している。起動的解釈は以下のような構成を持つ（加藤, 2010）。

起動的解釈では、起動者が構文化されない節が**中間態**、されるものが**実効態**で、過程が生じるための外的要因として機能する参与要素を**起動者**（Agent）[2]、それを通してその過程が実現される参与要素を**媒体**（Medium）とする（加藤, 2010b）。図8-2において、bは受動態であるが、起動者が入っていないため中間態となる。このように行為者が構文化されずに背景化された場合、アスペクト[3]的意味における「結果化」の意味合いが生じる。従って、bはおもちゃが壊された状態にあるという解釈が成り立つ。但し、この結果化を表す動詞は、対象の変化を捉える動詞に限られる。この結果化については、改めて後述する。

過程を実現するためには、参与要素が最低１つ必要であるが、過程の実

本語に即した分類体系として、龍城（2008）が形容詞を入れた微細にわたる体系網を提唱している。日本語では動詞同様、形容詞・形容動詞も活用し動詞と同等の働きをするからである。しかし本章では、起動的解釈による視点の転換について述べることが目的なので、理解しやすい英語版の分類をそのまま用いる。

2　SFLでは、「起動者」という用語を用いるが、「行為者」と同義と考えてよい。

3　動詞がどの時間相を表現しているかという時間軸における局面のこと。例えば、「雨が降っている」と言えば、進行中の動きということで進行相と見なし、また「雨が降った」と言えば、完結した事象を表現しているということで完結相という見方をするといったような概念である。

第 8 章　過程構成または経験世界の切り取り

		a		おもちゃが	壊れた（能動態）
起動的・中間態				媒体	過程中核部：物質過程
		b		おもちゃが	壊された（受動態）
起動的・中間/実効態				媒体	過程中核部：物質過程
		c	花子が	おもちゃを	壊した(能動態)
		d	花子に	おもちゃを	壊された（受動態）
起動的・実効態			起動者	媒体	過程中核部：物質過程

図 8-2　起動的解釈

他動的・中間態	a	おもちゃが		壊れた（能動態）
他動的・中間/実効態	b		おもちゃが	壊された（受動態）
他動的・実効態	c	花子が	おもちゃを	壊した（能動態）
	d	花子に	おもちゃを	壊された（受動態）
		行為者	対象	過程中核部：物質過程

図 8-3　他動的解釈

現に契機を与えるという意味が媒体にはこめられている。これを他動的（transitive）解釈と対照すると、節の意味解釈がさらに明確になる。図 8-3 は 図 8-2 を他動的解釈の視点から捉えたものである。

図 8-2 の中間態で媒体とされた「おもちゃ」が、図 8-3 の中間態では行為者、また実効態では対象と解釈されるといったように、媒体の意味役割によって因果のプロセスが確定され、節の他動性が特徴付けられる。起動的解釈が過程の因果関係を捉えるのに対して、他動的解釈では、行為者（Actor）が何らかの行為を行った場合に、「その行為が行為者を超えて何か他の事物に拡張するのかしないのか」（Halliday, 1994:162）、つまり他動的か自動的かの区別に関わる「拡張」が問題とされる。Thibault（1993）は、他動的解釈を「1 つの変数がもう 1 つの変数へ作用する」過程とするのに対して、起動的モデルには、ただの一般的「因果関係」以上の意味が関係するとし、他動的モデルの線状でメカニカルな因果関係と違い、自己調整的な循環的因果関係の論理を文法化しているとする。図 8-4 は、起動的解釈の中間態と実効態の力学関係を図示したものである（加藤, 2013a）。

図 8-4 では、媒体＋過程中核部の関係は、因果関係の自己調整の円環を

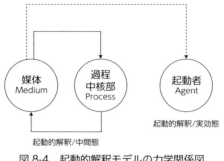

図 8-4　起動的解釈モデルの力学関係図
(Thibault, 1993:135)

なしている。点線は、潜在的な起動者の存在を示している。起動者は単に外から媒体＋過程中核部に作用する独立変数として存在するのではなく、起動者が構文化された時に、1つの自動調整の円環の中で、起動者、媒体、過程中核部をつなぐ因果関係の回路のもう1つの部分として機能することになる。文法化されない場合は、因果関係の円環は存在してはいるが、媒体＋過程中核部という基本的な核心部に還元されている（加藤, 2013a）。これが中間態の構文である。日本語はこの中間態の表現が多い。中間態では、行為者とその働きかける動作の側面は切り捨てられていて、それには触れず、自ずから起こるものとして捉えられる。一方、例文図 8-2 の c は行為者性が構文化された能動態、d はその受身形である。起動的解釈は自動／他動構造とは別物の考え方である。自動／他動は単に「その行為が行為者を超えて何か他の事物に拡張するのかしないのか」(Halliday, 1994) という他動的か自動的かの区別に関わる「拡張」が問題とされる線状モデルであるが、起動的解釈は因果関係の円環モデルである（加藤, 2010b）。

3　「なる」的経験世界観

いささか、小難しい議論になってしまったが、起動的解釈を実際のセラピー設定の中で考えてみると判然とすることと思う。ここでは「なる」という動詞にまつわる経験世界の構成について考えてみたい。

3.1 「なる」表現

池上（1981）は、英語を「する」的言語、日本語を「なる」的言語としているが、これを起動的解釈で定義すると、「する」的言語は実行態、「なる」的言語は中間態の表現となる。

「なる」は文字通り、あたかも出来事が当事者の意図を越えたところで、自ずと成ったように経験世界を提示する表現である。それに対比する動詞として「する」があるが、「なる」は「する」に対して自動詞として対置されるものであり、変化を表す基礎語的動詞である（吉川, 1973）。表 8-1 は、「なる」の用いられ方のパターンを示したものである。

表 8-1 「なる」の用いられ方のパターン

「なる」のタイプ	属性	過程中核部［関係過程］
〈形容詞〉く＋なる	悲しく［属性: adjectival］	なる
〈動詞〉たままに＋なる	閉じたままに	なる
ように＋なる	感じるように	なる
そうに＋なる	ほどけそうに	なる
ことに＋なる	やめることに	なる
たく＋なる	死にたく	なる
なく＋なる	見えなく	なる
〈名詞〉に＋なる	鬱に［属性: nominal］	なる
〈形容動詞〉に＋なる	不安に［属性: nominal］	なる
〈擬態語〉に＋なる	くたくたに［属性: nominal］	なる

※〈と＋なる〉→上記、〈動詞〉たままに＋なる、ことに＋なる・〈名詞〉に＋なる・〈形容動詞〉に＋なる・〈擬態語〉に＋なる の「に」を「と」に入れかえた用法も可能。

「なる」表現を起動的・実効態で表現すると、図 8-5、図 8-6 に示すように「する」になる。つまり、「なる」は他動、起動両解釈において中間態の世界であり、これを両解釈において実効態にしたものが「する」的世界である。

図 8-6 は、起動的視点である「原因と結果」を示すもので、過去のトラウマが直接私に何かしたわけではなく、私に何らかの働きかけをして、私が不安になるよう（死にたくなるよう）仕向けたという解釈がなされる。ここで他動的解釈と起動的解釈の違いについて再度触れておく。例えば、John rolled the ball という文を考えてみたい。他動的解釈では単に、John

他動的・中間態		a	（私は）	不安に	なる
		b	（私は）	死にたく	なる
			体現者	属性	過程中核部：関係過程
他動的・実効態	過去のトラウマが	c	私を	不安に	する
	過去のトラウマが	d	私を	死にたく	させる
	始動者（属性付与者）		対象	属性	過程中核部：関係過程

図 8-5 「なる」の他動的解釈

起動的・中間態		a	（私は）	不安に	なる
		b	（私は）	死にたく	なる
			媒体	作用域	過程中核部：関係過程
起動的・実効態	過去のトラウマが	c	私を	不安に	する
	過去のトラウマが	d	私を	死にたく	させる
	起動者		媒体	作用域	過程中核部：関係過程
使役構造	過去のトラウマが	e	私を	不安に	ならせる
	過去のトラウマが	f	私を	死にたく	ならせる（させる）

図 8-6 「なる」の起動的解釈

did something to the ball と捉えられ、Johnの行動が直接ボールを転がらせると述べているにすぎない。一方、起動的解釈では、John と ball の間に直接的な関係はないが、John caused the ball to do something となり、Johnの行動に対する理由付けが暗示される。つまり、ボールの働きにおけるJohnの役割の因果関係、つまり、起動者の行為の陰に横たわる因果的理由や力（例えば、John の能力、信念、意図、願望など）への深慮が暗に示されるのである（Thibault, 1993:136-138）。図8-5と図8-6に戻れば、他動的解釈では、「過去のトラウマ」が「私」に及ぼした直接的な影響を定義するが、起動的解釈では、起動者としての「過去のトラウマ」の根底にある原因となる理由への深慮が暗に示される。起動的解釈では「過去のトラウマ」と「私」の間の直接的なエネルギー放出の流れが問題とされるのではなく、出来事が非線状の連鎖として捉えられるように、原因結果の論理的結論付けへと導かれるのである。

但し図8-5、図8-6の「する」は、257ページで述べた物質過程とは異

なることに注意したい。例えば、図8-5と図8-6のcは、「不安」という状態に至らしめるという広義の使役と捉えられる。同じく図8-5と図8-6のdでは、動詞を伴うことで使役としての働きがより明確になっている[4]。

3.2 「なる」的強化がなされたクライエントの経験世界

　英語が「する」的視点傾斜の言語であるのに対して、日本語は「なる」的視点が言語表現に色濃く根ざした言語である（池上, 1981）。日本語文化が「なる」的視点に大きく傾斜するものであるとすれば、「なる」自体を観察することは、日本語の自動詞的表現を包括的に考える上で有用である。

　「なる」的世界というのは、物事が当事者の意図を越えた次元で引き起こされ、また必然的にそうした状況に置かれるといった経験世界の捉え方である。これをサイコセラピーの文脈で捉えた時、まさにこうした経験世界観がクライエントの問題となる状況把握に膠着状況をもたらすと考えられる。図8-7は、図8-6をセラピーの状況に当てはめて、クライエントと当人を取り巻く世界との関係を図示したものである。網掛け部分が起動的解釈から見たセラピー開始時におけるクライエントが捉える経験世界で、起動的・中間態、つまり「なる」的経験世界である。そこではクライエントは、自分が抱える問題が自らの意志が及ばない次元で生じたもの、あるいは必然的に生じたものという世界観に支配されている。そのため、クライエントは「問題またはその原因＝自分自身」という、問題と自己自身が同一視された状態に置かれる。

　この構図は、クライエントの世界に限ったことではなく、日本語文化自体がこの網掛け部分に視点を据える言語観を持つものであるため、日本語

---

[4] 池上（1981）の言う「する」は、物質過程の「する」で、能動的な行為として実効態に分類される。なお自分の感覚器官に感知されるものとして、話者側から受動的に捉えられる叙述を表す「する」の場合、受動的な自発現象を表す。森田（1999:151）は、「『する』と言いながら、内実はおのずそう『なる』発想は、さらに進めば、真実は成り行きであるにもかかわらず、いかにも己の意志でそのように事を行なったかのような裏返しの表現」であるとし、例として、匂いがする・音がする・声がする・味がする・予感がする・胸騒ぎがする・胸がどきどきする・吐き気がする・うまく行きそうな気がする、などをあげている。これらの「する」は心理過程として捉えられるべきである。

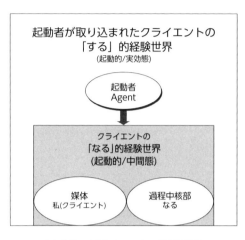

図 8-7　クライエントの経験世界

話者に一般的にこうした経験世界観が支配的であると言える。このことは中間態の表現が、慣習的な言語表現に占める割合が大きいことを意味する。「なる」表現に限って言えば、日本語では、「今度、結婚します」とは言わずに、「今度、結婚することになりました」、「来月転勤します」と言わずに、「来月、転勤することになりました」と言う。このような言語慣習からわかるように、本来であれば起動的実効態の表現であるべきところを、「なる」という中間態の表現で表す。「明日は、雨になるでしょう」といった人為的現象以外のことに関しては筋が通るが、人為的現象に対しても「なる」表現が慣習化されている。「なる」表現では、当該事象が人の意志・意図を越えた次元の問題としてすり替えられ、必然的にそうなった、いつの間にかそういう状況に置かれた、自ずからそうなってしまった、決まってしまって変えられないといった状況が提示される。こうした意味合いは、政治やマスコミの分野で操作的に用いられる。例えば、「鳩山首相はオバマ大統領との会談で、基地移設が議題になるだろうと述べた」「戦争の犠牲者は、これで 100 万人となった」「景気は停滞基調となった」といった表現を用いることで、当該事象を招いた行為者の責任問題を、自然発生事象とすり替えるといった操作が可能となる。しかし、セラピーの設

定では、話者自身が自らそうした表現を用いながら、そうした心的態度に陥るのである。

　こうした世界観はまさにクライエントの問題状況を固定化させるものである。例えば、「私は〜になった」とクライエントが言う場合、「〜になった」のは、その事象がクライエントにとって、必然的に、あるいは自分の意志の及ばないところで生じた事象として抗いようのないものとして捉えられていると見なせるかもしれない。以下の例は、鬱病患者の発話に「〜になった」表現が、さながらオンパレードのように頻出する例である。下線部は、「なる」と、後述する「てしまう」（関東方言では〜しちゃう）、「なる＋てしまう」表現である。

（例 8-1）
　　C　昨日休ん<u>じゃって</u>、今日も（ハァハァ）。何か、だけど、すごい無意味みたいに<u>なってきちゃって</u>、何にもしたくなく<u>なっちゃう</u>（ウーン）。学校に行くと、すごくそれを、それをいつもいつも感じ<u>ちゃう</u>んです（ウーン）。こんなことしてどう<u>なる</u>んだろうっていう気がいっつも<u>してしまって</u>……。いちいちこう気が小さかったりするもんですから、気を遣ったり、どきどきしたり（ハイ）しながら……。こんなことで一体どう<u>なる</u>んだろうと思っ<u>ちゃって</u>、すごくいやん<u>なったり</u>するんですね（ウーンウンウン）。だから、もう**死にたく<u>なっちゃって</u>**（ウン）、もう、死にたい、死にたいと思っても、家の人が邪魔するもんだから（ウーン）……。

　（例 8-1）の太字部分「死にたくなっちゃって」であるが、単に「死にたい」と言った場合は、クライエントの願望を述べるにすぎないが、「死にたくなる」と言った場合には、「死にたくなる」のが必然的に引き起こされたもので、自分ではコントロールしようのないものという捉え方が強化される。「死にたくなっちゃって」はさらに「てしまう」が伴われ、話者の否定的感情・評価的態度が加味される。「てしまう」については、改めて後述する。

　このような経験世界観がクライエントの問題状況を硬直化させていると

考えられるわけで、こうした状況を打開するために、経験構成の起動的解釈の導入が求められる。この操作は過程構成の起動的解釈の中間態から、実効態への移行によってなされる。他動的・中間態では、問題の原因となる外的な起動者は、クライエントの経験世界では示唆されない。そのため、クライエントは自分自身と「死にたくなる」原因が同一視された状態に置かれる。自分と問題の原因の同一視である。しかしここで、起動的・中間態の見地から経験世界を捉えると、そこに外的起動者の存在が潜在することに気づかされる。起動的解釈より、自分(「私」)を媒体として認識することで、そこに問題の原因としての外的起動者の存在が示唆されるのである。そこで図 8-7 の起動者の位置に、原因となるもの、例えば、「過去のトラウマ」「家族関係」、あるいは具体的な人物などを配置し、それを構文化することによって、網掛けで示された経験世界観から脱することができるのである。それが使役構造文であれば、さらに明快度があがることになる。

クライエントによる「なる」過剰の世界とは、媒体として捉えられるべきであるはずの「私(クライエント)」が、不必要なレベルに体現者(属性が帰せられる人)として捉えられていることであり、それが問題の原因＝自分自身という状況にがんじがらめにされている原因の 1 つとして捉えられる。

クライエントがこうした言語学の理論上の解釈に通じていることは、セラピーを進める上で有用である。臨床家の問いかけ文の組み立てに違いをもたらすからである。例えばクライエントが、「私は死にたいんです」と言った場合、臨床家がその理由を尋ねるとする。日本語では、図 8-8 のような中間態の尋ね方が自然である。図 8-8 の問いの構文構成に忠実な答え方は図 8-9 である。これらは結果が生じてしまったことを出発点とした表現で、そこには起動者性は生じない。これに対し、図 8-10 は、使役表現を用いて起動者を尋ねる表現である。

使役表現を端的に活用するのが、ナラティブ・セラピーである。ナラティブ・セラピーでは、クライエントの問題を外在化することがクライエントに変化をもたらす有用な要素となる。クライエントはその否定的な自己認識によって、問題の原因を、ともすれば自己に固有のまたは本来備

	どうして	(君は)	そう	思うの？
他動的・実効態	状況要素	感覚者	現象	過程中核部：心理過程
起動的・中間態	状況要素	媒体	現象	過程中核部：心理過程

図8-8　結果を起点とする尋ね方

	家庭内の不和のために	(私は)	そう	思うんです
他動的・実効態	状況要素	感覚者	現象	過程中核部：心理過程
起動的・中間態	状況要素	媒体		過程中核部：心理過程

図8-9　結果を起点とする答え方

	何が	君に	そう	思わせるの？
起動的・実効態	起動者	媒体	現象	過程中核部：使役＋心理過程

図8-10　起動者を尋ねる表現

わったものとして捉えがちになる。問題の原因の外在化とは、クライエントが自身の属性として捉えている問題の原因を、そうではなく外的な要因によるものであるとクライエントに認識させることである。典型的な言語的介入が、「何が君にそう思わせるの？」（What makes you think so?）といった表現である。図8-10は使役構造を用い、「何が（what）」を外的起動者としてクライエントに尋ね、それを明確化しようとする過程構成である（加藤, 2011）。ここで臨床家は「思う」という心理過程節（心理的動きを表す動詞類型）を使うことで、クライエントがそう言っていることを、あくまでクライエント自身の考え、信念または想像として処理させようとしている。

　ナラティブ・セラピーで多用されるこうした使役構文を用いた表現として、他に「君の不安は君にどんな罠をしかけてくるの？」「君の鬱は君にどんなことをさせたり思わせたりするの？」「君の拒食症はどんな手を使ってくるの？」「君の不信感をサポートしているのは何？　それは何とグルになっているの？」などがあり、慣習的な言い回しを無視した自由なヴァリエーションが用いられている。否定的使役構造（negative causative）では、ある行為がなされないようにする外的起動者の探索が行われる。

「何が君に君を悩ませている問題について話すのを妨げているんだろう」「何が今の生活を君が素直に受け入れるのを邪魔しているんだろう」といったような表現である（加藤，2011）。日本語の場合、物や出来事を主語にした使役文、無性物主語の使役文は、原因を主語とする英語の因果関係を表す表現をそのまま当てたため翻訳調が拭い去れない。であればこそ、非慣習的表現は、臨床の場では逆にクライエントの言語認知に新鮮なインパクトを与えると考えられるのである。表現が人工的である分だけ、クライエントの認知に与えるインパクトは大きいと言える。慣習に則った話し方が無標であるとすれば、人工的な話し方は有標となるが、セラピーの場では、場面に応じて、こうした有標の話し方が状況打開の手段となる場合があるという1つの例である。

　臨床家が用いる起動的・実効態の表現によって外的起動者の存在が示唆され、クライエントは問題から自分を切り離し、新たな経験世界の解釈を獲得することができるようになる。客観的現実世界は不変のままだが、クライエントによって捉えられる経験世界に違いがもたらされるのである。それが図8-7では、網掛け部分の外側の部分、つまり起動的・実効態の解釈世界、あるいは「する」的経験世界である。外的起動者を特定することで、クライエントには問題の原因を自らの属性としてではなく、外在化された事象として捉えることが可能となる。問題の原因を自己に本来備わった属性と見なせば、クライエントは自己自身を変えることは不可能と諦め、無力感を抱くことになる。こうして問題が永続することになる。しかし問題の原因を外在化することで、クライエントは問題の原因から切り離された自己、あるいは自己から切り離されたものとしての問題の原因を体験することができるようになるのである。

　なお、著者は大学1、2年生81名（臨床心理学系以外の専攻学部生）の男女を対象に行ったセラピーにおける言葉遣いに対する反応調査の中で、「どうして君はそう思うんだろう」と「何が君にそう思わせるんだろう」を比較させ、どちらの尋ねられ方が答えやすいかを尋ねたところ、前者が答えやすいと回答した者37名、後者が答えやすいと回答した者44名であった。後者が答えやすいと回答した学生がその理由としてあげたものは、「問題

点が整理しやすい」「状況がクリアに捉えられる」「外的なものに原因を向ける感じで答えやすい」に集約された。一方、前者においては、「（後者と比較すると）やわらかい」「自分と同じフロアにいる感じ」「自分と同じ目線で寄り添って考えてくれる感じ」などであった。

そもそも日本語が「なる」的世界観の濃い言語特徴を持つため、クライエントに限らず、一般に「なる」表現が多く用いられる。ためにクライエントが回復期に至っても慣習的使用頻度は維持されるわけである。従って、変化の尺度とするとすれば、慣習的に用いられる頻度を超えて使用頻度が高い部分を変化の尺度として捉えようとするのが本章の提示するところである。

なお、加藤 (2011) では、サイコセラピー 2 事例について初期と回復期における「なる」表現が有意に減少することが示されている。また、「なる」が回復期で使われても、(例 8-2) のように、肯定的な変化について言及するものが多いことが示されている。

(例 8-2)
(1) 人から離れても、自分で選んで決めていこうっていう気に<u>なり</u>ましたし。
(2) でもそういうことがあってから、何でもないなって思うように<u>なった</u>んです。
(3) 私は私でそれでいいじゃないかって<u>思えるようになって</u>。

3.3　主観を反映する補助動詞　「てしまう」と「なる」

日本語は、外界事象について自己を客体化した視点から話すよりも、外界事象と自己を一体化させて主観的に捉える傾向が強いため、主観的視点を表す補助動詞が発達している。補助動詞の中でも、出現頻度が多いのが、「〜てしまう」である。加藤 (2011, 2013a) は、「なる」や「受動文」と同じく、「〜てしまう」と「なる＋〜てしまう」の出現頻度がクライエントの変化への転換期に有意に減少することを報告している。

以下は「なる」と「てしまう」が結び付いて用いられる表現例である（「なっちゃった」「なっちゃって」は関東方言）。

(例 8-3)
　a　何もしたくなくなっちゃう
　b　もう死にたくなっちゃって
　c　どうでもいいっていう気になっちゃうんです
　d　毎日毎日がこんな苦しいのに、それを無理に強いるっていうのは随分、残酷だなと思うようになっちゃったんです

　寺村（1992）は、「てしまう」をアスペクトを表す表現とし、基本的に行為・動作、出来事が完了したことを特に強調する表現であるとしている。この場合の「しまう」の補助動詞としての中心的な意味は、本動詞の「モノをしまう」などの「しまう」の意味を受けついでいる。完了を表す動詞にこの「しまう」が付くと、「大事な人を失ってしまう」などのように、「その事が起こって、もはや起こる前の状態に戻ることはできない」(寺村, 1992:153)、つまり自分ではどうすることもできない場合は、話し手の悲嘆を表し、自らの行動の結果であれば、後悔という心理状態を伴うものとなる。また、元の状態には戻れない、あるいは取り返しがつかないという心理には、「おいしいものにはつい手が出てしまう」のように、自分の意志によって行動を起こすか起こさないかを決めることが可能であるにもかかわらず、意識より早く体が動いたという意味合いを含むとしている。

　藤井（1992:18）は、「話し手の現実に対する感情・評価的な態度」と捉え、この感情・評価的態度は話し手のもので、「してしまう」が 1 人称に用いられる時には、話し手自身の行動に対する後悔、無念さ、困惑、自己卑下、慨嘆、腹立ちといった否定的感情表現となるとしている。2 人称で用いられた場合は、相手への非難・忠告、3 人称では、第三者の行動に対する話し手の不満、失望、慨嘆となる（藤井, 1992:27）。こうした感情・評価的態度表現としての見解から、クライエントが用いる「てしまう」はクライエントの否定的な「なる」的経験構成をさらに強化する働きを持つものとして捉えられる。

　加藤（2011）では、この「～しまう」も、転換期におけるセッションで有意に減少することが数事例で確かめられている。このことは、クライエ

ントの経験世界観から、「取り返しがつかない」「後悔」「困惑」観が払拭されつつあることの現れと解釈できる。クライエントの心的態度の変化を表出させる資源と見なせよう。

4　受動文の経験世界観

　受動文についても同様のことが言える。ここで再び、260 ページであげた例文に戻りたい。図 8-2、図 8-3 ともに b は受動態であるが、起動者が入っていないため中間態となる。また、受動文では行為者が構文化されず背景化された場合、「結果化」の意味合いを生じる。受動文の意味的機能には、(1) 行為者の背景化＝構文的要素としての義務的削除、(2) アスペクト的意味における「結果化」、があげられる（工藤 1990:49）。以下に見てみたい。

(1) 行為者の背景化

　工藤 (1990:85) は、行為者の背景化として、(i) 意味的には、行為者の存在を前提としつつも、特定化されず構文的には表示されない場合、(ii) 意味的に行為者を行為者として表示せず、原因・手段化、場所化、所有者化し、結果、行為者が介在しない出来事として捉えられるようになり、自動詞構文に近づいていく場合の 2 つのケースに分けている。以下の例を見てみたい（工藤, 1990:85-87）。

(1)「みんな病院に運ばれたらしいな」(砂の器)
(2) 彼は父の男手一つで育てられた。(人間の証明) ⇒ 彼は父の男手一つで育った (自動構造文)。

　(1) の場合、構文的に行為者が削除されても、行為者の存在が示唆されているのに対して、(2) では意味的にも行為者の存在を前提とせず、「彼は男手一つで育った」という自動構造に近づいてゆく。自動構造は起動的解釈の中間態に相当し、行為者とその働きかける動作の側面は切り捨てら

れていて、それには触れず、自ずと起こるものとして捉えられる。そこでは、能動文との対立性は失われる。

　これをセラピーの状況設定で捉えると、行為者性がもっぱら背景化され、クライエントが受動文のテーマ（構文的には主語）とされることは、行為者であるそうした状態をもたらした原因が隠されるため、因果関係への気づきが欠落することになる。結果的に、自然発生した問題状況の中に置かれているというクライエントの経験世界観が表出する（加藤, 2013）。この状況を打開するためには、「なる」的経験世界観から「する」的経験世界観への移行のように、受動的経験世界観から能動的世界観への視点の転換が求められる（加藤, 2011）。

(2)　アスペクト的意味における「結果化」（加藤, 2011）

　能動‐受動の対立は、働きかけ手と受け手のどちらを主語あるいはテーマとするかの対立である。能動文との対立という視点から見れば、受動文は受け手の観点から捉えることであり、それは行為者の背景化ならびに、行為者の働きかける動作の側面の背景化となり、受け手の変化＝結果の側面の前景化につながること、つまり結果維持という意味をもたらすものとなる（工藤, 1990）。

　実体に変化をもたらす動詞を伴った受動態が「結果の継続」を表すと、主語によって起こされた行動は背景に退き、変化が前面に押し出される。例えば、「花子がおもちゃを壊した」と「おもちゃが壊された」を対照した場合、前者が行動を問題とするのに対し、後者は「結果持続」を表すことになる。

　但しこの結果化を表す動詞は、対象（客体）の変化を捉える動詞に限られる。「たたく・なでる・ける・押す・いじる・触る」などの動詞のように、その語彙的意味の中に受け手の変化を捉えていないもの、働きかけの動作のみを捉えているものについては、こうしたアスペクト的意味の変化は起こらない（1990:62-63）。

　結果性を表す場合、運動の時間的展開段階において、行為者は存在しないため、その削除は義務的となる。そこで行為者の不特定化＝構文的削除

第 8 章　過程構成または経験世界の切り取り

(「～によって」の削除) が起こる (加藤, 2011)。
　こうした受動文の特性をセラピーの文脈で考えると、コンテクストにより、「結果の継続」と解釈される場合は、クライエントを生きづらくさせている問題の原因がクライエントに内在化されたままとなっていると捉えられる。行為者の背景化ならびに、行為者の働きかける動作の側面の背景化となり、それは受け手の変化＝結果の側面の前景化につながるため、クライエントの「なる」的経験世界観を映し出すものとなる。こうした機能に鑑み、逆に行為者不在の受動文が減少するということは、「なる」的心理状態からの脱却を意味するという解釈が成り立ちうる (加藤, 2011)。

　以上、受動文の 2 つの機能について述べたが、これら以外に、談話全体において何をテーマとするかに応じて受動文が用いられる場合がある。談話を全体的に捉える立場からは、テーマ上の統一性、あるいは結束性を維持するために、受動文が要求されるということが起こるということである。セラピーのような対話ディスコースでは、話し手、つまりクライエントである「私」が主題化される。このことから、クライエントが自己を受け身的に捉える経験世界観にとらわれている間は、必然的に主題である「私」は受動文の中で表現される傾向が高くなる (加藤, 2011)。逆に、クライエントの発話に受動文の減少が観察できる場合は、クライエントの受動的世界観の希薄化を示すものと捉えられる。
　これらの機能特性を考慮しながら、クライエントが自己の経験世界を描写するのに能動文を選ぶか受動文を選ぶかを観察することで、クライエントの起動的解釈から見た経験世界観が推察できる。

5　過程型の測定可能性と物質過程

　それでは、他の過程型はどうなのだろう。起動者性がクライエントの変化を測る尺度となりうるであろうか。
　Thompson (2004:137) は、英語における起動的解釈と他動的解釈との関係は問題が多いとし、実際のテクスト分析において妥協的な立場をとって

いる。Thompsonは、テクスト分析において起動的解釈を適用するのは、変化が自ら引き起こされたのか外的要因によって引き起こされたのかが最も重要な要素であり、またwe altered the color（他／起動的・実効態）／the color altered（他／起動的・中間態）の組み合わせに見られるように、動詞が可逆性を持ち、同時に他動的構成として二重の解釈も可能となりうる物質過程に限るのが有用であるとしている。本節でもまた、物質過程における変化だけを観察することを推奨する。理由については、加藤（2013）により実証されているので、そちらを参照されたい。

そこで、物質過程であるが、Hallidayは物質過程（257ページを参照されたい）を「起こる」タイプと「する」タイプに分けている[5]。「起こる」タイプは「する」タイプと違って外部起動者を持たない。「起こる」過程は自発的なものであり、外部の起因者は過程の展開にとって不要である。この「起こる」タイプの過程型は、変化を引き起こす誘引（instigator）として、主語名詞の内在的性質と外的誘引の両方が考えられる（Davidse, 1991）。図8-2の例で言えば、「おもちゃが壊れた」は、誰かが壊したから壊れたという解釈だけでなく、仮にそのおもちゃが特殊な材質でできていて、それが気温の変化などで割れる、ひびが入るなどの自発的変化を起こす場合も想定されるということである。これを影山（1996）は、「内在的コントロール」と呼んでいる。この場合は、「する」タイプとなり、気温の変化等の自然界の物理現象が外的起動者になるわけであるが、少なくともセラピーの設定では、こうした自然現象を外的起動者として特定しても意味がないので、加藤（2013）では観察対象からはずされている。加藤（2013a）は、数事例を対象に「起こる」タイプと「する」タイプの頻度を計量し、「起こる」タイプの割合が微少であることを報告している。従ってセラピーでは、「する」タイプのみの観察とすることに問題はないと思われる。

しかし、動詞によっては注意を要するものもある。「死ぬ」は、自然死の場合、生命体の生理現象としての死として、外的起動者を持たないと見なし、「起こる」タイプとされるところであるが、クライエントが「私は

---

5 本章では「生じる」「生じさせる」を「起こる」にまとめている。

第8章　過程構成または経験世界の切り取り

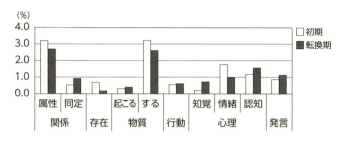

図 8-11　過程型タイプ別計量結果 / 事例 1

死にたいんです」と言う場合は、「する」タイプとなる。

　加藤（2013）では、物質過程に関して成功事例において変換期に中間態の表現が有意に減少することが確かめられている。セラピーではクライエントが問題にがんじがらめになっている状況から脱する際には、起動的解釈における外的起動者の視点、つまり実効態の経験世界構成が獲得されること、中間態の視点が弱まることを裏付けるものである。

　なお、起動者性を見ることの他に、クライエントがどの過程型を用いるかの頻度を計量することも、セッションを俯瞰的に観察するのに有用である。1事例の初期と変化への転換期のセッションについての計量結果（発話総語数に占める過程型の割合）を示したのが図8-11である。

　例えば、この中で心理過程の情緒が初期から転換期にかけて半減し、また「認知」が初期よりも変化への転換期に多くなっているという現象に注目したい。情緒が減少するのは、感情を表す過程型が減るということで、同じく認知を表す過程型が増えることは、洞察・気づきが進んでいるという解釈が可能である（加藤, 2013）。この頻度構造は、セラピーの段階に応じて変化するものと思われる。

　特定の感情にがんじがらめになっているクライエントを、その感情を客対化することによってその問題感情から切り離し、クライエントの「感情の内省」を促すというプロセスは、流派を問わず、セラピーの重要な局面である。感情体験と認知的内省の統合を経て、クライエントは1つの感情処理を達成し、それがクライエントの変化を示す尺度となる。従って、心

理過程における情緒から認知への頻度の増加は、クライエントに洞察・気づきが生まれたことを反映するものと考えられる（加藤, 2012）。

これは1つの解釈例であるが、このように各過程型の計量マッピングからだけでも得られる情報は少なくない。

6　経験世界の捉え方の視点モデルと日本語文化の特徴

図8-7では、「なる」表現による経験的世界観を図示したわけだが、図8-12は、その他の過程形も含めた一般図として修正したものである。

図8-12において、網掛け部分が起動的解釈から見たセラピー開始時におけるクライエントが捉える経験世界で、中間態の経験世界である。そこではクライエントは、出来事が当事者の意図を越えたところで、自ずと成るとする経験世界観に支配されている。そのため、問題と自己自身が同一視された状態に置かれる。こうした世界観がまさにクライエントの問題状況を硬直化させる原因と見なすことができ、状況打開のために、クライエントの発話の過程構成に起動者の導入が求められる。この操作は過程構成の起動的解釈の中間態から、実効態への移行によって具現される。ここで、

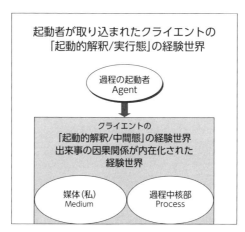

図8-12　クライエントの経験世界の捉え方の視点転換モデル
（加藤, 2011）

起動的・中間態の見地から経験世界を捉えると、そこに外的起動者の存在が示唆され、自分（「私」）を媒体として認識することで、問題あるいは出来事を因果関係で考える視点が獲得される。そこで起動者の位置に、図8-7と同様、原因となるもの、あるいは具体的な人物などを配置し、それを構文化することで、網掛けで示された経験世界観から自分を解放することができるのである。

冒頭であげた「キレる」は、「きる」の中間態で、起動者を明示しないため、「きれる」のが自分の意志とは関係なく生じるかのような印象を受ける。しかしこれを実効態で考えた時、誰かが「きった」から「きれた」のである。その誰かとは、まぎれもなく話者自身なのである。話者自身を起動者とした行為であるにもかかわらず、あたかも必然的に起こったかのような装いをとらせる無責任、身勝手な表現と言える。

中間態から実効態への視点の転換はナラティブ・セラピーのように、臨床家の積極的な言語的介入によって引き起こされる場合もあれば、セラピーの展開に伴って、クライエントが自ら気づきとして獲得する場合もあり、どちらのプロセスをとるかは流派によって異なる（加藤, 2013）。

加藤（2012）では、面接初期のクライエントは、自己の経験世界を因果的視点から捉えるという視点がまだ育っていないが、セラピーを経るにつれて、起動者（Agent）が獲得されると想定され、そのことによる視点の変化がクライエントの変化であるとの仮説が立てられている。因果的視点から経験世界を捉えられるようになることが、クライエントを取り囲む問題事象への解決へとつながるからである。よって転換期には、自分を悩ませていた問題が因果関係の視点から語られると想定され、その際、選択される過程型は実効態となる（加藤, 2013a）。

臨床概念としての図8-12のクライエントの視点転換モデルは、文化的要因変数の影響を考慮に入れて捉えられなければならない。日本語文化は自己を取り巻く経験世界を、主観的、受動的に捉えることが慣習的で、そこでは外界の変化を自然の成り行きと捉えるため、因果関係の枠組みで事象を客観的に切り取るという視点が極めて希薄である。このことは、自動詞中心の過程構成、自発態（思われる・悔やまれる・偲ばれる・感じられるなど）

などの表現構造に見られるように、日本語が中間態の言語指向へ大きく傾斜する言語特徴を持つことからも言える。

　日本人は、動作主が実際は存在するのに、それを統語構造に織り込まずに表現するのが慣習的である。例えば、「部屋を汚してしまった」とは言わずに、「部屋が汚れてしまった」という表現が好まれる。あるいは、「私は彼にライバル意識（あるいは怒り）を燃やしている」とは言わずに、「ライバル意識（あるいは怒り）に燃える」という表現が一般的である。「トランクが重くて持ち上がらない」のは、正確に言うと、「持ち上げることができない」のであるが、日本語では、前者の自動詞による表現が慣習的である。これらの動詞は起動的解釈の中間態と見なせる。

　また同じ語彙で、能動・受動両方に働く語彙が豊富である。可能・自発・自動詞「なる」表現など、いずれも主体の視点から捉えた受け手の発想に基づく文法現象である。これらは自発的な受けの姿勢を表す語彙で、以下のような例である。

　　　落し物が見つかる／警察に見つかる・矢が的に当たる／毒気に当たる・作品に手を触れる／湿気に触れる・テープを聞く／初めて鶯の声を聞く・ビールを冷やす／不注意で肩を冷やす

　「教える」の受身は「教えられる」であるが、「～れる／～られる」による受け身表現と競合する形で「教わる」があり、「授ける」に対して「授かる」、「預ける」に対して「預かる」、「ことづける」に対して「ことづかる」、「言いつける」に対して「言いつかる」、「申し付ける」に対して「申し付かる」、など相手から直接受ける意味の受動動詞が多い。これらは脱使役化を果たし、他力の存在を陰に隠して対象の変化のみを表す表現である。

　森田（2006:156）は、日本語には、「見える」のように己側からの把握と、他者側から把握されることとを同時に意味する言葉があるとする。「見える」は、「富士山が見えるから窓を開けてごらんなさい」のように、自分が外の対象を視覚的に捉えると同時に、「外から見えるから窓を閉めなさ

い」のように、外の他者から自分が捉えられる両方向性を持つ語である。前者は自行現象、後者は「他人に私が見られる」の他行現象で、受け身に通ずるとする。

　また自動詞を述語にする文は、物の変化を物の自己運動として捉え、文の主語に変化の主体を据えて表現するのであるから、本質的な意味においては、能動構造の文と受け身構造の文とに分かれることはないとする考え方がある。以下のような例に反映される。

(例8-4)
　　私は継母の手で育てられた→継母の手で育った
　　花子は太郎の電話で起こされた→太郎の電話で起きた
　　彼は同業者の罠にはめられた→同業者の罠にはまった

　こうした特徴を備えた日本語では、動作主はあくまで任意的な要素で、意味の焦点からはずされている（ヤコブセン, 1989）。上述の例のような自発表現が、英語よりも日本語に圧倒的に多い理由としてヤコブセン（1989:238）は、プロトタイプ論式に、表現対象が他動原型に当てはまるか、自動原型に当てはまるかという捉え方の発想の違いに起因するというよりも、一定の事態に関わる関与物のうち、どちらに関心を持つかという関心の置き所の違いであるとしている。つまり、英語のような「する」型の言語では、ある事柄に対して、誰（何）がそれを引き起こしたかという動作主側に関心を向け、日本語のような「なる」型言語では、結果としてどうなったかという対象物寄りに関心を向けるとし、それは個々の文化の異なる自然環境、生活体制、歴史的背景の反映の産物であるとする。

　このように一般に日本語の動詞は主体関係の境界が曖昧である。必然、こうした文化に根ざした表現習性は臨床の場でも免れえないが、この表現習性部分を差し引いてもなお、クライエントの中間態の偏向的使用が有意に観察できるのであろうか。こうした文化的背景から派生する日本語の動詞傾向を視野に入れた上でなお、臨床プロセスにおいて、中間態から実効態へのクライエントの視点の移行が有意に観察されるのかどうかという点が問題となる。加藤（2013）は、日本語はもともと動作主が意味の焦点か

らはずされている中間態の言語観が支配的であるにもかかわらず、実効態の有意な増加は見込めるのではないかとしている。加藤による先行研究では、少なくとも「なる」から「する」への移行に関しては有意差が観察された。後続研究に期待したい。

7　放棄された行為としての言語行動から行為言語への移行

　本節では、Schafer（1976）の行為言語（action language）について考えたい。行為言語とは、クライエントが自己の経験世界の構成を、主体を主語とした動詞と副詞構成を原則とした過程構成で語ることである。概して、クライエントは、自己の問題を自己の行為ではないように語る傾向がある。例えば、「〜になった」「孤立した」「疎外されている」といったように、中間態の表現で構築する傾向がある。これをSchaferは「放棄された行為（disclaimed action）」とし、これらの表現を行為言語に戻していくことが治療プロセスであると考える。これはSFLの観点からは、中間態から実効態への限定的転換と考えられる。Schaferのこの主張は、セラピーのプロセスをあまりに単純化しているとして批判も多いが、一方でサイコセラピーのあり方の１つの基本側面を示している。加藤（2011, 2013a）では、この主張の根拠の一部が実証されている。

　Schafer（1976:9-15）は、クライエントの心理上生じる様々なプロセスをすべて行為と見なし、無意識的な行動も含めてすべてクライエント自身が選び取った活動であるとの認識を臨床家は促すべきであるとする。従って、クライエントが自らの言語行動を、名詞、形容詞は避け、動詞、副詞で表現すべきだと主張する。こうした主張に基づき、以下のような言語行動が奨励される。

　　a. She is lethargic.　→　She behaves lethargically.
　　b. He became more friendly.　→　He worked (or talked or played) with others in a more friendly manner than before.
　　c. A change was occurring in his attitude from friendliness to belligerence.　→　He changed from acting friendly to acting bellig-

erently.
   d. No hope was held that things could get better. → No one hoped any longer to be able to improve his or her situation.
   e. The goal of perfection was emphasized. → He (or she) emphasized the goal of perfection.
   f. It makes me feel happy. → I think of it happily.

　Schaferではa.とb.のような文におけるbeやbecomeの使用には注意を要するとしているが、日本語で言えば、「なる」表現、形容詞・形容動詞を過程中核部とする文、あるいはコピュラ文（「だ」「です」「（で）ある」などといった表現）は適切ではないということになる。クライエントは自主的に行動を選び取り、行為者として能動的に活動するのだとする視点を獲得すべきだという行為言語主義に立てば、必然、e.のような受動表現は能動表現に置き換えられるべきだという主張となる。そうされることによって、クライエントは被害者意識が軽減され、受け身的に苦しむといったことがなくなっていくと考える。またf.のような使役構文も原因を外的なものに帰することになり、よくないとしている。妙木（2005）は、病んでいる人は大抵、「病気になった」「まわりにいじめられた」「ひどい目にあった」といったように、自分の問題を自分の行為ではないように語るとし、またそれらの表現には名詞や形容詞が使われることが多いとしている。
　以下の例では、クライエントに「カラがある」のは自然発生した現象として前提化されているが、臨床家が「カラ」はクライエントが自らかぶせたこととして、行為者を明示している。これが放棄された行為を行為者に戻していくということである。

（例8-5）
　C　<u>一枚どうしてもカラがあって</u>、そこから出られない（ハイ）。
　T　<u>自分にこうカラをかぶせて</u>（ハイ）、それを脱ぐことができない（ハイ）。

　Schaferの主張は、中間態から実効態への移行がクライエントの変化測

定の尺度となるのではないかという本章の主張と一部重なるので、ここで共通点を明確にしたい。先ず、Schaferの行為言語の主体が人（特にI［クライエントをさす］）でなければならず、動詞が他動詞形態をとることを求め、その他は排除される点について部分的に共通する。これは他／起動的解釈では実効態になり、この形態が増加することが変化を示す尺度となるという本章の立場と一致する。しかし、動作主、あるいは起動者を「I」に限ってはいない点が異なる点である。特に、Schaferが除外するその他の行為者が、本章では問題の外在化を促す上で有用であるとする点が明らかに異なる。2点目は、行為言語が受身形と「なる」表現を、クライエントの受動的な経験世界観を反映し、症状改善とは逆行する視点を表出させる資源であると捉える点は、著者と見解を同じくする。

　Schaferの行為言語論の主張とは、「放棄された行為」あるいは行為者主体が背景化された行為に、行為主体を明確にし、クライエントに「自分が〜する」の気づきを与えることであると言える。いわば、自らのものであることが放棄された行為を、1つ1つ主体に返していくプロセスである（岡野, 1989）。これはセラピーの1つの基本側面を言い当てている。Schaferの発想があまりに単純化されているとされるのは、行為言語が抽象的な表現を認めない点である。一見、放棄された行為と見えるものには、2つの捉え方がある。1つは、クライエントの受動性を示すものであるから、矯正されなければならないというのがSchaferの主張で、もう1つは、クライエントの経験世界の認知が、問題・出来事を外在化して客観化された表現を用いることで可能となるという点である。後者をSchaferは排除している。例えば、Schaferはクライエントの名詞表現の使用を行為言語に反するものとしているが、名詞はクライエントの感情の認知を促す有用な語彙－文法資源である（第6章を参照されたい）。

　Schaferの行為言語論に関しては、精神分析の立場から、無意識の概念への説明がなされないのと、回復がすべてクライエントの行動の能動性の発露に収斂するのかといった批判がある（岡野, 1989）。Schafer自身も後になって、この考えを強く推し進めることはなくなった。しかし妙木は以下のように擁護する（妙木, 2005）。

この発想があまりに単純であるという批判はある。すべての体験は能動的ではなく、被害的、あるいは受身的であることの意義はある。だがこうした言い換えで、クライエントの認識地図、認識枠に変化が生まれ、機械論的なメタ心理学の文脈から離れるだけでなく、臨床場面でも発話の力をもつならば、私たちはクライエントに対する解釈の言い方に工夫を凝らしてもよいことだろう。

　加藤 (2011, 2013) では、起動的解釈による実効態の増加が変化尺度となりうるとする仮説が立てられ、限定的にではあるが、Schaferの主張がセラピーの1つの基本側面となることが示されている。「なる」表現や受動表現は、行為者性が放棄された表現であり、回復期で両表現に減少が見られたことは、放棄された行為が主体に戻されたものと解釈される。そして、回復期には今後の生き方について希望観測的に語られるが、将来計画は、行為者性を持った構文で語られる。例えば、「(私は) 明日から学校へ出ることにします」など。

8　過程構成と表象構造

　過程構成のマッピングにより、クライエントの最も発達した、あるいは特徴とする表象システムを捉えることができる。人は経験世界を認識するのに、視覚・聴覚・触覚といった入力チャネルを持っている。表象システムとは、人がそれぞれ経験世界を表現するのに得意な感覚チャネルがあり、それが言語システムに現れるというBandler (1999) の発想に基づく。例えば、「カラフルな」「はっきりとした」「澄んだ」「イメージ」などは、視覚表象システムに基づく表現であり、また「カチカチ」「しーんとしている」「騒めき」などは聴覚システムに基づく表現である。

　クライエントが用いる過程構成 (動詞構成) を観察することで、クライエントの表象システムのパターンが特定できる。これは、クライエントが、自己の経験世界を表現するのに、無意識のうちに最も発達した表現を用いるからで、それが述部、つまり過程中核部に表出するからである (Grinder and Bandler, 1999)。人がどの表象システムを用いて体験を表現するかを知るには、その人の使用叙述語（形容詞・副詞・動詞）を観察すればつかめる。

クライエントの表象システムの特定は、セラピーを進めていく上で有用である。例えば、視覚表象が発達したクライエントの場合の問題認識が視覚表象に根付いたものであるならば、それを聴覚的表象システムにスイッチさせることで、クライエントの認知構造を変えることが可能になるかもしれない (Bandler, 1999)。また、クライエントの表象構造に臨床家のそれをマッチングさせることで、クライエントとの関係構築がスムーズに進められる場合もある。

ワクテル（2004:284）は、環境の変化がクライエントの行動や体験に実際に反映されるためには、クライエントが経験世界を表象する際に使うイメージやその表象過程の変化が必要であると述べている。但し、他者の経験世界の認知構造を変容させるのは、たやすいことではないとしている。

9　まとめ

本章では、クライエントが経験世界を構築する視点を示す言語資源として、動詞の起動的解釈に注目し、クライエントの使用する過程構成を起動的視点から解釈しマッピングすることがプロセス研究の1つの方法論として有用であることを提起した。

池上は、英語の「する」的言語観と対比させて日本語のそれを「なる」的なものとしているが、これはSFLにおける起動的解釈における中間態と実効態の対比で捉えられる言語現象である。これをセラピーの文脈で捉えると、「なる」表現、つまり中間態では動詞の行為者性が剥奪され、媒体に疑似的に行為者性がもたらされるということが起こる。日本語自体、こうした中間態の表現が支配的であるが、これがセラピーという設定では、行為者が不問に付され必然的に自然発生した問題状況にクライエントが置かれるため、クライエントの生を生きづらくさせている問題の原因にがんじがらめにされる素地となる。問題の原因＝自分自身という構図である。特に「なる」という表現自体が、当該事象が自ずと、つまり人の意志・意

図を越えた次元で生じたものという含意がなされる最たる表現であるため、中間態の経験世界観が一層強化されるのである。一方、実効態は、問題の原因となる起動者（行為者）を構文化するため、クライエントは自分を悩ませている現象を、因果関係から捉え直すことができることになる。そこで臨床家には、クライエントの言語行動に支配的な中間態の構文を実効態の構文に言い換えていくプロセスが求められてくる。

　行為者性から見た「なる」の変化は、文化的なコンテクストというパラメーターが大きな作用因子として働く。もともと、日本語自体が中間態が支配的な言語表現形態であるからである。しかしこうした文化的背景を考慮に入れたとしても、クライエント自身の過剰な中間態の経験世界観が、クライエントの生活に問題を生じさせていることが実証されれば、プロセス／効果研究の尺度として確立することができよう。症例などの変数を厳密に固定した上で、事例数を増やした検証が必要である。

　本章では、言語行動に行為者性を示すことを肯定的に見なし、中間態の言語観を否定的に捉えるような論理運びとなってしまったが、クライエントの症状によっては、過剰な「する」的経験世界観が禍して問題を引き起こしているケースも想定される。その場合は、逆の行程となり、「する」から「なる」への移行をはかることが問題解決につながることになる。過剰な起動者性が観察される妄想性統合失調症が最たる例と言えよう。いずれにしても、「壺」と「向き合う横顔」を自在に識別するために、「図」と「地」を換える視点を獲得することで実現されるプロセスである。

第9章
セラピーで注目すべきその他の要素

1　位相による違い──ジェンダーを中心に

　日本語学では、方言、書き言葉、話し言葉、特定の職業の言葉、特定の階級の言葉、女性語、学生語などを位相と見なす。そしてそれぞれの集団によって言葉の使用が異なる現象のことを言葉の位相とし、またその異なる言葉を位相語としている。クライエントの背景は様々であるが、クライエントがどの集団に所属するかという位相差についての考察もまた、臨床家が言葉を使用する際に有用と思われる。ここでは、特にジェンダーによる言語行動の違いを中心にとりあげ、セラピーにおいて顧慮すべき要素について考えてみたい。

　いわゆる女性語と言われる言語使用は、敬語の多用、特定の終助詞の使用、表現の婉曲性を特徴とし、やわらかな語調を醸し出すと言われる。そこで、なぜこうした女性特有の言語使用といった区分が生じるのかということが社会言語学などの研究課題の１つとなっているが、本節ではこうした社会的要因を探ることが目的ではなく、セラピーにおいて、言語使用の性差がセラピーのプロセスと効果を考える上で何らかの違いをもたらすものかについて考えてみたい。

　なお、その他の位相についても簡単に触れておく。

1.1　女性語の特徴

　ジェンダーによって言語使用に違いがあることを初めて指摘したのが、Lakoff (1973) である。Lakoffのあげた女性言語の特徴を中村 (2001:16) から以下にあげてみたい。

> (1) 女は細かい区別の色彩語を使う。これは色の区別などのつまらない決定のみ女に任されているからである。
> (2) 女は「くそ！ (shit)」などののしり言葉を避け、「まあ！ (Oh dear)」などを使う。人は激しく表現する人に耳を傾けるものなので、これは男の立場をさらに強化している。
> (3) 女は「すてき！ (adorable)」のように、言及している概念をくだ

らなく感じさせる形容詞を使う。
(4) 女は、話し手の自信のなさを表す付加疑問文 (Mary is here, isn't she?) や上昇イントネーションを多く用いる。付加疑問文は断定文と疑問文の中間にあり「話し手がある主張をしながらも、その内容の真実性に十分な自信がない時に使われる」上昇イントネーションは、通常話し手が情報を求める疑問文に使われるが、女は既知の情報を上昇イントネーションで述べる。これは、断定を避けていることを表している。
(5) 女は「あのー (well)」「とか (Y'know)」「みたいな (sort of)」など述べている内容に対して不確かさを示す「垣根表現 (hedge)」を使う。
(6) 女は「非常に (very)」という断定的な表現を避け、「すごく (so)」という感情を抑えた表現を用いる。
(7) 女はgoingの省略形goin' やam notの短縮形ain'tは使わず過度に正しい使い方をする。
(8) 女は男より丁寧な依頼表現を用いる。これは女の社会的地位が男より低いことを示している。
(9) 女はジョークを言わない。だから、ユーモアがないと言われる。
(10) 女は大げさに強調して話す。これは内心の不安を映している。

　こうしたLakoffの指摘は英語が基盤になっているが、日本語に置き換えて考えても主張するところはわかる。こうしたLakoffの主張は、以下の観点からフェミニストたちの批判を受ける (中村, 2001:19-23)。

(1) Lakoff のあげている女の話し方の特徴には科学的裏付けが欠けているという、方法論に対する批判。
(2) 女の話し方のすべての特徴を「劣った話し方」であると解釈している、という言語性差に対する解釈の問題。
(3) 特定の言語形式がコミュニケーションで果たす機能を1つに限定している、という形式と機能に関係する批判。

(4) 女が説得力のない話し方をするのは、女の社会的地位が低いからだという言語性差の理由に対する批判。
(5) Lakoffによる「ジェンダー表現研究」と「言語使用とジェンダー研究」の2区分は、「言語体系」と「言語使用」の相互関係を無視する区別である。

こうしたLakoffに対する批判を検証する形で、以後、「女の言語」に関する研究がなされていく。従って、学問としての弱点に対する批判の重大さにもかかわらず、言語使用にジェンダーが反映されることを初めて指摘したLakoffの功績は大きいと言える。

言語には指示的機能の他に、話し手がどのような言語資源を選択するかに、位相、例えば、ジェンダーや、対人関係のあり方などが反映され、話者のアイデンティティを作り上げる（Silverstein, 1976, 1987）。こうした捉え方の延長に、Ochs（1992）の、言語形式で直接的に生み出されるのは社会的意味であるが、間接的に生み出されるのがジェンダーであるといった考え方がある。つまり、女性話者が選択する言語資源が、女性というジェンダーを表出させるということである。そこで、言語使用がジェンダーを反映させるものであるならば、セラピーの場面においてもそれが現れるということである。このようなジェンダーの表出が、セラピー・プロセスに何らかの影響を及ぼすものであろうか。Lakoffの主張は英語における言語使用に基づくものであった。翻って、日本語でジェンダーが表出される表現を、先ずは以下に概観してみたい。

1.2　ジェンダーを表出させる日本語の表現

言語のジェンダーによる違いを考えるには、レイノルズ（1997）が提起するように、相互排除的性差と傾向的性差とに分けて考えるとわかりやすい。相互排除的性差とは、いわゆる「女ことば・男ことば区分」のことで、例えば、「ぼく」という言葉は男性用であり、「あたし」は女性用である。また「ぜ」という交渉詞は男性用、「わよ」は、一般に女性用とされる。こうしたジェンダーによって使用区分がなされるという視点から捉えるも

のが相互排除的性差である。一方、傾向的性差というのは、男女両用であるが、どちらかが頻度的に多く使うという観点から捉えるものである。例えば、「女性の方が言いさし文を多用する」「男性の方が漢語を多用する」などといった性差が認められれば、傾向的性差と見なす。

そこで先ず、相互排除的性差であるが、最も顕著に性差を表出させるのが交渉詞（終助詞）である。「わ・かしら・てよ・て・こと・のよ・の・わよ・わね・よ（名詞＋よ）・たら・もの（ん）」などは、女性語とされる終助詞である。これらを男性が使用すると奇異に聞こえる。一方、男性語とされる終助詞には、「ぜ・な・い・よ・ぞ・かい・だい・さ・ね・や・なよ」などがある。こうした男女の性差が現れるのは、普通体の時である。以下の例のように、丁寧体では性差は表出しない。

（例9-1）
（普通体）　T　その時、どうしてそんな気持ちになったのかもう少し詳しく話してもらえる<u>かしら</u>。
（丁寧体）　T　その時、どうしてそんな気持ちになったのかもう少し詳しく話してもらえ<u>ますか</u>。

（例9-1）で、普通体の方は、女性による発話であることが明白であるが、丁寧体になるとジェンダーが消し去られる。また性差が言語形式上、現れやすい状況と箇所とがあり、森田（1991:67）は、話し手主体の姿勢が強く意識される状況で、相手に語りかける部分に言葉の性差の物差しが濃厚に作用するとしている。男女の性差が顕著に現れる言語資源の１つが「よ／わ」の多用といった交渉詞の形態と、命令・禁止・許可・要求・勧誘など聞き手への直接的な働きかけを行うために選択される言語資源である。以下のような例である。

　　命令・禁止（男性：行くな・女性：行っちゃだめ）
　　許可（男性：行っていい・女性：行っていいわよ）
　　要求（男性：行ってくれ・女性：行ってちょうだい）
　　勧誘（男性：行こう・女性：行きましょう）

また前述のように、「あたし」と言えば、話者情報として女性だということが伝わる。英語では、男女とも「I」1つですむところが、日本語の場合は、「ぼく」「わし」「小生」「あたい」「俺」など、ジェンダーによって使い分けなければならない人称が豊富である。こうした言語形態上の違いが、日本語には顕著である。

　一方、傾向的性差には、女性の発話では男性と比べて敬語、丁寧語、美化語が多用されること、またあいづちの多用や、漢語より和語の多用、などの傾向があることがあげられる。

　森田 (1991) は、副詞に現れる性差の例を指摘している。例えば、「とても難しい」「とっても難しい」に対して、「極めて難しい」「はなはだ難しい」をあげて、前者は女性の、後者を男性の使用傾向が高いとしている。またLakoff (1973) が女性が付加疑問文を多用することを指摘するが、同様に、日本語であれば、交渉詞「ね」を使って相手に同意を求めることが多いことと、間接的要求表現を多用することなどもあげられる。また「まあ」「あら」といった感動詞の使用、「行け」「座れ」などの動詞の命令形の不使用なども特徴としてみられる。大坊 (1982) は、男女の会話では男性の方が長く話すことを報告している。また内田 (1997) は、男性の方が会話において、割り込み、前置き、沈黙の修復、倒置・付け加え、が多いことを指摘している。

　本題から少し逸れるが、男女において共感度が異なることを指摘したHoffman (1977) の研究では、男女に物語を聞かせて主人公の境遇についての言語的反応や顔面表情等を観察し、女性が男性よりも高い共感度を示したことが報告されている。またHoffman & Levine (1976) が、困っている子供の状況を示した8枚の一連のスライドを男女に見せ、女性の方が共感的言語表現を用いる傾向があることを報告している。問題なのは、これらの研究では、共感度を測る基準が言語反応と顔面表情であることである。そもそも、言語行動自体にジェンダーによる差異が認められるのであれば、これを共感度を測る尺度とすること自体に問題が残ると思われる。Holmes (1995) は、ニュージーランド人を対象とした研究の中で、女は丁寧な言葉遣いで、情緒的内容を重視した話し方をする傾向が強いのに対し

て、男は情緒的内容よりも、情報の中身・内容を重視する傾向が強いとしている。Hoffmanらの研究では、こうした男女の言語行動の傾向の差を考慮に入れずに単純に共感度の差と見なしたものであろうと思われ、問題が残る。

鈴木（1993:152）は、女性語としての適切さを保つための方策として、(1) 聞き手に、判断・決定の権利を残した語形式を使用する、(2) 語形式上、何らかの丁寧化を行う（例：「〜なさい」「お（動詞連用形）（なさい）」「なさる」「だろう」の丁寧体「でしょう」など）、(3) 終助詞「わ」「かな」「っと」の使用などにより、聞き手目あての発話ではない独り言のような形にする、といった点をあげているが、これらを遵守すれば、日本社会では社会的に逸脱することはないとされるということである。

なお音声面からの報告として、Ohara（1992）が、日本語を母語としながら英語も堪能である男女の英文と日本語文を読む時の声の高低を調べたところ、女性被験者が、英文を読む時と比べて日本文を読む時に高い基本周波数を示したが、男性被験者の場合は、どちらにおいても変わらなかったことを報告している。これに対して大原（1997:52）は、以下のように述べている。

　　高い声ほど、一般的に女性の長所とされるかわいらしさ、やわらかさ、おとなしさ、きれいさ、丁寧さ、上品さ、親切さ（Hendry, 1986；Lebra, 1984）のイメージが強くなり、低い声ほど女性には好ましくないとみられがちなわがままさ、頑固さ、強さのイメージが強くなるという傾向が見られた。（中略）日本文化では高い声が女性に望ましいとされる社会的意味を内包しており、女性は高い声で発話することによってそういったイメージを投影していると考えられる。

1.3　女性を囲む社会的背景とセラピー設定

鈴木（1993:148）は、女性語の本質を「話し手の聞き手に対する丁寧さに関する配慮」の1つであるとし、普遍的な丁寧さの枠組みで論じられるべきであるとしている。この見方からすれば、上述の女性特有の言語行動は、

消極的ポライトネス（131 ページを参照されたい）となる。消極的ポライトネスとは、相手に対する要求、侵入的な行為の負担を最小限にする方略である。

　しかしこうした見解も、常に社会的背景から切り離して捉えることはできない。マグロイン（1997）は、女性が社会で「従」の立場に置かれるために、消極的ポライトネスを用いて敬語を使うなど相手への押し付けを弱めるとしている。女性は円滑なコミュニケーションを行うために、社会的に期待される言語資源の選択を余儀なくされるのであって（鈴木, 1997:59）、このことは丁寧さの規範から逸脱した言語行動をとった時に、男性よりも女性に対する社会的許容度が低くなるということである（宇佐美, 2006:32）。例えば、同じ表現を使っても女性だと丁寧に聞こえないのに、男性が言うとかなり丁寧に聞こえることを井出（2006:168）は指摘する。セラピーで女性臨床家が、「～なさいますか」と言ってもさほど丁寧に聞こえないが、男性が同じことを言うと受ける丁寧さの印象が異なるということである。このことは、女性臨床家が丁寧な表現を用いても、それはゼロ化され、男性だと有標ということになるということである。女性は丁寧で当たり前、男性が丁寧であれば、過大に評価されるとでも言えようか。

　物事を断定せずに同意を求める話し方をし、相手に行為要求・質問要求をする場合は、命令形・禁止を用いることなく依頼形で、というのが、女の言語使用に求められるルールである。宇佐美（2006:32）は、女ことばの特徴の中核的なものは、「丁寧に話す」ということで、「丁寧に話す」ということは、基本的に、「力のない者がある者に話す際の特徴」として位置付けられるとしている。さらに、力のある者が「丁寧に話す」場合には、品格となるとしているが、その「品格」という価値観は、力のある者が、そうでない者を、「丁寧に話すよう教育するために巧みに用いられてきた」ものであるとしている。

　水本（2006:79-81）は、様々な世代の女性に7種の会話場面設定を与えて、(1) 女性文末詞を選択するかどうか、(2) どのような場合に女性文末詞（「わ」「のよ」など）を選択するかを女性に尋ね、また同世代の女性が女性文末詞を用いた場合に、どのような感じがするか、を男性に聞くというア

表 9-1　女性文末詞の使用に関するアンケート

	女	男
20代	女性文末詞をほとんど使用しない／「のよ」を使用する（5％）／「わ」形の文末使用はほとんどない	使用してほしい／「のよ」を使用してほしい（92％）／「わよ」を使用してほしい（56％）／「わ」を使用してほしい（29％）
30代	女性文末詞をほとんど使用しない／「体言＋ね」を使う（10％）／「わ」形の文末使用はほとんどない	「わ」を使用してほしい（29％）／「体言＋ね」の使用は好ましい（89％）／「わ」形の文末使用はほとんどない。例「わよ」を44％が望んでいる／「わね」を使用してほしい（56％）
年代問わず	女らしくふるまいたい（15％）／年配の人や目上の人がそばにいる場合（28％）／相手との関係をよくしたい（19％）／笑いをとりたい時に用いる（23％：主に20代）	女性文末詞使用に対し「女らしい」「大人の女性」「ロマンチック」「セクシー」（61％）

（水本, 2006:79-81）

ンケートを実施している。表 9-1 は、水本（2006:79-81）よりまとめたものである。

　このアンケート結果を見ると、年代が若くなるにつれて、女性語とされる交渉詞の使用が減少傾向にある一方で、男性の方が使用してほしいと思っていることがわかる。小林（1993）は、世代ごとの女性の言語使用の実態を調べ、比較検討しているが、若い世代の言語使用で、女性的特質が希薄化し、中性化の方向を辿っていることを指摘する。少なくとも文末表現や敬語使用の面で、女性語としての特質が希薄化し、男性の言葉に近いものになっていることをあげている。同じく、中年女性においても、「女性は女性らしい言葉を使うべきだ」という規範意識が希薄化する傾向にあるとしている。一方で、男女を問わず、状況や相手に応じてふさわしい言葉を使おうとする意識は強いとする。とすれば、現在10代から20代の女性が、10年後、20年後、30年後に、現在の母親、祖母の世代が使っているような女性語を話すようになるかと言えば、そうではなく、むしろ、性役割に応じた使い分けではなく、普遍的な意味で、場、状況に応じた言語使用の選択がなされ、別の意味で中性化していくであろうとする。現若者世代が、そのような変容過程に位置しているのである。

　アンケート結果に戻ると、女性の方で中性化の進展が顕著な一方、男性

の方が、女性的特質を表出させる表現を使用してもらいたいと思う傾向が強くなっている。このことから女性語に対する期待が依然、顕在することがわかる。宇佐美（2006）は、日本語で女性語といわれる言語資源の使用原則を分析すると、日本社会が女性に期待・要求する女性像が輪郭をなしてくるとしているが、セラピーにおいて、クライエントが女性臨床家へ期待するものも、こうした社会的要因と無関係ではないであろう。

1.4 今後の研究の視点

ジェンダーによるセラピーのプロセス・効果の違いに関する研究に関して、フランク（2007:202）は、年齢やジェンダーといった人口統計学的な諸変数と治療効果との関連について、間接的な手掛かりしかつかめないとしている。Orlinsky & Howard（1980）などに、特定の位相、例えば、若い独身女性と女性の臨床家、あるいはシングルマザーと男性の臨床家の組み合わせに治療効果が高かったなどの報告があるが、一般に、ジェンダーと効果・プロセスの関連性は明確に実証されていないようである。

先行研究は、英語によるセッションを扱ったものであるが、先述した通り、英語は傾向的性差しか持たない。一方、日本語は、傾向的性差に加えて相互排除的性差との両方がある。従って英語の場合、性差を乗り越えるのは容易であるが（レイノルズ, 1997）、日本語はハードルが高い。このことから、日本語によるセラピーにおいてジェンダーによる言語行動の差が、効果・プロセスに及ぼす影響を実証することも、研究テーマとして興味深い。ジェンダーによって傾向的性差があることが普遍的なものであることは、過去の女性語研究が指摘してきたことであるが、相互排除的性差も抱える日本語の場合、違った側面が見えてくるのではないかと著者は期待を寄せている。

1.5 その他の位相

その他の位相差として、社会階層、教育水準、地域差、世代差などについての考察も、セラピーを進める上で視野に入れるべき要素であろう。クライエントがこうした位相差を背景にして、どのようなスピーチ・コミュ

ニティに属しているのかを判断して、それに合わせた言語コードを選択するということは重要である。

例えば、社会階層を考えてみたい。戦後1980年代頃まで、日本は、世界的に見て比較的格差の少ない社会と見なされてきた。この傾向は「一億総中流社会」という表現に端的に示される。実際は、格差は存在していたのだが、終身雇用制や年功序列賃金などの慣行があり、また派遣などの雇用形態があまりなかったために、雇用格差の問題が顕在化しなかっただけなのである。現在、所得水準の格差が顕在化し、拡大化してきている。それに伴って、親の経済的状況を反映して教育格差もまた顕在化してきている。こういった格差が言語行動に影響を及ぼさないものであろうか。イギリスの階級差による家庭環境の違いが言語に及ぼす影響を調べたBernsteinの興味深い研究をここに紹介したい。

Bernstein (1971) は、イギリス中流階級と下層・労働者階級という2つの社会階層の異なる男の子のグループの言語行動を調べ、両者が異なる言語コードを使用することを報告した。中流階級のグループは、「精密コード」を、下層・労働者階級は「限定コード」を使用するとしたのである。「精密コード」とは、聞き手の視点が話し手である自分と同じであるとは限らないという前提に立ち、明示的・分析的で抽象性を備え、広い言語資源のレパートリーと確立されたバーバル・プランを持つのを特徴とする。一方、「限定コード」は、表現構成が単純で硬直的な言語構造と、文脈への依存性が高いため、文脈に通じた仲間うちでしか理解できない非明示的言語使用を特色とし、直接的で分析性と抽象性を欠き、語彙選択も貧困であることを特徴とする。このような差異が生じる要因は、子供が最初に経験する言語共同体である家庭にある。家族の中の大人のメンバーとのコミュニケーション・パターンが土台となるのである。家族の中の大人が話すスピーチ・パターンを子供は学ぶのであるが、一般に下層・労働者階級は教育水準が低いため、「限定コード」を用いる傾向がある。そのスピーチ・パターンを子供が学ぶわけで、それが大人になった時のスピーチ・スタイルに影響を与える。一方、精密コードをスピーチ・パターンとして育った中産階級の子供たちは、限定・精密両コードへ自由にアクセスでき

る能力を備える。というのがBernsteinの主張であるが、当時、これは調査手法上、問題があるとして、また単純化された差別的な見解であるとして批判を招いた。しかし、アメリカの発達心理学や言語学において、この概念・主張は今日まで脈々と引き継がれ、大きな影響を与えている。

スピーチ・コミュニティの形成に関与するものは、社会階層だけではない。地域差についても、言語行動に差異が見られる。例えば、東北、関東、関西における言語行動にその文化的背景からくる違いが認められる。例えば、関東・関西と比べ、話すという行為がコミュニケーションの基盤であるという考え方が東北では希薄である。東北は言語行為への信頼度が比較的低く、一般に寡黙をよしとする風潮がある。よって、例えば、関西で育った臨床家が、東北で育ったクライエントを扱う場合、言語行動の違いは無視できないものとなろう。これは方言か共通語かといった違いを問題とするのではなく、媒体言語が共通語であっても、その共通語の用いられ方に地域差があろうということである。加えて、若い臨床家と年配のクライエントといった組み合わせに見られるように、世代差の違いもある。教育水準の違いも顧慮要件に入ろう。例えば、臨床家よりも高い学歴を持ったクライエントを扱うケースも想定される。

こうした位相差を視野に入れた対応をはかるということは、コード・スイッチング（code switching）を自在にはかれる能力が、臨床家に求められるということである。Bernsteinの言葉で言えば、「精密コード」を使うことが臨床家に求められるということである。

出身階層とセラピーの継続性の関係を調べたCarkhuff and Pierce（1967）などの研究があるが、この研究は、出身社会階層が同じ場合は、セラピーの継続がなされるが、異なる場合はドロップアウト率があがることを報告している。恐らく、臨床家とクライエントの間のこうした位相差が小さいのが理想的なマッチングであろうと思われるが、白石・立木（1991）のように、臨床家とクライエントが互いの役割についてどの程度一致したイメージを持つかが重要であることが明らかになってきたとしている研究もある。いずれにしても日本におけるドロップアウトの研究が、この点を明らかにすることを期待したいところである。

2 力の不均衡性と力の行使——最も根本的な問題

　クライエントは面接室のドアの前に立った時点で、すでに臨床家に服従するよう方向付けられている（フランク, 2007:203）。
　基本的にサイコセラピーにおける臨床家とクライエントの関係は、臨床家の側が権威を有するという意味において非対照的役割関係となる。この権威の根拠は、専門家としての専門知識である。こうして不均衡な状況設定の中で面接は展開する。この状態を「治療的対話の暴虐（The Tyranny of Therapeutic Dialogue）」と評したのは、Solas（2000）である。
　サイコセラピーでは、臨床家が面接者という資格で力を持っているという厳然たる状況設定があり、それは面接力学を支配することを意味する。よって、こうした役割関係の違いが不公平を示すが、ディスコースにおいて、言語がこの不平等を反映する。言語使用が本質的に関係的で、それぞれの話し手の発話が聞き手の地位への気づきによって影響を受けるからである。根底にある社会的関係が、言語選択に反映されるということである。例えば、臨床家による判決的評価の用いられ方、2人称主語を持つ心理文の使用、フィードバックの欠如、強引なターンテーキング、途絶といった言語行動にこうした社会的関係の不均衡性が観察される（加藤, 2012a）。また、セラピーには評価が織り込まれるが、評価の権限は常に臨床家にあることである。またセラピーは臨床家が一方的にクライエントに質問することが基本構造となる。問うことは、権力関係と関係するが、セラピーでは、上位者である臨床家が何が話されるべきかをコントロールしながら、下位者であるクライエントに質問内容が組まれる。このことは、対話とされるべきものが容易に質疑応答になってしまう可能性を常にはらむわけで、その場合の相互作用は対話というより尋問の相を帯びてくる。
　セラピー設定のみならず、一般に面接者は面接を何度も経験済みであり、事情によく通じていて、余裕があり、支配的で言質を与えない。一方、被面接者は不慣れな状況において面接に対処しなければならず、よって被面接者が状況に無知で、緊張した立場から服従的になる傾向は免れない。また言語選択に加えて、スピーチの音調、身なり、姿勢、目の動き他を通し

て、参加者によって演じられる社会的役割の顕著なステレオタイプが存在し、これらの要素を余裕のある臨床家がいち早く察知し、カテゴリー化をはかるといった作業が水面下で進行する（加藤, 2012a）。

　この不均衡の言語表現の生成をもたらす明白な力の非対照性が、面接の力動となる。それによって生じる相互作用上の歪みについて、臨床家がどれだけ気づいているかは疑問である。対話という構造をとる以上、自分たちの相互作用が民主的になされているという認識が幻想に近いものであることを、臨床家は常に意識しておく必要がある。対話が平等に行われているという幻想にはまってしまった時、治療関係の権威的な側面が不問のままにされてしまうからである（加藤, 2012a）。

3　教育と言語発達としてのサイコセラピー

　サイコセラピーにおける対人的相互作用は、教師と生徒間で成立する教授的談話（pedagogic discourse）によって具現される（Muntigl, 2004）。サイコセラピーの最終目的は、クライエントの経験世界の解釈に変化と洞察を与え、それが現実生活の場での行動パターンの変化となって現れるようにすることである。そのプロセスが基本的に教授的談話に類似するものと捉えられる。そのために臨床家はクライエントに経験世界の認識について解釈を教え込み、変化と洞察が生じるように導いていくのだが、そのプロセスが基本的に教育的ディスコースに類似するものと捉えられる。Freud (1943) は分析家の務めをある意味クライエントの再教育であるとし、いわば教育的な暗示を与えることによって、クライエントが問題を解決できるようにするとしている。この観点に立てば、臨床家が専門家（expert）、クライエントが初心者（novice）という構図になり、必然的に教育者としての臨床家に言語的コンピタンスが求められる。少なくともクライエントのそれよりも高いことが必須要件であろう。

　教授的談話から成り立つサイコセラピーは、規制的言語使用域（regulative register）と指導的言語使用域（instructive register）という2つの言語使用域から成り立つ（Muntigl, 2004）。規制的言語使用域は、指導と学習活動

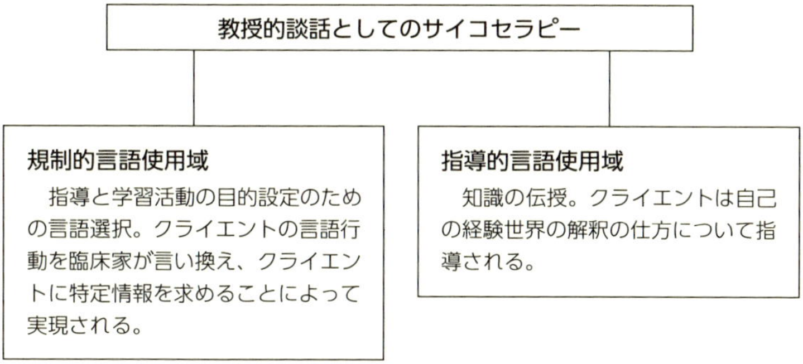

第9章　セラピーで注目すべきその他の要素

```
┌─────────────────────────────┐
│  教授的談話としてのサイコセラピー  │
└─────────────────────────────┘
        │                │
┌───────────────┐  ┌───────────────┐
│ 規制的言語使用域 │  │ 指導的言語使用域 │
│  指導と学習活動の目的設定のため │  │  知識の伝授。クライエントは自己 │
│ の言語選択。クライエントの言語行 │  │ の経験世界の解釈の仕方について指 │
│ 動を臨床家が言い換え、クライエン │  │ 導される。                    │
│ トに特定情報を求めることによって │  │                              │
│ 実現される。                  │  │                              │
└───────────────┘  └───────────────┘
```

図 9-1　教授的談話としてのサイコセラピー

の目的設定のための言語選択を行い、目的達成までの相互作用の方向性を指し示し、それを維持する分野である。セラピーのコンテクストであれば、臨床家が専門家、クライエントが初心者という役割関係の中で、専門家である臨床家がクライエントの経験世界観を表出させる言語行動を、変化を導く言語行動へと修正をかけていく領域となる。一方、指導的言語使用域は、伝授される知識そのもの、あるいは教え込まれるべき意味領域で、臨床家がクライエントに経験世界の解釈の仕方について啓蒙行動をとる領域ということになる。図 9-1 はこれを図示したものである（加藤・マッケンターラー , 2007c）。

　Halliday and Matthiessen（1999）は、テクスト展開による意味生成（logogenesis）、個体発生あるいは言語使用者の言語発達による意味生成（ontogenesis）、系統発生あるいは言語進化による意味生成（phylogenesis）という 3 つの意味生成（semogenesis）に沿って言語使用の変化をモデル化している。これによると、「テクスト展開による意味生成」は、テクストがインスタンスを形成する（instantiate）テクスト展開プロセスで、個体発生は個人がレパートリーにできる言語資源の発達を遂げること、系統発生は個人がインスタンスを形成するのに言語テクストを引き出すことのできる文化母体と言える。これをセラピーのコンテクストで捉えると、「テクスト展開における意味生成」は各セッションの段階を追った相互作用の社会的プロセス展開をさし、個体発生は、クライエントの意味生成上の変化・成長をさ

す。系統発生は、セラピーという文化社会的あるいは職業的慣習ということになろう（加藤, 2015）。

　本書では、(1) セラピー面接自体が、プロセスが展開する過程で意味生成上発展していくかどうか、(2) 面接の意味生成上の変化・発展がクライエントに意味生成上の成長をもたらすかどうかという観点から分析を結論づける。個体発生が実現されていれば、クライエントはセラピーの終結期において初期とは異なる話し方をしていると想定されるが、これはセラピー・プロセスの「テクスト展開における意味生成」によって実現されたものである。つまり指導的言語使用域を通して、臨床家が「テクスト展開における意味生成」を指揮し、クライエントがそれを通して学習するというテクスト展開である。6章でとりあげた名詞化表現を例にとれば、クライエントの意味生成上の変化が観察されず、個体発生が実現されなければ、その要因として、臨床家による整合形から非整合形への転化が不十分であったことがあげられ、「テクスト展開における意味生成」のあり方に問題があったという捉え方もできる（加藤, 2015）。セラピーの成功失敗を左右する要因は、様々あろうが、こと言語使用の観点からは、臨床家の言語指導の不首尾に一因があるかもしれないこと、そしてそれが臨床家の言語的コンピタンスの不足によるものなのか、指導を受けるクライエントの理解力の不足によるものなのかといったことも検討要因とすべきことを提言したい。

おわりに

本書は、(1) クライエントの言語行動からセラピーに必要な情報をどのように読み取るか、(2) クライエントから有用な情報を引き出すために臨床家がどのような言語行動をとればよいか、について示唆を与えること、そして (3) セラピーにおける言語行動に関心を持つ研究者のための方法論として参照してもらうことを目的として書かれたものである。

(1) クライエントの言語行動からセラピーに必要な情報をどのように読み取るか

　クライエントが織り成す諸行動を「語彙－文法資源」の視点から捉えると、そこに「支配的な語彙－文法資源の選択」が存在すると考えられる。支配的な語彙－文法資源とは、本書では、クライエントの経験世界の切り取り方、つまり視点を如実に示す言語資源の使用偏向のことを意味している。「支配的な言語資源の用い方」と言い換えてもよい。この支配的な語彙－文法資源を観察することで、言語面からクライエントの経験世界の捉え方の偏向が観察できる。

　この支配的な語彙－文法資源は、言語行動のシステム・ネットワーク (system network) の観察からマッピングすることができる。つまり、選択された表現、選択されなかった表現がもたらす相互作用上の機能を、テクストに沿ってマッピングしていくと、そこに支配的な言語資源の用いられ方が明らかになり、相互作用者の心的態度が窺えるというのが著者の考えである。

　経験世界の表現には、必然的に言語使用者の視点が構文化される。特に日本語は話者の視点を構文化する表現が豊富で、言い換えれば、経験事象の「主観的把握」傾向が強い言語構造を持つということである。従って、話者が経験事象に対しどのような見方あるいは関わり方をするのかによって、表現が微に入り細に入り使い分けられるため、これらの言語資源を観察することはクライエントの経験世界に対する視点を捉えるのに豊富な材料を提供するものとなる。

　廣瀬・長谷川 (2001) によれば、言語主体として自己を見た時、「公的自己」と「私的自己」という2つの側面があるという。前者は、聞き手と対

峙する伝達の主体としての話し手の側面であり、公的表現は、言語の伝達的機能に対応する言語表現のレベルで、聞き手の存在を前提とする。一方、後者は聞き手の存在を想定しない思考・意識の主体としての話し手の側面であり、私的表現は、言語の思考表現機能に対応する言語表現のレベルで、聞き手の存在を前提としない。廣瀬・長谷川は、英語は公的自己を中心とした言語体系を持ち、日本語は、私的自己を中心とした体系を持つと言う。「日本語は、より本質的な部分では、私的自己を中心とした体系」であり、「そこから浮かび上がる日本人像は、集団モデルが描くものとは、正反対の、内的な自己意識に基づく極めて個人的な存在」である。であれば、臨床家には、観察素材が豊富に与えられることになる。臨床家が言語機能に通じることにより、クライエントの言語使用から引き出せる情報は増えることであろう。

　メイナード（2014:252）は、日本語は言語行為の主体のあり方を余儀なく指標せざるをえない言語であり、言語使用者が直接意味を伝えなくても、言語行為自体が間接的に主体の表現意図を伝える言語であるとしている。日本語に限らず、言語はそうした特質を持つものであるが、日本語は、特にその傾向が強い。メイナード（2014:253）は、さらに踏み込んで、言語使用者は、外界の事実を命題情報としてそのまま伝えるのではなく、命題を把握する主体の心を情意として伝えることになるとしている。このことから、クライエントの言語行動にもまた、それが表出されるということになる。クライエントは日本語の様々な言語標識を使って、面接の場で命題を語るが、本書は、こうした言語標識の諸側面を明らかにすることで、臨床家がその標識を読み込むことができるように示唆を行ったつもりである。

(2) クライエントから有用な情報を引き出すために臨床家がどのような言語行動をとればよいか

　サイコセラピーでは、クライエントが述べたことを、臨床家が言い換えることによって相互作用が進められる。クライエントが体験事象を述べ（=formulation）、それに対して臨床家が、クライエントの経験世界の受け止め方を変えるために、クライエントが述べたことを別の言葉で言い換える

（= reformulation）プロセスである。言い換えは語彙 – 文法構造を変えることで、先行発話とは別の意味付けを行う言語行動である。つまり、言い換えによる新しい意味の創出によって、クライエントの経験世界の認識に新たな準拠枠を与え、その経験世界の認識を変えるためのプロセスが展開されるのである。この前提に立って、セラピーの諸段階の相互作用が理解されなければならない（加藤, 2009）。

セラピーのエッセンスとは、意味生成をめぐる臨床家とクライエントの交渉の過程である。臨床家がクライエントの意味の変容を促すために、説得的に言い換えを繰り返していくプロセスである。そのために臨床家は、①目的とする機能を担う直接的な表現や、言外の意味としてその機能を発揮できる表現方法を多く知り、②それぞれの待遇上・文体上の価値を知り、③場面の性質や相手との関係を認識して、④それらに適合する形式を選択するというプロセスが実行できなければならない。

同じ命題であっても、表現の仕方如何で、効果という面から、引き出されるものに違いが生じる。発話意図を直接的に表現する言語資源と間接的に表現する方法があることは、本書を通しておわかりいただけたと思うが、間接的に表現する方法は複数あり、それらを臨床家が言語使用のレパートリーの引き出しに整理してしまっておき、場面に応じてそれぞれの引き出しから、適切な言語資源を引き出して使えるようにしておくということになる。

言語形式とその伝達上の機能とは、多義にわたり、決して1：1で対応するものではない。相互作用のプロセスの中で、常に複数の言語資源の選択肢が臨床家に開かれている。コンテクストに応じて適宜、適切な選択を行うことで、効率的な相互作用が果たせる。決して安価ではないセラピーの費用対効果を考える上で、効率的な相互作用の運用は重要である。

本書ではどのような言語行動がどのような相互作用上の機能を持つのかを解明した。これを参考に、実際の場面で、臨床家がそれぞれの流儀に応じて、より適正な言い換えを行えるとよい。この意味で臨床家の言葉の使い方のトレーニングに有用な示唆を行ったつもりである。

先述した通り、臨床家は何より言語的コンピタンスを示す「精密コー

ド」(299 ページを参照されたい) に通じていることが求められるのである。

(3) セラピーにおける言語行動に関心を持つ研究者のための方法論として参照してもらうこと

　(1)(2) ともセラピー設定において、時間軸の中で臨床家が瞬時に判断しながら進むが、この過程をデータとして保存し分析することが、プロセス/効果研究になる。セラピーにおける言語研究の最大の強みは、言語逐語記録という臨床的1次データをそのまま客観的に分析するため、より客観性の高いサイコセラピーのプロセス研究となる。本書を読んで、言語学的観点からどの部分に焦点、光を当てるのかを示唆として取り込んでもらうことが目的である。

　この場合重要なのは、どれだけ多くの情報が得られるかであり、得られる情報が量的に多くまた精緻であることが、応用テクスト分析において有用性が高くなることは言うまでもない。言語行動を解明するのに、かける網が細かければ細かいほど、精緻さが増す。その点、SFLは、他の言語理論にはない体系化された理論構成を持っているので、精緻なマッピングが得られることであろう。

　クライエントの織り成す諸行動を「語彙-文法資源」という視点から捉え、支配的な語彙-文法資源を観察することで、言語面からクライエントの経験世界の捉え方の偏向が見出せることは先述した通りである。また、この偏向は、セラピーの段階に応じて、変化していくことが予想され、この変化を観察することが言語によるプロセス/効果研究となる。

　言語データの分析が、特定の療法パターンを示すものであること、特定の療法パターンが、実証的にマッピングされることは勿論のこと、流派を超えて、個々のサイコセラピーにおける言語現象の解析、進展度を示すパターン、また個々のカウンセラーの言語行動上の癖、問題点等が明解に示される。

　言語使用、正確には語彙-文法資源の選択の偏向を観察することで、話者の視点の偏向が観察されるが、そこから偏向した選択の修正、つまり変

化をもたらすために、操作という発想が出てくるのは自明である。違う語りを引き出すためには、技巧的な手法が必要とされてくる。Sullivan (1954) による『精神医学的面接』は、「図」と「地」を入れ替えるための意味の交渉をいかにして進めるかが述べられるが、そこでは「何を言うか」という「内容としての戦略」が論じられている。本書では「（グラマー的に）どう言うか」という視点の必要性を提示したつもりである。

　先ず、言語がどう機能するのかを熟知することが重要である。その上で、話し手が、経験世界をどのような語彙 – 文法資源を用いて切り取り、表現するのか、話し手のメッセージの構成がどうなされるのか、例えばどの語が先に来て、どの語が後になるといった違いから生じる意味生成上の違いについて考えることが臨床家に有用な情報を提供することであろう。言語というのは、先ず、意味生成を実現する語彙 – 文法資源があるという認識を獲得することで、サイコセラピーにおける言語行動の研究に厚みを加えよう（加藤, 2010）。また、臨床家の言葉の使い方のトレーニングにも有用である。

　本書で述べてきたことは、言語がクライエントの社会的現実を構築するのに、中心的な役割を果たすという前提に基づいている。その場合、言語を単にクライエントの内的現実を映し出すものとして捉えるという消極的な観点のみならず、言語がクライエントの経験世界の構築において果たす創造的な役割を基底に捉えるものである（加藤, 2010）。

参照文献

Abroms, G.M. 1968. "Persuasion in psychotherapy." *American Journal of Psychiatry*, 124, 9.

安達太郎. 1999.『日本語疑問文における判断の諸相』東京：ひつじ書房.

Austin, J.L. 1975. *How to Do Things with Words*. Cambridge: Harvard University Press.

Bandler, R. and Grinder, J. 1975. *Patterns of the Hypnotic Techniques of Milton H. Erickson*, vol. 1. CA: Grinder & Associates. (浅田仁子訳. 2013.『ミルトン・エリクソンの催眠テクニック——言語パターン篇』東京：春秋社.)

Bernstein, B. 1971. *Class, Codes and Control*. Routledge.

Beutler, L.E. 1981. "Convergence in counseling and psychotherapy: A current look." *Clinical Psychology Review*, 1, 79-101.

Brown, P. and Levinson, S. 1978. *Politeness: Some Universals in Language Usage*. Cambridge University Press.

Brown, P. and Levinson, S. 1987. *Politeness*. Cambridge University Press. (田中典子監訳. 2011.『ポライトネス：言語使用における、ある普遍現象』研究社.)

Buchheim, A. and Mergenthaler, E. 2000. "The relationship among attachment representation, emotion-abstraction patterns, and narrative style: A computer-based text analysis of the adult attachment interview." *Psychotherapy Research* 10(4) 390-407.

ビュトール, ミシェル. 1959.『心変わり』清水徹訳. 東京：河出書房新社.

Carkhuff, R.R., and Pierce, R. "Differential Effects of therapist Race and Social Class upon Patient Depth of Self-Exploration in the Initial Clininical Interview." *Journal of Consulting Psychology*, Vol 31(6), Dec 1967, 632-634.

Chapman, A.H. 1978. *The Treatment Technique of Harry Stack Sullivan*. New York: Brunner/Mazel, Inc. (作田勉監訳. 1979.『サリヴァン治療技法入門』東京：星和書店.)

Clancy, P. 1982. "Written and spoken style in Japanese narratives." In Deborah Tannen (ed.), *Spoken and written language*, 55-76. Norwood, NJ:Ablex.

Cook, H. 1988. *Sentential Particles in Japanese Conversation: A Study of Indexicality*. Doctoral dissertation, University of Southern California.

大坊郁夫. 1982.「男性とのコミュニケーシパターンの比較」『日本心理学学会第46大会

論文集』431.

大坊郁夫. 1998.『しぐさのコミュニケーション』東京：サイエンス社．

Dillingham, J.C., Jacobson, S., Kvarnes, R.G., and Ryckoff, I.M. 1976. *A Harry Stack Sullivan Case Seminar: Treatment of a Young Male Schizophrenic.* New York: W.W. Norton & Company. Inc.

土居健郎. 1994.『日常語の精神医学』東京：医学書院．

Eggins, S. 1994. *An Introduction to Systemic Functional Linguistics.* London: Pinter Publishers.

Eggins, S. and Slade, D. 1997. *Analysing Casual Conversation.* London and Washington: Cassell.

Ekman, P. 1984. "Expression and the nature of emotion." In K. Scherer & P. Ekman (eds.) *Approaches to emotion.* Erlbaum.

遠藤勉. 1969.『カウンセリングと人間観』（精神科学全書 15）東京：岩崎学術出版社．

Firth, J. R. 1950. "Personality and Language in Society." *Sociological Review,* 42, 37-52.

Forgas, J.P., & Bower, G.H. 1987. "Mood effects on person-perception judgments." *Journal of Personality and Social Psychology,* 53, 53-60.

Frank, J.D. 1961. *Persuasion and Healing,* 3/E. The Johns Hopkins University Press. （杉原保史訳. 2007.『説得と治療』東京：金剛出版.)

Fraser, B. 1980. "Conversational Mitigation." *Journal of Pragmatics,* 14, 341-350.

Fraser, B. 1990. "Perspectives on Politeness." *JP,* 14, 219-236.

Freud, S. 1943. *A General Introduction to Psychoanalysis.* NY: Garden City Publishing.

藤井由美. 1992.「［してしまう］の意味」『ことばの科学 5』17-40. 東京：むぎ書房．

藤井洋子・金明姫. 2014.「課題達成家庭における相互行為の言語文化比較」井出祥子・藤井洋子編.『解放的語用論への挑戦――文化・インターアクション・言語』東京：くろしお出版．

福田一雄. 2013.『対人関係の言語学』東京：開拓社．

福田一雄. 2016.「機能文法での叙法体系・モダリティの定義」『機能文法の枠組みによるモダリティ研究』東京：くろしお出版．

福永有利・井上治典. 2005.『アクチュアル民事の訴訟』東京：有斐閣．

Gelo, O.C.G., Mergenthaler, E. 2012. "Unconventional metaphors and emotional-cognitive regulation in a metacognitive interpersonal therapy." *Psychotherapy Research,* 1-17.

Glaser, S. 1980. "Thetoric and therapy." In M.J. Mahoney (ed.), *Psychotherapy process: Current issues and future directions,* 313-34. N.Y: Plenum Press.

Goffman, E. 1967. *Interaction Ritual.* N.Y.: Anchor Books.

Greenberg, L.S., & Safran, J.D. 1987. *Emotion in Psychotherapy: Affect, Cognition and the Process of Change.* New York: Guilford Press.

Grice, H. P. 1975. "Logic and conversation." In Cole, P. and Morgan (eds.), *Syntax and semantics 3: Speech acts.* 41–58. Elsevier.

Grinder, J. and Bandler, R. 1999. *The Structure of Magic II.* Palo Alto: Science & Behavior Books, Inc.

Halliday, M.A.K. 1978. *Language as a Social Semiotic.* London: Edward Arnold.

Halliday, M.A.K. and Hasan, R. 1985. *Language, Context, and Text: Aspects of Language in a Social-Semiotic Perspective.* Geelong, Vic.: Deakin University Press.（筧 壽 雄 訳. 1991.『機能文法のすすめ』東京：大修館書店.）

Halliday, M.A.K. 1994. *An Introduction to Functional Grammar.* London: Edward Arnold.（山口登・筧寿雄訳. 2001.『機能文法概説：ハリデー理論への誘い』東京：くろしお出版.）

Halliday, M.A.K. and Matthiessen, M.I.M. 1999. *Construing Experience through Meaning.: A Language-based Approach to Cognition.* London: Cassell.

Hasan, R. 1985. "The Structure of Text." In M.A.K. Halliday and R. Hasan (eds.), *Language, Context and Text: Aspects of Language in a Social Semiotic Perspective.* Geelong, Vic: Deakin University Press.

Havens, L. 1986. *Making Contact.* Cambridge, Massachusetts, and London: Harvard University Press.（下山晴彦訳. 2001.『心理療法におけることばの使い方：つながりをつくるために』東京：誠信書房.）

Hendry, Joy. 1986. *Becoming Japanese: The world of the pre-school child.* Honolulu: University of Hawaii Press.

Hinds, J. 1987. "Reader versus Writer Responsibility." In Conner and Kaplan (eds.), *Writing across languages: Analysis of L2 Text.* 141-152. MA: Addison-Wesley.

廣瀬幸生・長谷川葉子. 2001.「日本語から見た日本人（上）――日本人は『集団主義的』か」『言語』Vol.30, 2月号, 86-97.

Hoey, M. 2000. "Persuasive Rhetoric in Linguistics" In S. Hunston and G. Thompson (eds.), *Evaluation in Text,* 28-37. Oxford University Press.

Hoffman, M. & Levine, L. 1976. "Early Sex Difference in Empathy." *Developmental Psycology,* 12, 557-558.

Hoffman, M. 1977. "Empathy, its development and prosocial implications." In C. Keasey (ed.), *Nebraska symposium on motivation,* Vol. 25, 169-218.

Holmes, Janet. 1995. *Women, Men, and Politeness.* Longman.

本間通義. 2011.「立証計画」加藤新太郎編.『民事訊問技術』東京：ぎょうせい.

堀江薫. 2014.「文末名詞化構文の相互行為機能」井出祥子・藤井洋子編.『解放的語用論への挑戦――文化・インターアクション・言語』東京：くろしお出版.

堀素子. 2006.「ことばについて考える」『ことばは生きている』東京：くろしお出版.

日向茂男. 1980.「談話における『はい』と『いいえ』の機能」『研究報告書 2』国立国語研究所.

Ide, S. 1993. "The Search for integrated universals of Linguistic Politeness." *Multilingua*, 12.1, 7-11.

井出祥子. 2006.『わきまえの語用論』東京：大修館書店.

井出祥子・藤井洋子. 2014.『解放的語用論への挑戦――文化・インターアクション・言語』東京：くろしお出版.

飯村龍一. 2016.「機能的分析アプローチによるモダリティの概念化にむけて」『機能文法の枠組みによるモダリティ研究』東京：くろしお出版.

池上嘉彦. 1981.『「する」と「なる」の言語学　言語と文化のタイポロジーへの試論』日本語叢書. 東京：大修館書店.

池上嘉彦. 2000.『日本語論への招待』東京：講談社.

井上カーレン果子. 1992.「投射」氏原寛編.『心理臨床大事典』982-983. 東京：培風館.

Isen, A.M. 1990. "The influence of positive and negative affect on cognitive organization: Some implications for development." In N.L. Stein, B. Leventhal & T. Trabasso (eds.), *Conference on the psychological and biological bases of behavior*, 75-94. Hillsdale, NJ: Erlbaum.

石黒圭. 2015.「書き言葉・話し言葉と「硬さ／やわらかさ」――文脈依存性をめぐって」『日本語学』1月号.

伊藤義徳. 2006.「感情と認知行動療法」北村英哉・木村晴編著.『感情研究の新展開』263-278. 東京：ナカニシヤ出版.

岩壁茂. 2008.『プロセス研究の方法』新曜社.

岩壁茂. 2009.「感情のアセスメント」『臨床心理』第 9 巻 4 号. 東京：金剛出版.

岩壁茂. 2011.「情動と言葉」『現代のエスプリ』93-106. 至文堂.

岩崎勝一・大野剛. 2007.「『即時文』・『非即時文』――言語学の方法論と既製概念」

Izard, C. 1993. "Four systems of emotion activation: Cognitive and noncognitive processes." *Psychological Review*, 100, 68-90.

伊豆原英子. 1992.「『ね』のコミュニケーション機能」『日本語研究と日本語教育』159-172. 名古屋大学出版会.

ヤコブセン, ウェスリー. 1989.「他動性とプロトタイプ論」『日本語学の新展開』東京：くろしお出版.

神尾昭雄. 1990.『情報のなわ張り理論』東京：大修館書店.

Kamio, A. 1997. *Territory of Information*. Amsterdam/Philadelphia: John Benjamins Publishing Company.

神尾昭雄. 2002.『続・情報のなわ張り理論』東京：大修館書店.

神田橋條治. 1984.『追補　精神科診断面接のコツ』東京：岩崎学術出版社.

参照文献

神田橋條治. 1990. 『精神療法面接のコツ』東京：岩崎学術出版社.
唐沢穣. 2007. 「対人関係の描写」『ことばのコミュニケーション』1-15. 東京：ナカニシヤ出版.
加藤新太郎. 2011. 「証拠調べとしての証人尋問・当事者尋問」加藤新太郎編. 『民事訊問技術』東京：ぎょうせい.
加藤澄. 1999. 「心理療法におけるあいづちの日米語間対照分析」『青森中央学院大学研究紀要』創刊号, 257-273.
加藤澄. 2004. 「サリヴァンの面接言語論とその背景をなすもの」『月刊言語』Vol. 33, No.3, 5. 54-57. 東京：大修館書店.
加藤澄・マッケンターラー. 2007. 「サイコセラピーにおけるクライアントの洞察と談話の結束性との連関」『日本機能言語学会第14回秋期大会プロシーディングス』第1号, 45-57.
加藤澄. 2009. 『サイコセラピー面接テクスト分析――サリヴァンの面接トランスクリプトに基づいて』東京：ひつじ書房.
加藤澄. 2010a. 「記号モードで解析するサイコセラピー」『家族にしのびよる非行・犯罪――その現実と心理援助』家族心理学年報第28号. 118-131. 東京：金子書房.
加藤澄. 2010b. 「臨床言語論としてのSullivan遺産継承の試み」『治療の声』第11巻第1号, 61-69. 東京：星和書店.
加藤澄. 2011. 「『なる』視点より『する』視点への変換プロセスの解析―サイコセラピーにおけるクライエントの変化―」『機能言語学研究』第6号, 187-215.
加藤澄. 2012a. 「評価言語より解析する家族療法面接における対人関係性構築のメカニズム：質的分析」『家族心理学研究』第26巻第2号, 115-128.
加藤澄. 2012b. 「TCMからJTCMへの改訂版の開発と日本語心理療法への応用性」日本心理臨床学会第31回秋季大会.
加藤澄. 2012c. 「TCMからJTCMへの改訂版の開発と家族療法への応用性」家族心理学学会第29回大会.
加藤澄. 2013a. 「クライエントの過程構成のマッピングより得られる変化測定尺度としての起動者性――心理療法を基に」『機能言語学研究』第7号, 75-104.
加藤澄. 2013b. 「評価言語より解析する家族療法面接における対人関係性構築のメカニズム：量的分析」『家族心理学研究』第27巻第1号, 29-43.
加藤澄. 2014a. 「グローバル・コミュニケーションのスタンダード化vs. 言語文化保持」『点描――変わりゆく現代社会』東京：ぎょうせい.
加藤澄. 2015. 「SFLシステムネットワークによる日本語モダリティの再構築」『龍谷大学国際社会文化研究所紀要17号』123-143.
加藤澄. 2016. 「テクスト分析の中で対人的資源を考える」『機能文法の枠組みによるモダリティ研究』東京：くろしお出版.

菊地康人. 1994.『敬語』東京：角川書店.
北川千里. 1977.「『はい』と『ええ』」『日本語教育』33.
北川千里. 1984.「発言の階層構造と『ことば』の主体性」『日本語学』4, 8, 31-42.
北山忍. 1994.「文化的自己観と心理的プロセス」『社会心理学研究』10(3), 153-167.
Kitayama, S., and Markus, H. 1994. "Cultural variations of self: Some consequences on cognition, emotion, and motivation." In D. Matsumoto (ed.), *Revising psychology: A cross-cultural introduction*. Brooks/Cole.
Kitayama, S., and Masuda, T. 1995. "Reappraising cognitive appraisal from a cultural perspective." *Psychological Inquiry*, 6, 217-23.
小林美恵子. 1993.「世代と女性語――若い世代のことばの「中性化」について」『日本語学』12(5), 181-192.
工藤真由美. 1990.「現代日本語の受動文」『ことばの科学 4』47-102. 東京：むぎ書房.
熊倉千之. 1990.『日本人の表現力と個性――新しい「私」の発見』東京：中央公論社.
熊倉千之. 2011.『日本語の深層〈話者のイマ・ココ〉を生きることば』東京：筑摩選書.
国広哲也. 1984.「『のだ』の意義素覚え書」『東京大学言語学論集 '84』5-9.
久野暲. 1973.『日本文法研究』東京：大修館書店.
久野暲. 1978.『談話の文法』東京：大修館書店.
蔵内宏和・前田重治. 1960.『現代催眠学』東京：慶應通信.
串田秀也. 2002.「会話の中の『うん』と『そう』――話者性の交渉との関わりで」定延利之編.『「うん」と「そう」の言語学』東京：ひつじ書房.
Lakoff, R. 1973. "Language and woman's place." *Language in Society*, Vol. 2, No.1. 45-80.
Lebra, T. 1984. *Japanese Women: Constraints and Fullilments*. Honolulu: University of Hawaii Press.
Leech, G. 2003. " Towards an anatomy of politeness in communication." *International Journal of Pragmatics*, 14, 101-123.
Lepper, G. and Mergenthaler, E. 2005. "Exploring group process." *Psychotherapy Research*, 15(4), 433-444.
Lepper, G. and Riding, N. 2006. *Researching the Psychotherapy Process: A Practical Guide to Transcript-based Methods*. N.Y.: Palgrave MacMillan.
Lewis, M., Sullivan, M.W., Stanger, C., & Weiss, M. 1989. "Self development and self conscious emotions." *Child Development*, 60, 146-156.
Libra, T.S. 1976. *Japanese Patterns of Behavior Honolulu*. The University Press of Hawaii.
Linde, C. 1993. *Life Stories: The Creation of Coherence*. Oxford Univerity Press.
Martin, J.R. 1992. *English Text*. Philadelphia/Amsterdam: John Benjamins Publishing Company.

Martin, J.R. 1999. "Mentoring Semogenesis: 'Genre-Based' Literacy Pedagogy." In F. Christie (ed.), *Pedagogy and the Shaping of Consciousness: Linguistic and Social Processes*, 31-65. London and New York: Continuum.

Martin, J.R. 2000. "Beyond Exchange: Appraisal Systems in English." In S. Hunston and G. Thompson (eds.), *Evaluation in Text*, 144-175. Oxford: Oxford University Press.

Martin, J.R. and White, P.R.R. 2005. *The Language of Evaluation: Appraisal in English*. Palgrave Macmillan.

丸山岳彦. 2007.「デスネ考」『時間の中の文と発話』東京：ひつじ書房.

益岡隆志. 1987.「プロトタイプ論の必要性」『月刊言語』16(12).

益岡隆志・田窪行則. 1992.『基礎日本語文法――改訂版』東京：くろしお出版.

益岡隆志. 1997.「表現の主観性」『視点と言語行動』1-11. 東京：くろしお出版.

益岡隆志. 2007.『日本語モダリティ探求』東京：くろしお出版.

Matsumoto D., & Ekman, P. 1988. "Japanese and Caucasian facial expressions of emotion" (IACFEE) [Slides]. San Francisco: Intercultural and Emotion Research Laboratory, Department of Psychology, San Francisco State University.

Matsumoto, D., & Ekman, P. 1989. "American-Japanese cultural differences in judgments of facial expressions of emotion." *Motivation and Emotion*, 13, 143-157.

Matthiessen, D. 1995. *Lexicogrammatical Cartography*. Tokyo: International Language Science Publisher.

メイナード・泉子. 1993.『会話分析』東京：くろしお出版.

メイナード, 泉子・K. 1997.『談話分析の可能性』東京：くろしお出版.

メイナード, 泉子・K. 2014.『ケータイ小説語考』東京：明治書院.

McCarthy, K.L., Mergenthaler, E., Schneider, S., and Grenyer, B.F.S. 2011. "Psychodynamic change in psychotherapy: Cycles of patient-therapist linguistic interactions and interventions." *Psychotherapy Research*. 1-10.

McGloin, H. Naomi. 1980. "Some observations concerning no desu expressions." *The Journal of the Association of Teachers of Japanese*, 15, 117-49.

マグロイン花岡直美. 1997.「終助詞」井手祥子編.『女性語の世界』33-41. 東京：明治書院.

Mehrabian, A. and Wiener, M. 1966. "Non-immediacy between Communicator and Object of Communication in a Verbal Message." *Journal of Consulting Psychology*, 30(5), 420-25.

Mergenthaler, E. 1996. "Emotion-Abstraction Patterns in Verbatim Protocols: A New Way of Describing Psychotherapeutic Processes." *Journal of Consulting and Clinical Psychology*, 1306-1315.

Mergenthaler, E. and Bucci, W. 1999. "Linking verbal and non-verbal representations:

Computer analysis of referential activity." *British Journal of Medical Psychology*, 72, 339-354.

Mergenthaler, E. 2008. "Resonating minds." *Psychotherapy Research*, 18(2): 109-126.

三牧陽子. 2015.「言いさしに見るポライトネス」『日本語学』vol. 34-7. 2-13. 26-37.

Mishler, E.G. 1997. "Narrative Accounts in Clinical and Research Interviews." In B-L. Gunnarsson, P. Linell, and B. Norberg (eds.), *The Construction of Professional Discourse*. London: Longman

宮地裕. 1979.『文論　新版』東京：明治書院.

水本光美. 2006.「テレビドラマと実社会における女性文末詞使用のずれにみるジェンダーフィルタ」日本語ジェンダー学会編.『日本語とジェンダー』73-94. 東京：ひつじ書房.

水谷信子. 1993.「『共話』から『対話』へ」『日本語学』12：4-10.

森田良行. 1991.「語彙現象をめぐる男女差」『国文学　解釈と鑑賞』56(7), 65-70. 至文堂

森田良行. 2006.『話者の視点がつくる日本語』東京：ひつじ書房.

森山卓郎・益岡隆志・新田義雄編. 1989.『日本語のモダリティ』東京：くろしお出版.

森山卓郎. 2014.「『ようにする』命令形の分と『ように』型指示文」『日本語学』vol.33-4, 44-54.

Muntigl, P. 2004. *Narrative Counseling*. Amsterdam: John Benjamins Publishing Co.

妙木浩之. 2005.「精神分析における物語モデル」『臨床心理学』vol. 5, No.6.

永石一郎. 2011.「反対尋問」加藤新太郎編『民事訊問技術』東京：ぎょうせい.

永野賢. 1952.「『から』と『ので』とはどう違うか」『国語と国文学』2月号.

永田良太. 2015.「談話展開から見た接続助詞ケドの言い差し表現──トピック展開とターン・テーキングに着目して」『日本語学』vol. 34-7. 14-23.

中井久夫. 1985.『治療』（中井久夫著作集、精神医学の経験　第2巻）東京：岩崎学術出版社.

中道真木男. 2014.「命令と指示──日本語教育における行為要求の扱い」『日本語学』vol. 33-4, 24-32.

中村桃子. 2001.『ことばとジェンダー』東京：勁草書房.

日本家族研究・家族療法学会. 2010.『解き明かし・私の家族面接』.(DVD)

日本記述文法研究会. 2009.『現代日本語文法7』東京：くろしお出版.

仁田義雄. 1989.『日本語のモダリティと人称』東京：ひつじ書房.

仁田義雄・益岡隆志. 1989.『日本語のモダリティ』東京：くろしお出版.

仁田義雄. 2010.『日本語文法著作選 第3巻 語彙論的統語論の観点から』東京：ひつじ書房.

Ochs, E. 1992. "Indexing gender." In Duranti and Goodwin (eds.), *Rethinking Context: Language as an Interactive Phenomenon*, 335-358. Cambridge: Cambridge University

Press.

Ohara, Y. 1992. "Gender-dependent pitch levels: a comparative study in Japanese and English." In K. Hall, M. Bucholtz, and B. Moonwomon (eds.), *Locating Power: Proceedings of the Second Berkeley Women and Language Conference*. Berkeley, CA: Berkeley Women and Language Group.

大原由美子. 1997.「社会音声学の観点から見た日本人の声の高低」『女性語の世界』42-58. 東京：明治書院.

生地新. 1997.「精神療法における『自分』について」北山修編.『日本語臨床2「自分」と「自分」がない』東京：星和書店.

岡野憲一郎. 1989.「言語と洞察——R・シェーファーの臨床的言語論」『現代のエスプリ——言葉と精神療法』113-123.

Orlinsky, D.E, and Howard, K.I. 1980. "Gender and psychotherapeutic outcome." In A. Brodsky and R.T. Hare-Mustin (eds.), *Women and psychotherapy*, 3-34. N.Y.: Guilford Press.

Perkins, M.R. 1983. *Modal Expressions in English*. New Jersey: Ablex Publishing Corporation.

Perry, H.S. 1982. *Psychiatrist of America*. Massachusetts and London: Cambridge: The Belknap Press of Harvard University Press.（中井久夫他訳. 1988.『サリヴァンの生涯2』東京：みすず書房.）

彭飛. 2004.『日本語の「配慮表現」に関する研究』大阪：和泉書院.

Poynton, C. 1985. *Language and Gender: making the difference*. Geelong, Vic.: Deakin University Press.

レイノルズ, 秋庭かつえ. 1997.「語と性差の研究——現在と将来」『女性語の世界』199-216. 東京：明治書院.

Rogers, C. 1942. *Couseling and Pyschotherapy*. Houghton Mifflin Company.

Rogers, C. 1954. "The Case of Mr. Bebb: The Aalysis of a Failure Case." In Carl R. Rogers and Rosalind F. Dymond (eds.), *Psychotherapy and Personality Change*. The University of Chicago.

Russell, J. A. 1991. "In defense of a prototype approach to emotion concepts." *Journal of Personality and Social Psychology*, 60, 37-47.

定延利之・田窪行則. 1995.「談話における心的操作モニター機構——心的操作標識「えーと」「あの（ー）」」『言語研究』No. 108.

定延利之. 2002.「『うん』と『そう』に意味はあるか」定延利之編.『「うん」と「そう」の言語学』東京：ひつじ書房.

佐治守夫. 1985.『治療的面接の実際/ゆう子のケース』日本・精神技術研究所.

佐治守夫. 1992.『治療的面接の実際 - Tさんとの面接』日本・精神技術研究所.

Sano, M. 2006. *An Linguistic Exploration of Persuasion in Japanese Culture: A Systemic Functional Interpretation of Selected Written Expository Texts.* University of Wollongong, Wollongong.

Sano, M. 2008. "The Rhetoric of Editorials: A Japanese Case Study." In Thomson, E. & White, P.（eds.）, *Communicating Conflict: Multilingual Case Studies of the News Media*, 97-118. A&C Black.

佐野大樹. 2010a.「ブログにおける評価情報の分類と体系化――アプレイザル理論を用いて」『信学技報』NLC2009-39, 37-42.

佐野大樹. 2010b.「評価表現に基づくブログ分類の試み――アプレイザル理論を用いて」言語処理学会第16回年次大会発表論文集

佐野大樹. 2011a.「日本語における評価表現の分類体系――アプレイザル理論をベースに」『信学技報』110（400）, NLC2010-33, 19-24.

佐野大樹. 2011b.『日本語アプレイザル評価表現辞書』言語資源協会．

佐野大樹. 2011.「日本語アプレイザル評価表現辞書（態度表現編）の構築――評価の多様性を捉えるための言語資源の開発」『言語処理学会第17回年次大会 発表論文集』115-118.

Schafer, R. 1976. *A New Language for Psychoanalysis.* New Haven, Co. and London: Yale University Press.

Schafer, R. 1983. *The Analytic Attitude.* N.Y.: Basic Books, Inc., Publishers.

Schuman, H. and Presser, S. 1981. *Questions and Answers in Attitude Surveys.* New York: Academic Press.

Schwarz, N., & Clore, G.L. 1990. "Feeling as information: Informational and motivational functions of affective states." In E.T. Higgins & R.M. Sorrentino（eds.）, *Handbook of motivation and cognition: Foundations of social behavior*, Vol 2. N.Y.: Guilford Press. 527-561.

白川博之. 2009.『言いさし文の研究』東京：くろしお出版．

白川博之. 2015.「『言い差し文』の文法」『日本語学』vol. 34-7. 2-13. 東京：明治書院．

Silverstein, M. 1976. "Shifters, linguistic categories and cultural description." In K. Basso and H. Selby（eds.）, *Meaning in anthropology*, 11-55. Albuquerque: University of New Nexico Press.

Silverstein, M. 1987. "The three faces of 'function': preliminaries to a psychology of language." In M. Hickmann（ed.）, *Social and Functional Approaches to Language and Thought*, 17-38.

Solas, J. 2000. "The Tyranny of Therapeutic Dialogue." *Social Semiotics*, Vol. 10, No. 3.

Spence, D.P. 1982. *Narrative Truth and Historical Truth: Meaning and Interpretation in Psychoanalysis.* N.Y.: W.W. Norton.

Stein, N.L. and Glenn, C.G. 1979. "An Analysis of Story Comprehension in Elementary School Children." In R. O. Freedsle (ed.), *New Directions in Discourse Processing*, Vol. 2, 53-120. Norwood, NJ: Ablex.

須藤絹子. 2003.「米政府文書における意味の方略と読者の批判的解釈の可能性：名詞化と名詞性をめぐって」『国際文化研究』第 10 号, 51-65.

Sullivan, H.S. 1954. *The Psychiatric Interview*. New York: W. W. Norton & Company Inc.（中井久夫他訳. 1986.『精神医学的面接』東京：みすず書房.）

鈴木睦. 1989.「聞き手の私的領域と丁寧表現――日本語の丁寧さはいかにして成り立つか」『日本語学』8-2.

鈴木睦. 1993.「女性語の本質――丁寧さ、発話行為の視点から」『日本語学』12-6, 臨時増刊号.

鈴木睦. 1997.「女性語の本質――丁寧さ、発話行為の視点から」『女性語の世界』59-73. 東京：明治書院.

鈴木睦. 1997.「日本語教育における丁寧体世界と普通体世界」田窪行則編.『視点と言語行動』45-76. 東京：くろしお出版.

Swann, W.B., Giuliano, T. and Wegner, D. M. 1982. "Where Leading Questions Can Lead: The Power of Conjecture in Social Interaction." *JPSP*, 42, 1025-1035.

田畑治. 1989.「来談者中心療法」『メンタルヘルス・ハンドブック』京都：同朋舎出版.

田畑治. 1995.「第 3 章　来談者中心カウンセリング」内山喜久雄・高野清純・田畑治編.『カウンセリング』45-132. 東京：日本文化科学社.

田窪行則. 1997.「日本語の人称表現」『視点と言語行動』東京：くろしお出版.

田窪行則・金水敏. 1997.「応答詞・感動詞の談話的機能」『文法と音声』257-280. 東京：くろしお出版.

Tangney, J.P. 2003. "Self-relevant emotions." In M.R. Leary & J.P. Tangney (eds.), *Handbook of self and identity*. Guilford Press.

田野村忠温. 1990.「文における判断をめぐって」『東アジアの諸言語と一般言語学』東京：三省堂.

田能村忠温. 2002.『現代日本語の文法 I ――「のだ」の意味と用法』大阪：和泉書院.

寺村秀夫. 1992.『日本語のシンタクスと意味』東京：くろしお出版.

Teruya, K. 2006. *A Systemic Functional Grammar of Japanese*. Vol. 2. N.Y.: Continuum.

Teruya, K. 2007. *A Systemic Functional Grammar of Japanese*, Volume 1. N.Y.: Continuum.

Thibault, P.J. 1993. "Using Language to Think Interpersonally: Experiential Meaning and the Cryptogrammar of Subjectivity and Agency in English." *Cultural Dynamics*, 6, 1.

Thompson, G. and Hunston, S. (eds.). 2000. *Evaluation in Text*. Oxford University

Press. 1-27.

Thompson, G. 2004. *Introducing Functional Grammar*. London: Arnold.

Thomson, E., Fukui, N., & White, P. 2008. "Evaluating 'Reporter' Voice in Two Japanese Front-Page Lead Stories." In Thomson, E. & White, P. (eds.), *Communicating Conflict: Multilingual Case Studies of the News Media*, 65-95. A&C Black.

冨樫純一. 2000.「非文末『ですね』の談話語用論的機能——心内の情報処理の観点から」『筑波日本語研究』第5号.

冨樫純一. 2002.「『はい』と『うん』の関係をめぐって」定延利之編.『『うん』と「そう」の言語学』東京：ひつじ書房.

時枝誠記. 1941.『国語学原論』東京：岩波書店.

時枝誠記. 1951.「対人関係を構成する助詞・助動詞」『国語国文』20, 9, 1-10

Tomkins, Silvan S. 1962. *Affect Imagery Consciousness: Volume I, The Positive Affects*. London: Tavistock.

内田伸子. 1997.「会話行動に見られる性差」井出洋子共編.『女性語の世界』74-93. 東京：明治書院.

氏家洋子. 1996.『言語文化学の視点』東京：おうふう.

宇佐美まゆみ. 1999.「『ね』のコミュニケーション機能とディスコース・ポライトネス」現代日本語研究会編『女性のことば・職場編』241-268. 東京：ひつじ書房.

宇佐美まゆみ. 2002.「B&Lのポライトネス理論(1)——その位置づけと構成」（連載2）『月刊言語』31(4), 96-101.

宇佐美まゆみ. 2002.「B&Lのポライトネス理論(1)——その位置づけと構成」（連載3）『月刊言語』31(5), 100-105.

宇佐美まゆみ. 2002.「ポライトネス理論の展開(1)-(12)」『言語』第31巻, 1-12号.

宇佐美まゆみ. 2006.「ジェンダーとポライトネス」日本語ジェンダー学会編『日本語とジェンダー』東京：ひつじ書房.

宇津木愛子. 2005.『日本語の中の「わたし」——国語学と哲学の接点を求めて』大阪：創元社.

Ventola, E. 1987. *Structure of Social Interaction*. London: Frances Pinter Publishers.

ワクテル, P. 2004.『心理療法家の言葉の技術』東京：金剛出版.

Walton, D.N. 1988. "Questions-Asking Fallacies." In M. Meyer (ed.), *Questions and Questioning*, 195-221. Berlin and New York: Walter de Gruyter.

Watzlawick, P., Weakland, J., and Fisch, R. 1974. *Change: Principles of Problem Formation and Problem Resolution*. New York: W.W. Norton and Company Inc.

Welkowitz, J., Cohen, J. and Orimeyer, D. 1967. "Value System Similarity: Investigation of Patient-Therapist Dyads." *Journal of Consulting Psychology*, Vol 31(1), 48-55.

White, P. R. R. and Sano, M. 2006. "Dialogistic Positions and Anticipated Audiences—a

参照文献

Framework for Stylistic Comparisons," In K. Aijmer and A-M. Simon-Vandenbergen (eds.), *Pragmatic Markers in Contrast*, Elisver, 189-214.
Wood, L.A. and Kroger, R.O. 1994. "Thee Analysis of Facework in Discourse: Review and Proposal." *JLSP*, 13, 248-277.
安井稔. 2007.『文法的メタファー事始め』機能言語学研究第4巻. 1-20.
山岡政紀. 2008.『発話機能論』東京：くろしお出版.
吉川武時. 1973.「現代日本語動詞のアスペクトの研究」金田一春彦編.『日本語動詞のアスペクト』むぎ書房.

索 引

欧文

AB　244, 245, 249
EAP　244
ECP　242
ET　244, 245, 248, 249
FTA　67, 68, 96, 126, 130, 132, 135-138, 151, 164, 219, 224, 237, 240
　　──軽減　138
　　──の緩和行為　126, 137
Griceの公準　135
JTCM　242, 248, 251

あ

あいづち　185
アプレイザル　196, 197, 202, 203, 228, 248-250
　　──理論　197
暗示　163
　　──的表現　176, 177
　　主観的・──的指向表現　173
言い換え　20, 23, 24, 308
言いさし　54-58, 184
　　──文　53, 55, 56, 58, 68, 105, 131, 135, 293
位相差　290, 298, 300
1次的感情　249
1次的評価　249
一致した表現　37, 68, 76, 87, 101, 102, 120, 161, 229
一致しない表現　37, 76, 87, 101, 120, 161, 229
内向け戦略　145
上向き待遇　179

オウム返し　150, 151, 153, 154
オフレコード　126, 133
オンレコード　127

か

外在化　174, 230
蓋然性　159-162
　　──のモダリティ　146
会話の公準　215
隠れた説得者　213, 233
傾き　79, 80, 82
活動領域　39
過程構成　257
過程中核部　257, 258
可能性　162
カメラ・アングル　156
喚起的評価　201, 202, 219, 231, 232
　　──表現　238, 250
関係過程　258
関係過程節　221, 224
　　属性的──　221, 234
　　同定的──　221, 222, 224, 234, 235
関係の格率　135
観照　197, 200
感情　197, 198
観念構成的メタ機能　39
観念構成的メタファー　161, 162
関与しながらの観察　172
緩和　240
　　──表現　73, 86, 190, 191
　　FTAの──行為　126, 137
期待性　160-162
起動者　260

324

起動的解釈　261, 262
義務性　159-161, 163, 167, 169
疑問ムード　37, 49, 51, 69, 70, 87, 101, 120
客観的　163
客観的指向性　172
客観的指向表現　171, 174-177
客観的・明示的指向　171
　　　――表現　168, 173
共感的言語行動　173
共感度　156, 158
教授的談話　239, 240, 302
共話　56, 57, 110
許可性　160, 162
クライエント中心療法　150
経験構成的メタ機能　43
傾向的性差　292-294, 298
結果化　260, 273, 274
言語活動領域　43
言語的コンピタンス　238, 240, 302, 304, 308
減退期　243, 244
限定コード　239, 299
行為言語　282
行為者性　229, 237, 262, 274, 285-287
行為者の背景化　273, 275
高位の通常性　166
行為を促す言葉　165
効果研究　16, 17, 287, 309
効果／プロセス研究　16
交渉　115
　　　――性　155, 175, 192
　　　――の余地　164, 175, 177
交渉詞　37, 48, 55, 67, 74-76, 89, 94, 98, 110, 120, 138, 141, 155, 176, 182, 292-294, 297
行動過程　259
行動規範　199
コード理論　239

さ

催眠　75, 147

参与要素　257, 258
使役構造　269
指向　163
　　　――性　170
　　　主観的――性　167, 172
志向性　160, 162, 167-169
指向表現　163, 170
　　　主観的――　173, 176, 177
　　　主観的・暗示的――　173
　　　主観的／客観的――　170-172
　　　明示的――　176
システムネットワーク　39
実効態　260
質の格率　135
私的領域　144-146, 188, 189, 192, 223
視点の偏向　309
支配的な言語資源　306
支配的な語彙－文法資源　306, 309
シフト・イベント　246
社会的評価　199
社会的役割関係　144
主観的　163
　　　――指向性　167, 172
　　　――指向表現　173, 176, 177
主観的・暗示的指向表現　173
主観的／客観的指向表現　170-172
主観的・明示的指向　171
熟考期　243, 244
循環的因果関係　261
消極的フェイス　96, 124, 126-128, 131, 137, 224
消極的ポライトネス　85, 96, 97, 126, 128, 131, 136, 137, 165, 171, 223, 237, 296
　　　――戦略　190
状況のコンテクスト　26, 32-36, 38, 39
状況要素　257, 258
証拠性　37, 141, 143, 146, 159, 160, 161, 188
象徴的コントロール　235, 236
情動処理　235
使用偏向　306
情報のなわ張り　139, 140, 192

職業的専門領域　144
叙実ムード　49
叙述ムード　37, 50, 51, 68, 87, 101, 120
新情報　154
心的操作　82, 117, 118
心的態度　159, 170, 192, 243, 267, 273, 306
侵入感　148
親密性　155
心理過程　258
　　　――節　20, 22
心理文　147, 221, 223, 224, 301
　2、3人称主語を持つ――　143, 144
　2人称主語を持つ――　148
図地反転　23, 260
整合形　37, 161, 229, 234, 238, 239, 304
精密コード　239, 299, 300, 308
積極的フェイス　124, 126, 128, 137
積極的ポライトネス　96, 97, 126, 128, 130, 136, 137, 145, 171, 191, 224
絶対的ポライトネス　138
説明ムード　50, 59
選択体系　38
選択の偏向　309
選択網　38
前提化　61, 73, 75-77, 283
相互排除的性差　292, 293, 298
操作　25, 154, 233, 310
　　　――性　69, 74, 86, 155, 210
　　　――的　176
　　　心的――　82, 117, 118
　　　レトリック的――　16, 25
相対的ポライトネス　138
属性的関係過程節　221, 234
存在過程　259

た

ターンテーキング　56, 105, 213, 214, 301
待遇表現　179, 180, 193
体験期　243, 244
対人的距離　124, 129, 137, 138, 159, 171, 173, 183, 186, 192
対人的メタ機能　42, 43
対人的メタファー　161, 162
態度評価　197
他動的解釈　261
中間態　260
直接性　155
通常性　160, 161, 166
提案ムード　50
低位の通常性　166
丁寧体　67, 68, 182-185, 188, 190, 293
テクスト形成的メタ機能　42, 43, 237
伝達様式　39, 43, 44
同定的関係過程節　221, 222, 224, 234, 235
途絶　213, 214, 301
捉え方の偏向　306, 309

な

なわ張り　91, 127, 140-144, 147, 151, 183, 192
　情報の――　139, 140, 192
2、3人称主語を持つ心理文　143, 144
2次的感情　249, 250
2次的評価　249
2人称主語を持つ心理文　148
人称制限　146
能力性　160

は

媒体　260
配慮表現　189
発言過程　259
発話機能　76, 100
発話の外在化　173
半活性化情報　113, 114
判決の評価　151, 221, 224, 301
判決文　224, 234
判断　197, 199
　　　――評価　208
非叙実ムード　49

索　引

非整合形　37, 161, 229, 304
必要性　160, 161, 163
否定的使役構造　269
フェイス　124
　　——補償　69, 71, 85, 128, 131, 136, 138, 164, 165, 178, 192, 237
　　消極的——　96, 124, 126-128, 131, 137, 224
　　積極的——　124, 126, 128, 137
含みのある質問　73, 77
普通体　182-185, 190, 293
物質過程　258, 276
部分反復　154
プロセス　309
　　——研究　17, 242, 286, 309
プロトタイプ　51-53, 70, 120, 244
　　——論　51, 281
文化のコンテクスト　26, 32-36, 38, 45
文法的メタファー　37, 160, 161, 163, 228, 229
放棄された行為　282, 284
補助動詞　271
ポライトネス　85, 96
　　消極的——　85, 96, 97, 126, 128, 131, 136, 137, 165, 171, 223, 237, 296
　　積極的——　96, 97, 126, 128, 130, 136, 137, 145, 171, 191, 224
　　絶対的——　138
　　相対的——　138
ポライトネス戦略　126, 138, 192
　　消極的——　190

ま

ムード
　　疑問——　37, 49, 51, 69, 70, 87, 101, 120
　　叙実——　49
　　叙述——　37, 50, 51, 68, 87, 101, 120
　　説明——　50, 59
　　提案——　50
　　非叙実——　49
　　命令——　50, 101
　　申し出——　50
　　要求——　50
ムーブ　104, 105
明/暗示的表現　175
明示　163
　　——的指向表現　176
　　——的評価　201, 219
　　——的評価表現　250
　　主観的・——的指向　171
名詞化　133, 162, 229
命令ムード　50, 101
申し出ムード　50
モーダル付加詞　161
モダライゼーション　160
モダリティ　192
　　——表現　165
　　蓋然性の——　146
モデュレーション　160, 168

や

役割関係　39, 43
誘導尋問　77, 78
要求ムード　50
様式の格率　135

ら

量の格率　135
量の公準　215
レトリック　16, 19, 24, 25
　　——的操作　16, 25
連結期　243, 244

わ

話者の視点　306

あとがき

　著者の臨床言語の研究の出発点は、Dr. Harry Stack Sullivanであった。Dr. Sullivanは、精神医学の面接の場で言葉をどのように使うかということに関心を持ち、その言語使用について、実際的な見地から論じた最初の精神科医である。1954年に出版された『精神医学的面接』(The Psychiatric Interview) がそれである。これはDr. Sullivanの秘書であったPerryが、1944年～1945年にワシントン精神医学校で行われた講義より、録音とSullivanが書いた2冊のノートに基づき、そこから面接に関するものだけを取り出して編集したものである。これはカウンセリング一般に携わる人々向けに語られたもので、そこでは臨床実践に根ざした言語使用というものが論じられている (加藤, 2004)。

　こうした言語行動の議論は、Dr. Sullivanの実証的な観察が基となっている。例えば、Dr. Sullivanは当時まだ録音機のなかった時期、マイクを机の上に置いてハンカチをかぶせ、別室の速記者の机のスピーカーまで電線を引き、あるいは患者を直接前にして記録をとらせて、その逐語記録を基に面接でどのように言葉を使ったらよいかについて吟味・考察した。この時の面接のトランスクリプトが実在することを確認した著者は、当時、Dr. Sullivanが勤務していたメリーランド州シェパード・アンド・イノック・プラット・ホスピタル (Sheppard and Enoch Pratt Hospital) へ赴き、そこで理事会の許可を得て、この面接記録を入手した。この面接記録に言語学的分析を行い、Dr. Sullivanの面接言語論としてまとめたものを『サイコセラピー面接テクスト分析』として2009年上梓した。この時に、日本の精神医学界に計り知れない貢献をされると同時に、Dr. Sullivanの精神医学理論を日本の精神医学界に紹介された中井久夫先生より「ご序文」を頂き、過分のお言葉と励ましを頂いた。

　以来、著者の言語研究の原点は常にDr. Sullivanにある。2009年、Dr.

Sullivanの面接テクスト分析を発表した時に、次は日本語臨床言語論をまとめたいと志してから思ったより長くかかってしまったが、この度、ついに上梓できたことは、この上ない喜びである。

　『精神医学的面接』でDr. Sullivanが目指したものは、言語による相互作用を通して、クライエントの現実世界の捉え方を変えてゆくための言語ストラテジーを語ることであった。つまり変化をもたらすにはどのような言語ストラテジーを用いたらよいかである。これが、『精神医学的面接』の主眼である。クライエントの現実世界の捉え方を変えるのは、「図」と「地」を入れ替えることで、そのために意味の交渉が行われるが、その交渉をいかにして進めるかが述べられ、そこでは「何を言うか」という「ストラテジー」が論じられている。本書では、それに「（グラマー的に）どう言うか」という視点を提示している。言語がどう機能するのか、話し手が、経験世界をどう描写、表現するのか、話し手のメッセージの構成がどうなされるのか、例えばどの語が先に来て、どの語が後になるといった選択網上の選択による違いがどう意味生成上、影響を及ぼすのかついて述べた。言語というのは、先ず、意味生成を実現する語彙－文法資源がある。この語彙－文法資源のメカニックなマッピングが、プロセス研究として大きな可能性を持つものであることを例示したつもりである。

　著者が論拠とするSFLは、その理論が体系化されているので、ほとんどの言語現象がこの理論の細かな網にかかり、精緻な言語現象の観察が得られるというまさに理想的な言語理論なのであるが、理論が複雑な印象を与えるため、先ずとっつきにくさを研究者に与えるのが難点である。特にSFLの用語は、特殊でいかにも難解なイメージを与える。しかしその理論的内容は明快で、一旦、大要がつかめれば、研究者の誰しもがその理論構成に納得できるはずである。

　第2章でSFLのエッセンスを通覧したが、理論体系すべてに通じてから研究に着手するという順序立ったプロセスを踏む必要はない。著者は、東北大学の恩師で、日本におけるSFL研究のパイオニアであられる山口登先生から、「使えると思ったものから入っていきなさい」と教えられた。

あとがき

　そこで著者は、対人的メタ機能にとりわけ関心を持ったので、そこを入口に手探りで入っていった。中に入ると、細かに張り巡らされた網に圧倒されながら、実際的用途への可能性に引かれて、奥まで入り込むのはごく自然な流れであった。臨床の分野で、言語研究に関心を持つ研究者に薦めたいのは、著者が通ってきたように、メタ機能に含まれる言語現象から、使えそうだと思う機能を選んで分析されるのがよいということである。それをきっかけに、他の機能への道が知らず知らずに開け、分析の幅が拡がっていくことと思う。幅が拡がるとともに分析の手法もまた洗練されていくことであろう。SFLという大洋の中で、あれもやりたい、これもやらなければ、とリサーチの課題が拡がっていくことと思う。そこに、リサーチの醍醐味がある。

　本書では、サイコセラピーで注目すべきと思われる語彙－文法資源を選んで示したが、その中から、研究者が、「この部分を調べたら面白いだろうな」と思われて、実際に研究に着手されれば、本書の目的を果たしたことになる。

　本書では、SFLのメタ機能より、対人的メタ機能と観念構成的メタ機能の範疇に入る語彙－文法資源を中心に述べた。しかしテクスト形成的メタ機能からは今回、含めきれなかった。この範疇には、主題題述構造、新旧情報構造の問題、結束性の問題など、重要な観察項目がある。別の機会に譲りたい。

　なお、研究に至らないまでも、臨床家が本書を通して、表現の機能・概念に通じ、言語ストラテジーに添った言語選択をはかられることを望むものである。また臨床家の言葉の使い方のトレーニングに少しでも寄与できればと願っている。

　今更ながら、学際研究の重要性を痛感する。臨床心理学と言語学の交流は、両分野に大きな果実をもたらすはずであるのに、現状は、積極的な交流が行われているとは到底言えない。そもそもサイコセラピーは、言語を基本手段として成り立つプロセスである以上、言語研究は重要な課題である。今後の進展に期待したい。

平木典子先生にはいつも深いご理解と励ましの言葉を頂き、著者の研究を支えて頂いた。また、本書のために序文をお寄せ頂いたことに深い感謝の意を捧げます。

　SFLは英語を基にした言語理論であるために、日本語への適用をはかるには、細かな部分で日本語に合わせた理論整備が必要であった。先ずは、SFLに出会わせて頂き、ご指導頂いた東北大学の恩師山口登先生、またSFLの日本語への適用にあたって、様々ご教示頂いた福田一雄先生、飯村龍一先生、角岡賢一先生に感謝致します。またJTCMの開発に際して、助言と協力を頂いたErhard Mergenthaler先生、Georgia Lepper先生、また、サイコセラピーのリサーチで何がなされなければならないか、リサーチの今後の展望について教えて頂き、方向付けて頂いた福島哲夫先生、岩壁茂先生へ感謝致します。

　最後に、出版助成を頂いた青森学術文化振興財団に、そして研究の趣旨に多大のご理解を頂き、出版を引き受けて頂いた明石書店様および深澤孝之様、また編集の労をとって頂いた岡留洋文様へ、心より感謝の意を表します。

　　2016年3月　　　　　　　　　　　　　　　　　　　　加　藤　　　澄

〈著者略歴〉

加藤 澄（かとう・すみ）

東北大学大学院国際文化研究科言語機能論講座博士課程 後期3年の課程修了、国際文化博士。現在、青森中央学院大学教授、弘前大学大学院医学研究科附属子どものこころの発達研究センター客員研究員。専門は言語学。

〈主な著書・訳書〉

『機能言語学の枠組みによる日本語モダリティ研究』（共著、東京：くろしお出版、2016年）

「グローバル・コミュニケーションのスタンダード化 vs. 言語文化の保持」『点描──変わりゆく現代社会』（分担執筆、東京：ぎょうせい、2014年）

「記号モードで解析するサイコセラピー」『家族にしのびよる非行・犯罪──その現実と心理援助』家族心理学年報第28号（東京：金子書房、2010年）

『サイコセラピー面接テクスト分析──サリヴァンの面接記録に基づいて』（単著、東京：ひつじ書房、2009年）

「世代間交流の展望」『現代社会のグローカル視点』（分担執筆、東京：ぎょうせい、2009年）

『グローバル化時代を生きる世代間交流』（単訳、東京：明石書店、2008年）

『サイコドラマ──集団精神療法とアクションメソッドの原点』（共訳、東京：白揚社、2006年）

サイコセラピー臨床言語論
──言語研究の方法論と臨床家の言語トレーニングのために

2016年4月25日　初版第1刷発行

著　者　　加　藤　　　澄
発行者　　石　井　昭　男
発行所　　株式会社明石書店
〒101-0021 東京都千代田区外神田6-9-5
電　話　03（5818）1171
ＦＡＸ　03（5818）1174
振　替　00100-7-24505
http://www.akashi.co.jp
装丁　　　明石書店デザイン室
印刷／製本　モリモト印刷株式会社

Printed in Japan

ISBN978-4-7503-4341-9
（定価はカバーに表示してあります）

JCOPY　〈(社)出版者著作権管理機構 委託出版物〉
本書の無断複写は著作権法上での例外を除き禁じられています。複写される場合は、そのつど事前に、(社)出版者著作権管理機構（電話 03-3513-6969、FAX 03-3513-6979、e-mail: info@jcopy.or.jp）の許諾を得てください。

子ども・家族支援に役立つアセスメントの技とコツ
よりよい臨床のための4つの視点、8つの流儀
川畑隆編 大島剛、菅野道英、笹川宏樹、宮井研治、梁川惠、伏見真里子、衣斐哲臣著
●2200円

子ども・家族支援に役立つ面接の技とコツ
〈仕掛ける・さぐる・引き出す・支える・紡ぐ〉児童福祉臨床
宮井研治編
●2200円

知的障害・発達障害のある子どもの面接ハンドブック
犯罪・虐待被害が疑われる子どもから話を聴く技術
アン・クリスティン・セーデルボリほか著 仲真紀子・山本恒雄監訳
●2000円

発達相談と新版K式発達検査 子ども・家族支援に役立つ知恵と工夫
大島剛、川畑隆、伏見真里子、笹川宏樹、梁川惠、衣斐哲臣、菅野道英、宮井研治、大谷多加志、井口絹世、長嶋宏美著
●2400円

医療・保健・福祉・心理専門職のためのアセスメント技術を高めるハンドブック〔第2版〕
ケースレポートの方法からケース検討会議の技術まで
近藤直司
●2000円

医療・保健・福祉・心理専門職のためのアセスメント技術を深めるハンドブック
精神力動的な視点を実践に活かすために
近藤直司
●2000円

心理臨床を見直す"介在"療法 対人援助の新しい視点
衣斐哲臣編
●2800円

誰が星の王子さまを殺したのか モラル・ハラスメントの罠
安冨歩
●2000円

ウィニコットがひらく豊かな心理臨床
「ほどよい関係性に」基づく実践体験論
明石ライブラリー149
川上範夫
●3500円

弁証法的行動療法 認知行動療法の新しい潮流1
ウィンディ・ドライデン編 ミカエラ・A・スウェイルズ、ハイディ・L・ハード著
大野裕監修 石井朝子監訳
●2800円

行動活性化 認知行動療法の新しい潮流2
ウィンディ・ドライデン編 ジョナサン・W・カンター、アンドリュー・M・ブッシュ、ローラ・C・ラッシュ著
大野裕監修 岡本泰昌監訳 小川真弓訳
●2800円

サイコパシー・ハンドブック
クリストファー・J・パトリック編
田中康雄監修 松井由佳、片山剛一、藪盛子、和田明希訳
●20000円

非行・犯罪心理学 学際的視座からの犯罪理解
松浦直己
●2600円

不安障害の認知療法 科学的知見と実践的介入
デビッド・A・クラーク、アーロン・T・ベック著
大野裕監訳 坂本律訳
●8800円

アクセプタンス&コミットメント・セラピー実践ガイド
ACT理論導入の臨床場面別アプローチ
スティーブン・C・ヘイズ、カーク・D・ストローサル編著 谷晋二監訳 坂本律訳
●5800円

子どもと青少年のためのマインドフルネス&アクセプタンス
新時代の認知／行動療法実践ガイド
L・A・グレコ、S・C・ヘイズ編著 武藤崇監修 伊藤義徳、石川信一、三田村仰監訳
●3600円

〈価格は本体価格です〉

臨床家佐治守夫の仕事 全3巻

臨床家のあるべき姿を追い求めた佐治守夫の仕事のエッセンスを集大成

「緻密な思考」と「手堅い探究」で心理療法の効果研究の世界を切り拓き、また、生涯一カウンセラーとして、心理臨床のエッセンス・基本的な姿勢を身をもって伝えようとした臨床家・佐治守夫。主要な論考をテーマ別に再構成し、その生涯の全仕事に光を当てる。

【編】
近藤邦夫
保坂　亨
無藤清子
鈴木乙史
内田純平

各巻　四六判／上製　◎3,500円

1 [論文編] 関係の中の治療
【解説】近藤邦夫
- I 心理療法による治療効果の測定に関する研究
- II 人格心理学におけるひとつの問題
- III TAT
- IV 精神分裂病者との治療関係の研究
- V 展望　精神分裂病者に対する心理的接近：序論

2 [事例編] 治療的面接
【解説】保坂　亨
- I 学校で友人と交際を持たない中学生
- II 治療的実践研究
  ——ある事例についての治療的面接の検討
- III ある女子学生とその母親の並行並びに単独の治療面接
- IV パーソナリティの変化
  ——治療による人格の変化（建設的成長・成熟）
  ゆう子のケースをめぐって
- V ケース研究：ある女性の人生遍歴
  ——個人とグループのコンバインド・セラピー

3 [エッセイ・講演編] 臨床家としての自分をつくること
【解説】無藤清子
- I 私の臨床の原点と基盤
- II セラピストのあり方の飽くなき探究
- III エンカウンター・グループ体験から
- IV 治療的面接の真髄——対人関係の場での検証
- V 治療的面接をめぐる随想

〈価格は本体価格です〉

イラスト版 子どもの認知行動療法

《6～12歳の子ども対象　セルフヘルプ用ガイドブック》

子どもによく見られる問題をテーマとして、子どもが自分の状態をどのように受け止めればよいのか、ユーモアあふれるたとえを用いて、子どもの目線で語っています。問題への対処方法も、世界的に注目を集める認知行動療法に基づき、親しみやすいイラストと文章でわかりやすく紹介。絵本のように楽しく読み進めながら、すぐに実行に移せる実践的技法が満載のシリーズです。保護者、教師、セラピスト、必読の書。

① だいじょうぶ 自分でできる **心配の追いはらい方ワークブック**
著：ドーン・ヒューブナー　訳：上田勢子　B5判変型　◎1500円

② だいじょうぶ 自分でできる **怒りの消火法ワークブック**
著：ドーン・ヒューブナー　訳：上田勢子　B5判変型　◎1500円

③ だいじょうぶ 自分でできる **こだわり頭[強迫性障害]のほぐし方ワークブック**
著：ドーン・ヒューブナー　訳：上田勢子　B5判変型　◎1500円

④ だいじょうぶ 自分でできる **後ろ向きな考えの飛びこえ方ワークブック**
著：ドーン・ヒューブナー　訳：上田勢子　B5判変型　◎1500円

⑤ だいじょうぶ 自分でできる **眠れない夜とさよならする方法ワークブック**
著：ドーン・ヒューブナー　訳：上田勢子　B5判変型　◎1500円

⑥ だいじょうぶ 自分でできる **悪いくせのカギのはずし方ワークブック**
著：ドーン・ヒューブナー　訳：上田勢子　B5判変型　◎1500円

⑦ だいじょうぶ 自分でできる **嫉妬の操縦法ワークブック**
著：ジャクリーン・B・トーナー、クレア・A・B・フリーランド　訳：上田勢子　B5判変型　◎1500円

⑧ だいじょうぶ 自分でできる **失敗の乗りこえ方ワークブック**
著：クレア・A・B・フリーランド、ジャクリーン・B・トーナー　訳：上田勢子　B5判変型　◎1500円

〈価格は本体価格です〉